Wir leben nicht allein

*Wir danken an dieser Stelle
allen Freunden, Mitarbeitern
und Verlagen, die
die Herausgabe dieses Buches
ermöglicht haben.*

Wir leben nicht allein

Herausgegeben
von
Hans Frevert

Signal-Verlag
Baden-Baden

Schutzumschlagentwurf: Pater Oswald Kettenberger, Maria Laach

CIP-Kurztitelaufnahme der Deutschen Bibliothek

Wir leben nicht allein/hrsg. von Hans Frevert.
— Baden-Baden: Signal-Verlag, 1981.
ISBN 3-7971-0203-8

NE: Frevert, Hans [Hrsg.]

2. Auflage 1982

Die erste Folge dieses Buches erschien unter dem Titel „Wir leben nicht allein“, herausgegeben von Heinz Vonhoff, 1969 im Signal-Verlag.

Printed in Germany

Druck: Franz W. Wesel, Baden-Baden
Buchbinderarbeiten: Großbuchbinderei J. Spinner, Ottersweier

INHALTSVERZEICHNIS

Statt eines Vorworts

Unsere Gesellschaft ist eine Gesellschaft der totalen Informationen. Kriege in Nahost, Hungersnot in Afrika, Folter in Südamerika, Naturkatastrophen in Europa. Alles kommt durch Radio und Fernsehen, durch Zeitungen und Illustrierte zu uns. Die Fülle der Meldungen, der Bilder und Kommentare ist erdrückend, stumpft ab und läßt uns blind werden für das Schicksal Einzelner. Statt betroffen zu reagieren, analysieren wir; statt mitzuleiden, diskutieren wir. Solange wir jedoch nicht fähig sind, aus unserer Betroffenheit den Mut zum Handeln zu ziehen, solange wird sich nichts ändern. Trotzdem können wir etwas tun. Jeder an seinem Platz, in der Schule, an der Uni, im Betrieb und im Elternhaus. Es ist gut zu wissen, daß zu allen Zeiten Menschen versucht haben, miteinander und füreinander zu leben. Einfache Menschen, durchdrungen vom Sinn nach Gerechtigkeit. Es gibt sie in der Anonymität der großen Städte, in den bürokratischen Verwaltungen und Regierungen. Sie, die Beherzten und Mutigen, die sich nicht von Ideologien und Interessen vereinnahmen lassen, machen unseren Alltag erträglich. Diese Menschen braucht die Kirche und die Gesellschaft.

Wenn in diesem Buch so viel von den Problemen der Dritten Welt gesprochen wird, so aus der Einsicht, daß uns die Hungersnot im Nordosten Brasiliens, die Unterdrückung von Minderheiten in Afrika und Asien genauso etwas angeht wie Schichtarbeit und Leistungsdruck, Numerus clausus und Frauenarbeit in den westlichen Industrieländern.

Dieses Buch soll uns ermuntern, unsere Fähigkeiten und Begabungen nicht nur für uns, sondern auch für andere zu gebrauchen.

Hans Frevert

I. *Ich will den Herrn loben, solange ich lebe.*

(Psalm 146)

Du bist es, auf den es ankommt,
jetzt und hier.

HEINZ ALBERS

Zu dieser Stunde, an diesem Ort

Er fuhr bis zum Hafen, und als die U-Bahn aus dem Schacht hinausschoß, langsamer nun schon, abbremsend, sah er von der Brücke aus, die Schacht und Station verband, im grauen Dämmerlicht der Frühe das blaugrüne Flackern der Lichter des Hafens: Gestänge, Dunstwolken, Turmkuppeln, nebelumschwebt, eine Landschaft aus Grau, von Blitzen durchzuckt, von Lichtern überkreist. Dann kam die Station. Er stieg aus und ging die Stationstreppe hinunter, schlug den Kragen seiner Jacke hoch, und als er oben, auf der Straßenbrücke stand, fühlte er den scharfen, beißenden Wind, der vom Strom kam, und hörte die Geräusche des Hafens: Niethämmergedröhn, das fern aus Nebelschwaden drängende Flüstern der Schiffssirenen. Es spann ihn ein; und als er unten an der Straße stand, jetzt den Hafen vor sich, zum erstenmal dieses nie gesehene, nur erahnte Bild: Pontons, Brücken, Schiffsschatten und Masten, Verstrebungen, die filigranhaft herausbrachen aus ziehenden Nebelschwaden, spürte er, wie ihn ein Zittern ergriff. Und wie um diesem Zittern zu entkommen, sah er hinab auf das morgendlich graue Wasser, hörte er auf das Gemurmel der Stimmen, die um ihn herumschwangen, und es floß die Pontonbrücken hinab; und als das Gemurmel verebbte, als die Brücken wie leer lagen, stieg es wieder von unten herauf, eine heraufschwemmende Woge aus Stimmen und Schlurflauten, in die gleichmäßig, zeitlos das Schlappen der sich an den Kaimauern brechenden Wasser einfiel.

Er ging die Pontonbrücke hinunter. Er ging über den Fährponton. Er fror. Er ging schneller, vorbei an den Fährschiffen. Er ging bis zum Ende des Pontons. Er las Namen, fremde Namen, Namen von Orten, die er nicht kannte. Sie verwandelten sich für ihn in die Namen fremder Städte, fremder Länder; und diese Namen, diese Städte, diese Länder lagen hinter Wasserwelten, Wasserweiten, nur mit Schiffen zu erreichen. Er versuchte sich in die Rümpfe der aufgereiht liegenden Schlepper hineinzudenken: hinab in die Maschinenräume, hinauf auf die Brücken. Die Flut der Bilder umschwärmte ihn.

Er dachte: die Sonne wird kommen, ich werde warten, ich werde alles sehen, ich werde sehen, wie die Schiffe hinausfahren, wie die Schlepper ablegen.

Er lief zurück. Er fror immer noch, und er stellte sich, als er das Ende des Pontons erreicht hatte, in die schützende, vom Wind nicht durchfegte Buchtung eines Wartehäuschens. Ein Zollboot legte an. Beamte stiegen aus. Oben auf der Brücke des Bootes stand, aus dem Brückenfenster lehnend, der Bootsführer. Das Zollboot dümpelte sanft auf und ab.

Dann sah er den Mann. Der Mann saß in der hinteren Ecke des Wartehäuschens. Er konnte nicht erkennen, ob der Mann schlief. Aber dann merkte er, daß der Mann ihn beobachtete. Er erschrak. Er wollte weitergehen, wieder hinaus auf die Fläche des Pontons. Er hörte die Stimme des Mannes, und der Mann sagte: „Du wartest auf wen?" Der Mann sprach mit hoher, heiserer Stimme. Sie kam wie aus einem Bereich, der hinter dem Mann lag, als sei es nicht der Mann, der sprach, sondern als hörte er diese Stimme nur in seiner Einbildung. Doch der Mann beugte sich vor, wie als erwarte er eine Antwort. Und er sagte: „Nein."

„Verstehe", sagte der Mann und lachte leise und reckte sich. Sein Mantel klaffte auf; er

◁ *Anne Frank.*

trug keinen Schlips; sein Hals und seine Brust lagen bloß: eine dunkle Jacke, ausgefranst. Und der Junge sah das unrasierte, schwarzüberstoppelte, schlafschwere, graue Gesicht. Und der Mann sagte: „Wie spät haben wir es denn?“

„Es ist gleich acht“, sagte der Junge.

„Zeit für mich“, sagte der Mann.

Er erhob sich, streckte bedachtsam sein rechtes Bein vor, schurrte mit den Füßen über den Boden und kam, während er einen Beutel an kurzer Schnur über die rechte Schulter warf, auf den Jungen zu, und stand groß, den Jungen überragend, da und sagte: „Jeden Morgen dasselbe.“ Und nach einer Pause, während er den Jungen prüfend musterte: „Und du?“

Der Junge schwieg. Der Mann sagte: „Verstehe. Zum ersten Mal hier, was? Hast dir eine schlechte Zeit ausgesucht, schlechtes Wetter, zuviel Nebel.“

Der Mann ging auf das Zollboot zu. Er winkte zum Bootsführer hinauf, und der Bootsführer winkte zurück, und sie riefen sich etwas zu, aber der Junge verstand nicht, was sie riefen. Der Mann ging weiter. Er ging bis nahe an die Zollgrenze, die den Fährponton teilte. Er unterhielt sich mit dem dort stehenden Beamten, und der Junge hörte das Lachen des Mannes; es war das Zeremoniell eines Grußes in der Frühe, das der Junge nicht begriff.

Dann kam der Mann zurück. Er sagte zu dem Jungen: „Du möchtest hinaus, was?“ Der Mann schien keine Antwort zu erwarten, denn er sagte, so als sei er es gewohnt, diesen Monolog zu führen: „So ist es immer. Sie wollen ’raus. Alle. Der dort oben wollte auch ’raus.“ Und er wies mit ausgestrecktem Arm auf den Bootsführer des Zollbootes. „Aber sieh ihn dir an. Er ist nie ’rausgekommen. Bis zur Mündung vielleicht mal. Weiter nicht. Jetzt ist er alt. Wie ich.“

Der Mann spitzte seine Lippen, ließ den Beutel von der Schulter gleiten, öffnete ihn, suchte in ihm, holte eine Zigarette heraus, stellte den Beutel ab, nahm eine Streichholzschachtel aus seiner Manteltasche und zündete die Zigarette an und rauchte schweigend. Es schien, als sähe er den Jungen nicht mehr, als erinnere er sich seiner nicht mehr, als versuche er, so dastehend, zu beweisen, daß er ihn willkürlich vergessen hätte, daß seine Aufmerksamkeit nur noch den Wassern des Hafens und den langsam wegreißenden Nebelwolken galt. Der Junge bewegte sich. Der Mann sagte: „Warte.“ Er rauchte die Zigarette halb auf, warf sie ins Wasser, nahm den Beutel auf und sagte: „Gegen zehn wird’s klar sein. Hübsches Bild. Ich sehe es jeden Morgen.“ Und dann, leiser: „Ich komm davon nicht los, ich komm einfach nicht los davon.“

Stromaufwärts, von zwei Schleppern gezogen, stieß ein Frachter in die Nebel hinein: der schwarze dunkle Bug; er zog vorbei. Und schneller trieb der Nebel hoch. Die Umrisse des gegenüberliegenden Hafengeländes brachen heraus. Der Mann sagte: „Kommt aus Norwegen.“ Der Mann ging einige Schritte; er ging gebeugt. Möwenschreie grellten auf. Die Vögel pfeilten dahin, sie glitten, die Flügel regungslos ausgestreckt, über das Wasser. Der Mann sagte, er sah den Jungen nicht an: „Ich will dir was zeigen.“

Er kramte aus seinem Beutel ein Bündel Briefe. Aus einem der Briefumschläge zog er ein Foto. „Sieh es dir an“, sagte der Mann.

Und der Junge sah das Schiff. Es war kein großes Schiff, es war ein mittelgroßes Schiff, und es mochte nicht größer sein als der Frachter, den die zwei Schlepper vorübergezogen hatten. „Auf dem Kahn bin ich gefahren“, sagte der Mann. „Eine ganze Zeit, auf dem

und anderen, aber auf dem am liebsten und am längsten. Jetzt wird er abgewrackt. Er liegt drüben — auf dem Schiffsfriedhof. Ich will schon seit Wochen 'rüber. Aber glaubst du, daß ich's schaffe?"
Der Mann nahm das Foto aus der Hand des Jungen. „Ich schaffe es nicht", sagte er. „Vielleicht ist es auch besser so."
Er steckte das Foto in den Umschlag zurück und verstaute die Briefe wieder in den Beutel.
„Schau dir alles an", sagte er. „Schau's dir gut an. Die Schiffe — alles, was du sehen kannst. Aber dann bleib weg, hörst du? Tu's nicht!"
„Was", fragte der Junge, „soll ich nicht tun?"
„Was du vorhast, nicht wahr?" sagte der Mann.
„Woher wissen Sie das?" fragte der Junge.
„Du bist nicht der einzige", sagte der Mann. „Glaub das nicht. Ich seh sie jeden Tag. Sie stehen hier. Manchmal auch weiter unten. Es geht ihnen wie dir: sie möchten am liebsten gleich 'rauf, auf irgendeinen von diesen großen Pötten, einfach 'rauf und anheuern und 'rausfahren, nicht wahr? Aber du bist noch viel zu jung. Du kämst gar nicht so weit. Und darum bleib weg."
Der Junge wagte den Mann nicht anzusehen. Er dachte, daß es so war, daß die Worte des Mannes die Träume aufdeckten, die er geträumt hatte: wie oft war er träumend hinabgefahren, den breiten Strom hinab, wassergischtbesprüht, meerzu. Mit geschlossenen Augen liegend oder auch stehend (immer dann, wenn er den Wind hörte, der aus der Richtung des Stromes kam) hatte er sichs vorgestellt, an Bord eines Schiffes zu sein: er brauchte nur die Augen zu öffnen, Wasser würden ihn umgeben, die Verheißung unbekannter Küsten, Länder, neuer Meere täte sich auf.
„So einfach ist das nicht", hörte er die Stimme des Mannes.
„Glaub es mir. Ich war zu jung damals. Niemand hat mir geraten, es nicht zu tun. Ich hab's getan. Und ich hab's nicht geschafft. Oder glaubst du, daß es so einfach ist, es *nie* zu schaffen. Damals hab ich's auch gedacht, daß ich's schaffen würde, so einen der großen Pötte zu führen. Wer wünschte es sich nicht? Aber dann später, wenn du fertig bist, kannst du nicht mehr abschalten. Dann geht's in deinem Schädel 'rum, was du versäumt hast. Dann stehst du nur noch am Wasser 'rum, weil du nicht abschalten kannst, weil du's nicht vergessen kannst, weil du meinst, du brauchst es — bis an dein Lebensende: das alles." Er machte eine weite, umfassende Bewegung über den Hafen hin. Dann sagte er plötzlich, mit einer gleichsam flehenden Stimme: „Fahr wieder nach Hause. Gleich."
„Sie kennen mich nicht", sagte der Junge.
„Eben drum", sagte der Mann, „denn wenn ich dich kennen würde, hätte ich's dir schon eher gesagt. Fahr wieder zurück. Du bist mit der U-Bahn gekommen?"
Der Junge nickte. Er dachte: „Ich will sehen, wie die Nebel ganz verschwinden. Ich will den ganzen Hafen sehen."
Der Mann sagte, als hätte er die Gedanken des Jungen erraten: „Glaub kaum noch, daß es ganz aufreißen wird, wird sicher ein etwas diesiger Tag bleiben." Ruhig stand er neben dem Jungen, zog den Beutel von seiner Schulter, holte das Foto heraus und sagte: „Hier, nimm's. Ich schenk's dir, als Erinnerung." Sie gingen langsam die Fährbrücke hinauf, dann die Brücke, die zur U-Bahn-Station führte. Der Junge hörte die schlurfenden Schritte des Mannes neben sich.

„Wenn du doch mal wieder kommen solltest", sagte der Mann. „Du triffst mich immer unten auf den Pontons."
„Immer?" fragte der Junge.
„So gut wie", sagte der Mann. „Nur im Winter halte ich's nicht immer aus."
Der Junge löste am Schalter die Fahrkarte. Der Mann stand hinter ihm. Der Junge ging durch die Sperre. Da trat der Mann schon zurück. Sie entfernten sich voneinander. Der Mann winkte dem Jungen noch einmal, dann drehte er sich ab.
Vom unbedachten Teil des Bahnsteigs aus, über die Gitterbrüstung gelehnt, versuchte der Junge, hinabzublicken auf die Hafenstraße. Er sah den Mann nicht mehr. Er hörte nur nachhallend die Stimme des Mannes, und er glaubte zu spüren, wie diese Stimme den Traum seiner Jahre zerteilte, wie das in ihm hin- und herschwingende Echo der Stimme diesen Traum langsam auflöste, denn er hörte sie noch, als der Zug einlief — und hörte sie auch, als er schon fuhr . . .

ANNE FRANK

8. November 1943

Es ist dumm, daß ich hier im Hinterhaus so abhängig bin von Stimmungen. Aber ich bin es nicht allein, wir sind es alle. Lese ich ein Buch und stehe stark unter seinem Eindruck, muß ich mich immer erst zur Ordnung rufen, ehe ich mich wieder sehen lasse, sonst würden die anderen denken, ich sei ein bißchen verdreht. Du merkst sicher, daß ich mich wieder in einer ganz niedergeschlagenen und mutlosen Periode befinde. Warum, kann ich Dir wirklich nicht sagen, denn es liegt kein Grund vor, aber ich glaube, es ist eine gewisse Feigheit, die ich eben zeitweise nicht überwinden kann. Heute abend wurde andauernd und scharf geschellt. Ich wurde weiß wie ein Tuch, bekam Leibschmerzen und Herzklopfen und verging beinahe vor Angst. Wenn ich abends im Bett bin, habe ich schreckliche Visionen. Dann sehe ich mich allein im Gefängnis ohne Vater und Mutter. Manchmal irre ich irgendwo herum, oder unser Hinterhaus steht in Flammen, oder sie kommen des Nachts, um uns wegzuholen. Ich fühle das alles wie Wirklichkeit und komme nicht von dem Gedanken los, daß gleich etwas Schreckliches passieren muß.
Miep sagt oft, daß sie uns beneidet, weil wir hier Ruhe haben. Im Prinzip hat sie recht, aber sie denkt nicht daran, daß wir immer in Angst leben. Daß die Welt je wieder so für uns sein wird, wie sie war, kann ich mir kaum vorstellen. Ich sage wohl häufig: „Nach dem Krieg!" Aber das ist dann, als spräche ich von einem Luftschloß, über etwas, das nie Wirklichkeit werden kann. An unser Leben zu Haus, die Freundinnen, die Schule mit ihren Freuden und Leiden, an alles „Frühere" denke ich mit dem Empfinden, als hätte nicht ich, sondern jemand anders das erlebt! Ich sehe uns acht hier im Hinterhaus, als wären wir auf einem lichten Stück blauen Himmels inmitten schwerer, dunkler Regenwolken. Noch ist unser Platz sicher, aber die Wolken werden immer dichter und der Ring, der uns noch von der nahenden Gefahr trennt, immer enger. Schließlich sind wir so eingehüllt von der Dunkelheit, daß wir in dem verzweifelten Wunsch, uns befreien zu wollen, aneinandergeraten. Wir sehen unten, wie die Menschen gegeneinander kämpfen,

und blicken hinauf, wo Glück und Ruhe ist. Wir aber sind abgeschnitten durch die dicke, undurchdringliche Schicht, die uns den Weg dahin versperrt und uns umgibt wie eine unüberwindliche Wand, die uns zerschmettern wird, wenn es an der Zeit ist. Und ich kann nur rufen und flehen: „Oh, Ring, Ring, werde weiter und öffne dich für uns!“

Seit gestern ist es draußen herrlich und ich bin richtig aufgekratzt. Ich gehe fast jeden Morgen auf den Speicher, um frische Luft zu atmen. Von meinem Lieblingsplatz auf dem Fußboden sehe ich ein Stück vom blauen Himmel, sehe den kahlen Kastanienbaum, an dessen Zweigen kleine Tropfen schillern, und die Möwen, die in ihrem eleganten Gleitflug wie aus Silber scheinen. Aber ich sah auch aus dem offenen Fenster über ein großes Stück von Amsterdam hin, über alle Dächer bis an den Horizont, der so im hellen Blau verschwommen war, daß ich die Scheidungslinie nicht deutlich sehen konnte. „Solange es das noch gibt“, dachte ich, „diese strahlende Sonne, diesen wolkenlosen blauen Himmel, und ich das noch erleben darf, kann ich nicht traurig sein.“
Für jeden, der einsam oder unglücklich ist oder in Sorge, ist das beste Mittel hinauszugehen, irgendwohin, wo er allein ist, allein mit dem Himmel, mit der Natur und Gott. Dann, nur dann fühlt man, daß alles ist, wie es sein soll, und daß Gott die Menschen in seiner einfachen, schönen Natur glücklich sehen will. Solange es so ist — und es wird wohl immer so sein — weiß ich, daß es unter allen Umständen einen Trost gibt für jeden Kummer, und ich glaube bestimmt, daß die Natur so vieles Leid erleichtert.

Gedanken:

Wir entbehren hier viel und entbehren es lange. Ich fühle das ganz genau so wie Du. Ich spreche nicht von äußeren Dingen. Davon haben wir hier genug, nein, ich meine das, was uns innerlich bewegt. Ich verlange ebenso wie Du nach Freiheit und Luft, aber nun glaube ich, daß wir für diese Entbehrungen ausreichend entschädigt sind. Das erfaßte ich plötzlich, als ich heute morgen vor dem Fenster saß, ich meine die innere Erkenntnis. Als ich hinaussah und Gott tief in der Natur erkannte, da war ich glücklich, nichts anderes als glücklich. Und solange dieses Glück in uns ist, dieses Glück der Natur, der Gesundheit und noch viel mehr, solange man das in sich trägt, wird man immer wieder glücklich werden. Reichtum, Ansehen, alles kannst Du verlieren, aber das Glück Deines Herzens kann höchstens einmal verhüllt sein und wird Dich doch immer aufs neue glücklich machen, solange Du lebst. Solange Du ohne Furcht zum Himmel aufsehen kannst, solange weißt Du, daß Du reinen Herzens bist, und das Glück wird immer mit Dir sein.

WOLFGANG KÖRNER

Satori in Alutgama?

Es ist eine seltsame Sache mit unserem Verhältnis zum Tode. Nach kurzer, schwerer Krankheit entschlief, lesen wir und blättern die Zeitungsseite um, Trauerbriefe finden wir unter der Post, die wir mit Unbehagen öffnen, mit einer Beileidskarte beantworten, um sie danach schnell wieder zu vergessen. Wer tot ist, ist tot, denken wir, wer lebt, der lebt. Die Toten und die Lebenden haben nichts mehr miteinander zu tun. Blumen pflanzen wir auf das Grab naher Angehöriger, einen teuren Stein setzen wir auf das Grab. Ein Name, zwei Daten. Efeu und flache immergrüne Gewächse überwachsen ein Stück Erde. Wieder hat es einen Menschen getroffen, denken wir, und schon beginnen wir, uns ins Bewußtsein zu rufen, was uns vom Verstorbenen unterscheidet: Er war alt, aber wir sind jung. Er hat geraucht und getrunken, aber wir rauchen und trinken nicht. Er war krank, aber wir sind gesund. Unser eigener Tod ist ja ganz weit weg. Irgendwann einmal, in einer ganz weit entfernten Zukunft vielleicht. Am besten überhaupt nicht. Macht nicht die Medizin täglich Fortschritte? Steht die Menschheit nicht kurz vor der Lösung des Rätsels Krebs?

Mein Vater war mit sechsundsechzig Jahren nicht alt genug für den Tod; er hat nicht geraucht und getrunken. Er war auch nicht schwer krank, er kränkelte manchmal, er hatte seit Jahrzehnten zu hohen Blutdruck, aber dagegen hatte er Tabletten, die nahm er seit Jahrzehnten, weshalb sollte er sie nicht weiter Jahrzehnte mit einem Schluck Wasser hinunterspülen, es gehörte eben zu ihm wie seine Baskenmütze, die er von einer Paris-Reise mitgebracht hatte, oder wie seine Brille, die er mit einem kleinen Tuch polierte, damit die Gläser immer schön klar waren. Er sah nun einmal gerne klar im Leben. Ob er manchmal an seinen Tod gedacht hat? Vielleicht. Wir haben jedenfalls nicht daran gedacht. Wenn ich mit der Möglichkeit seines Todes gerechnet hätte, hätte ich auch diese Reise nicht gebucht. Kann man vierzehn Tage nach dem Tode seines Vaters nach Asien fliegen? Wenn man einen Tod durch Verzicht auf eine Reise rückgängig machen könnte, viele Flugscheine blieben unbenutzt.

Ich habe die Abflughallen großer Flughäfen immer schon gemocht, ihre großzügige Architektur, die wartenden Reisenden in den Ledersesseln, die stets eilig auf hohen Absätzen durch die Halle hastenden Stewardessen, den hellen Gongschlag in den Lautsprechern, die ferne Ziele ganz nahe erscheinen lassen. Erster Aufruf des PanAm-Fluges nach Rio . . . zweiter Aufruf des Swiss-Air Fluges nach Tokyo . . . dritter Aufruf des Aeroflot-Fluges nach Moskau; das hatte sonst immer Bilder in mir heraufbeschworen, hatte mich an die breiten Promenaden in Rio denken lassen, an die vielfarbig flackernden Lichter auf der nächtlichen Ginza, an den riesigen verschneiten Roten Platz. Diesmal erreichten mich diese Durchsagen nicht. Andere Bilder waren da, seit vierzehn Tagen: Wie mein Vater plötzlich über Rückenschmerzen klagte. Eine Erkältung, vermutete Mutter, er solle am besten ins Bett gehen. Ein paar Tage, wird sie wohl gesagt haben, in ein paar Tagen ist alles wieder in Ordnung. Wie mein Vater in sein kleines Zimmer gegangen ist, sich langsam auszog und ins Bett legte. Ein paar Tage, wird er leise gesagt haben, das ist nicht so schlimm.

Eigentlich hat ihm ein Leben lang immer jemand gesagt, was er zu tun hatte, und eigentlich hat er es immer getan.

Man geht zur Schule, wird ihm sein Vater gesagt haben, wie er es mir immer sagte, und er ist zur Schule gegangen. Man lernt einen Beruf, wird ihm jemand gesagt haben, und er hat einen Beruf gelernt. Man heiratet die Frau, die man liebt, wird er sich selbst gesagt haben, man mietet eine Wohnung, man hat irgendwann ein Kind.
Sein ältestes Kind bin ich. Darf man nach Colombo fliegen, wenn der Vater vor vierzehn Tagen gestorben ist?
Wie sich der Tod still und leise an einen Menschen heranschleicht. Ich kann die Rückenschmerzen nicht mehr aushalten, wird mein Vater irgendwann nachts gesagt haben, und es wird ernst geklungen haben, sonst hätte mich Mutter nicht mitten in der Nacht angerufen. Vater hat starke Rückenschmerzen, was sollen wir denn da machen? Ja, was macht man da? Was macht man bei starken Rückenschmerzen eines Vaters, wenn man in einem Land lebt, wo nachts alles möglich ist, sofern man dafür keinen Arzt braucht? Knack, sagt der Anrufbeantworter, diese Maschine in der Praxis des Arztes, wo mein Vater Vierteljahr für Vierteljahr seinen Krankenschein abgab, knack, sagte die Maschine, die Arztpraxis ist leider nicht besetzt, wenden Sie sich an den ärztlichen Notdienst!
Der Notarztwagen kam mit Blaulicht und Sirene. Aber waren das Ärzte oder Krankenpfleger, die da ratlos ihre Köpfe schüttelten? Am besten, wir bringen Ihren Mann ins Krankenhaus, sagten sie meiner Mutter, und meine Mutter nickte, weil die Männer im weißen Kittel wie Ärzte aussahen und sagten, im Krankenhaus könnte Vater am besten geholfen werden. Jeder geht ins Krankenhaus, weil er dort auf Hilfe hofft. Ans Sterben denkt keiner. Ob mein Vater daran dachte?
Erster Aufruf des Lufthansa-Fluges nach Colombo, sagt die freundliche Lautsprecherstimme. Ich stehe auf, nehme mein Handgepäck und gehe zum Gate A 71. Andere gehen in dieselbe Richtung. Ein jüngeres Ehepaar führt einen müde aussehenden vielleicht siebenjährigen Jungen an der Hand. Vater, wo warst du, als ich sieben Jahre alt war?
Nach Colombo ist er nicht geflogen, denke ich. Ich sehe mich an der Hand meiner Mutter mit einer riesigen Schultüte im Arm, von meinem Vater sehe ich keine Spur, wie sollte ich auch. Maikäfer flieg, Vater ist im Krieg, Vater ist in Pommernland, Pommernland ist abgebrannt. Zu den Waffen haben sie meinen Vater jedenfalls nicht gerufen, denke ich befriedigt, wenigstens das nicht, denke ich, aber da kommen auch schon Zweifel: Macht es einen großen Unterschied, wenn man für Adolf Hitler nicht das Gewehr über die Schulter legen darf, sondern nur einen Spaten, weil man wehrunwürdig ist und nur Panzergräben ausheben darf?
Paßkontrolle. Ein junger Beamter greift nach meinem Paß, blickt mir ins Gesicht, gibt mir meinen Paß zurück.
Vater ist in Pommernland, Pommernland ist abgebrannt, denke ich, und da empfinde ich fast so etwas wie Triumph, nein, dazu haben sie dich nicht geholt. Aber war da ein großer Unterschied, ob man an der Front oder in einem Arbeitslager unter Beschuß russischer Tiefflieger um sein Leben zitterte, während man nicht wußte, ob die Frau und die Kinder noch lebten? Neunzehnhundertzweiundvierzig wurde meine Schwester geboren. Ob Vater für ihre Taufe Urlaub bekommen hat?
Hellerleuchtet steht die riesige Boeing 727 wie ein sprungbereiter Dinosaurier auf dem Flugfeld. Schon am Ende des Zubringer-Fingers höre ich leise Musik aus dem Flugzeug, dann gehe ich an der Stewardeß vorbei, gehe zwischen den Sitzreihen zum Ende der Maschine. So ein Unsinn, denke ich, dieser Aberglaube, daß im Schwanz eines Flugzeugs

die sichersten Plätze wären. Mein Vater hat im Feuer der Tiefflieger gelegen und ist nicht gestorben und hat im Flugzeug vorn gesessen, ist dabei auch nicht gestorben, ist ganz einfach im Krankenhaus gestorben, nachts, ganz allein, obwohl er eine Frau hatte und drei Kinder, aber Frauen und Kinder dürfen nachts nicht in die Intensiv-Station, weil sie dort natürlich die Ärzte und Schwestern stören. Aber wenigstens die ersten Tage, denke ich, da haben wir meinen Vater regelmäßig besucht. Angegriffene Nieren, hat der Arzt gesagt, das kriegen wir schon wieder hin, hat die Krankenschwester gesagt, er wird künftig Diät essen müssen, hat ein Pfleger gesagt.

Und wir Idioten haben das alles auch noch geglaubt.

Bitte die Rückenlehnen senkrecht stellen, die Sicherheitsgurte anlegen und das Rauchen einstellen, sagt eine Stimme aus dem Lautsprecher, dann rollt die Boeing endlich an, wird schnell und schneller, hebt vom Boden ab und stößt durch die Dunstglocke, die über dem nächtlichen Frankfurt liegt.

Vater. Mein armer toter Vater. Ich sitze und darf längst wieder rauchen. Ich sitze und versuche für ihn Bilanz zu ziehen. Schule. Lehre. Ein Beruf. Ein Kind. Ein Krieg. Ein zweites Kind. Der Krieg war zu Ende. Und er kam zurück, blieb nicht im Kriege wie viele andere Väter.

‚Bau auf, bau auf, Freie Deutsche Jugend, bau auf!' sangen wir in der Schule, während mein Vater aufbaute. Eine neue Wohnung, weil die alte erstens in Schutt und Asche lag und zweitens jetzt zu Polen gehörte, eine neue Wohnung und ein drittes Kind.

Wenn das Leben köstlich gewesen ist, so ist es Mühe und Arbeit gewesen, sagte der Pfarrer auf dem Friedhof, im strömenden Regen und in Eile, weil die Angehörigen des nächsten Toten die Trauerhalle ja auch brauchten. Köstlich, denke ich, ja, Mühe und Arbeit hat er genug gehabt. Für eine neue Wohnung und Kleidung und Lebensmittel und . . . Tag und Nacht hat er gearbeitet, aus den Trümmern, die der Krieg zurückgelassen hatte, hat er ein Krankenhaus aufgebaut, in der Deutschen Demokratischen Republik, und neunzehnhundertzweiundfünfzig hat er endlich einmal nicht getan, was man von ihm verlangte, er ist nicht in die Sozialistische Einheitspartei eingetreten, sondern hat alles stehen und liegen lassen, ist bei Nacht und Nebel mit zwei Koffern und drei Kindern in die Bundesrepublik geflüchtet, wo er wieder und nun zum dritten Mal anfing, eine Wohnung suchte und Möbel kaufte und Kleidung und Lebensmittel für seine Familie, für uns, für sich zuletzt.

Als die Boeing irgendwo über Persien fliegt, zeigt das Bordkino einen amerikanischen Spielfilm. Einer flog über das Kuckucks-Nest. Die Passagiere stülpen sich Kopfhörer über die Ohren, über die Kopfhörer kommt der Ton des Spielfilms. Ich sehe das Ehepaar mit dem Kind auf drei Sitzen schräg hinter mir. Das Kind schläft, und die Eltern haben die Kopfhörer übergestülpt. Der Mann lacht laut, und ich denke an meinen Vater, sehe ihn schwach im weiß gestrichenen Krankenhausbett liegen, lächeln. Gelächelt hat er oft, aber hat er jemals laut gelacht? Als die Boeing längst Arabien hinter sich gelassen hat, versuche ich noch, mich an einen Augenblick zu erinnern, bei dem ich Vater lachen gesehen hätte, nur einen Augenblick lang lachen, aber so sehr ich auch nachdenke, an ein Lachen kann ich mich nicht erinnern.

Wir werden ihn nächsten Montag wieder entlassen können, sagte der Arzt am Mittwoch. Es ist etwas schlechter geworden mit den Nieren, sagte ein anderer Arzt am Donnerstag. Und du mußtest aufstehen und zur Toilette, und als du langsam zur Tür gingst, da bekam ich Angst um dich, denn deine Schritte waren klein und du gingst gebückt und deine

Hände zitterten, und da machte ich mir plötzlich Gedanken, weshalb wir dich so schlecht verstanden, wenn du mit uns redetest, die Schwäche, natürlich, deine Krankheit, die die Ärzte für eine schwere Bronchitis hielten, gewiß, aber du hast doch sonst immer deutlich gesprochen, und wir hatten dich doch sonst immer verstanden. Da kamen mir Zweifel, und da kam die Angst in mir hoch, die ich zu bekämpfen versuchte, indem ich handelte. Wozu kannte ich denn Ärzte?

Doch was konnte ich anderes für dich tun, Vater, als telefonieren? Mit Ärzten reden und sie um Rat bitten, während Mutter an deinem Bett saß, deine Hand hielt und nickte, auch als sie längst nichts mehr von dem verstand, was du zu sagen versuchtest, weil deine Zunge so schwer war von den Stoffwechselprodukten in deinem Blut, die deine Niere nicht mehr herauswaschen konnte. Diese Stunden, die sie am Bett gesessen hat, bis endlich ein Arzt kam und von Dialyse redete, von der künstlichen Niere, an die man dich anschließen würde, damit eine Maschine dein Blut filtern sollte, was deine Niere nicht mehr schaffte. Das ist heute ohne große Probleme möglich, sagten mir meine Ärzte, mit denen ich befreundet war und die ich anrief in Osnabrück und München und Heidelberg. Ob du etwas geahnt hast, als sie dein Bett aus dem Zimmer schoben in den Raum, wo die künstliche Niere stand? Sechs bis acht Stunden würden sie dich an die Maschine anschließen, sagte der Arzt Mutter, nach sechs bis acht Stunden würde es dir besser gehen. Weshalb nur machte dein Herz diese Prozedur nicht mehr mit?

Weshalb zwang es die Ärzte, dich von der Maschine zu lösen und dich in die Intensivstation zu schieben? Terminal, nennen sie diese Station, Bahnhof.

Irgendwann reißen die Wolken auf und ganz fern sehe ich durch das dicke Glas des Flugzeugfensters einen schmalen Streifen helleren Himmel. Wie schnell es Morgen wird, während ich den Druck auf den Ohren fühle, weil die Boeing ihre Reisehöhe verlassen hat und im langsamen Sinkflug niedergeht zur Zwischenlandung. Karachi, kleine Pakistani in schmutzigen Overalls schieben Elektrokarren neben die Boeing, Tankwagen fahren lautlos über die Rollbahn. Weit entfernt sehe ich einen Schriftzug. Air-Terminal, Terminal. Wie lange werde ich an deinen Terminal denken, Vater, auf dem du vierundzwanzig Stunden lagst, bewußtlos, wie uns die Ärzte versicherten, nicht fähig, uns auch nur wahrzunehmen, falls wir an dein Bett kämen. Sobald du auch nur einen Augenblick zu Bewußtsein kommen würdest, wollte man uns anrufen. Und da saßen wir am Telefon und warteten und warteten und riefen alle zwei Stunden an, aber da war keine Veränderung, bis zur ganz großen Veränderung, als die Krankenschwester anrief, es ginge dir schlechter, wir sollten sofort ins Krankenhaus kommen, und als wir dann kamen, warst du ganz einfach tot. Ein Bündel brachte die Nachtschwester, deine Wäsche, sagte sie, und deine Armbanduhr brachte sie und deinen Siegelring. Da standen wir im weißen Flur des Krankenhauses in der Nacht, deine Frau und dein jüngster Sohn und deine Tochter und dein ältester Sohn, wir wußten es und hatten es noch längst nicht begriffen und würden es so schnell nicht begreifen, du warst nicht mehr da.

Bitte die Rückenlehnen senkrecht stellen, die Sitzgurte anlegen, das Rauchen einstellen. Wieder rollte die Maschine, wurde schnell und schneller, hob ab. Die leise Musik aus dem Kopfhörer. Die Stewardessen, die Frühstück auf weißen Kunststofftabletts aus einem Aluminiumwagen hoben und die Tabletts auf kleine Kunststofftische stellten, die wir aus den Rückenlehnen der Sitze vor uns klappten.

Vater, mein armer Vater. Sie transportieren Hunderte von Menschen durch die Luft, sie fliegen zum Mond und zurück, sie spalten Atome, nur wenn zwei Nieren nicht mehr

funktionieren, versagen ihre Möglichkeiten. Ich kann es immer noch nicht fassen. Ob du überhaupt begriffen hast, was geschah? Oder haben sie deinen Tod vor dir genauso versteckt, wie sie ihn vor uns versteckten? Dann waren da nur die Orgelmusik und der Pfarrer, der von deinem Leben redete. Du wurdest geboren, erfülltest deine Pflicht, sorgtest in guten und schlechten Zeiten für deine Familie. Wir haben das immer gewußt. Nur, daß es mit dem Tod so schnell gehen kann, daran hat keiner von uns gedacht. War da ein Sinn in deinem Leben?
Ich hatte mich immer nach einem Sinn dieses Lebens gefragt. Dein schneller Tod nahm mir den Mut, weiter danach zu suchen. Wir leben eine kurze Zeit und müssen sie halbwegs mit Anstand hinter uns bringen. Soll ich dir von den hohen Palmen erzählen und vom blauen Meer, vom breiten Strand, dem weißen Schaum auf dem klaren grünen Wasser der Lagune? Von Leguanen, die träge ins Wasser gleiten, und Eisvögeln, die wie Blitze über das Wasser schießen, wenn ein Katamaran lautlos in ihr Revier eindringt? Du hast das alles niemals gesehen, weil dein Leben Pflichterfüllung war und Sorge für uns, und weil sich das mit Reisen in tropische und subtropische Gebiete schlecht verträgt, sich jedenfalls für dich nicht vertragen hätte, und deshalb hast du es erst gar nicht gewollt.
Vor diese Bilder von Palmen und Eisvögeln schiebt sich dein mattes, ruhiges, geduldiges Gesicht. Mit kraftlosen Bewegungen versuchtest du dich im Bett aufzurichten, weil du uns noch etwas sagen wolltest. Doch deine Zunge war so schwer, daß wir deine Wörter nicht verstanden. Wolltest du uns sagen, was du uns nie gesagt hast, daß das Leben immer viel zu kurz ist, für jeden zu kurz, ob er nun mit zwanzig stirbt oder mit vierzig oder mit sechzig Jahren? Hast du irgend etwas herausgefunden über den Sinn, den das alles für dich hatte? Nie hast du über das Sterben und den Tod mit uns gesprochen, nie über den Sinn des Lebens. Glaubtest du noch an den Gott, von dem zu Weihnachten immer in der Kirche die Rede war? Gewiß, du hast jedesmal das Glaubensbekenntnis laut mitgesprochen, wie es die anderen sprachen, aber auch ich habe es aufgesagt, wie ich es gelernt hatte, und ich weiß, daß ich dabei gelogen habe, spätestens seit meinem vierzehnten Lebensjahr, bis ich dann überhaupt nicht mehr in die Kirche ging, nie wieder in die Kirche gehen wollte. Bis mich die Kirche einholte, bei deiner Beerdigung, als ich neben deiner Frau stehen wollte und neben meiner Mutter, weil du nicht mehr neben ihr stehen konntest. Dieses Glaubensbekenntnis, Vater unser, Vater mein, mein armer toter Vater.
Stundenlang, tagelang, wochenlang fuhr ich ziellos kreuz und quer über die Insel, in drückender Hitze, über staubige Straßen, vorbei an einer Armut, die ich zuvor nicht gesehen hatte. Frauen, mit fünfundzwanzig Jahren schon Greisinnen, gebeugt von der Arbeit in Teeplantagen, Männer, deren Besitz aus einem Sarong und fünf Zigaretten bestand, die sie zu verkaufen versuchten. Ich weiß nicht, was ich gesucht habe auf der Insel, ob ich etwas über den Sinn deines Lebens herauszufinden suchte, oder ob es mir um den Sinn meines Lebens ging.
Du hast dein Leben gelebt und das erfüllt, was du für deine Pflicht hieltest. Ich habe mein Leben gelebt, getan, was ich für meine Pflicht hielt. Unsere Auffassungen von Leben und Pflichten unterschieden sich gewaltig, ich hielt oft für falsch, was für dich richtig war, du verstandest nicht, daß ich oft nicht tat, was andere von mir erwarteten, aber niemals brach das Gespräch zwischen uns ab. Warum hast du niemals mit mir über den Tod gesprochen? Oder hast du vorausgesehen, daß ich immer wieder über dein Leben und deinen Tod nachdenken würde, um etwas über mein Leben und meinen Tod herauszu

finden? Denn wenn es einen Sinn des Lebens gibt, muß er mit dem Tod zu tun haben, mit dieser Endgültigkeit, nach der es nichts mehr zu sagen gibt.
Einige Fehlzündungen knallten, rissen mich aus meinen Gedanken, der Geländewagen, den ich in Colombo gemietet hatte, wurde langsamer, ich ließ ihn auf der linken Straßenseite ausrollen. Meine alte Gewohnheit, nicht auf die Benzinuhr zu achten, hatte wie überall auf der Welt auch hier ihre Folgen. Ich stieg aus dem Wagen, ging nach vorn, wo ich den eisernen Reservekanister des Mietwagens gesehen hatte, kein Problem, dachte ich, in wenigen Minuten würde ich weiterfahren. Ich schnallte Lederriemen auf, hob den Kanister aus seiner Halterung, und als ich ihn in der Hand hatte, geronn ein Verdacht zur Gewißheit. So leicht konnte kein Reservekanister mit fünfundzwanzig Litern Benzin sein, so leicht war nur ein leerer Reservekanister. Man bleibt nicht auf Ceylon mit dem Auto stehen, schon gar nicht in der Mittagshitze, wenn die Sonne direkt senkrecht über einem steht, auf gar keinen Fall weitab von der nächsten Tankstelle. So was passiert einem nicht. Nur mir war es passiert.
Ich nahm den Reservekanister und machte mich auf den Weg. Irgendwo auf der Straße nach Kalutara würde ich eine Tankstelle finden. Und wenn nicht, dann mindestens ein Telefon. Ich würde eine Tankstelle anrufen oder eine Autoreparaturwerkstatt oder den Automobilclub. Irgend jemand würde mir schon helfen. Es würde zwar das teuerste Benzin meines Lebens werden, aber das war unabänderlich.
Ich ging los. Vorbei an Kokospalmen und niedrigem Gebüsch, ich trottete die staubige Landstraße entlang, zehn Minuten, fünfzehn Minuten. Meine Füße schmerzten in den Stiefeln aus weichem Leder, mit der dünnen Sohle, die für asphaltierte Straßen gedacht war oder aber für überhaupt keine Straßen, Stiefel für zweihundertzwanzig Mark, nur für Autofahrer, dachte ich, und ich lief.
Wie konnte ich Idiot nur annehmen, daß in einem Reservekanister selbstverständlich Benzin sein muß?
Ich lief durch die Hitze und schämte mich, meine Stimmung pendelte zwischen Ohnmacht und Wut hin und her. Eine Tankstelle, was ist das für ein verdammtes Land, in dem nicht alle fünfhundert Meter eine Tankstelle am Wege liegt, nie wieder fliege ich in ein unterentwickeltes Land, nie wieder steige ich in einen fremden Wagen.
Eine Dreiviertelstunde. Endlich sehe ich eine flache Hütte, aus Kokospalmenblättern geflochten, ich stolpere von der Straße auf das Haus zu, sehe einen uralten Mann vor dem Haus sitzen, frage nach Benzin. Der alte Mann sieht mich ruhig an, bewegt sich nicht, ich frage noch einmal nach der Tankstelle, frage, ob er ein Telefon hat, und ich bereue diese Frage sofort, zu dem Haus führen ja nicht einmal Leitungen für elektrischen Strom. Aber was ist, versteht er mich nicht? Ich frage auf englisch nach Benzin, versuche, mich an das französische Wort für Benzin zu erinnern, so was weiß man doch, auch wenn man eine Sprache nicht gelernt hat. Ich zeige auf den Benzinkanister, löse seinen Verschluß, drehe den Benzinkanister um, damit der Alte auch sieht, daß er leer ist, daß ich nicht zum Spaß einen Benzinkanister durch die Mittagshitze trage. Da bewegt sich der Mann endlich, öffnet den Mund, ich sehe die vom Betelsaft braunen Stummel halbverfaulter Zähne, höre dann ein Wort und sehe eine Bewegung seiner Hand. *Alutgama!* sagt er, dann streckt er mir die Hand entgegen, *School-Pen, please! School-Pen, Sir!*
Diese ständigen Bitten um Kugelschreiber, denke ich wütend, wozu braucht hier jeder einen Kugelschreiber, was wollen sie auf Ceylon alle Kugelschreiber von jedem Ausländer, so viel kann ein Mensch gar nicht verbrauchen, selbst wenn er Tag und Nacht

schreibt, die sammeln Kugelschreiber wie andere Leute Briefmarken, denke ich, und ich greife in die Tasche, gebe ihm keinen Kugelschreiber, sondern einen Geldschein. Hundert Rupees, denke ich, für ihn fast ein Vermögen, aber er steckt den Schein mit einer blitzschnellen Bewegung irgendwo in seine Kleidung, sitzt wieder, ich sehe seine Kiefer mahlen, dann spuckt er mir eine Ladung Betelsaft vor die Stiefel, zeigt mit der Hand in eine Richtung: *Alutgama!*

Ich gehe wieder auf der Landstraße. Eine Stunde. Eineinhalb Stunden. Längst sind die Sohlen meiner Stiefel zerrissen, klebt mein Hemd auf der Haut, und ich sehe rote und gelbe Kreise. Das Blut hämmert in den Adern, es dröhnt mit jedem Herzschlag in meinen Ohren. Wenn es nur nicht so heiß wäre, denke ich, und ich ziehe mein weißes Hemd aus, wickele es um den Kopf. Jetzt nur keinen Sonnenstich, denke ich, das fehlte gerade noch, hier zusammenbrechen, wo die Straße leer ist, als wäre das Kraftfahrzeug nie erfunden. Wenn nur die Hitze nicht wäre, denke ich, aber da öffnet sich irgendwo eine Schleuse, donnert ein Regen vom Himmel, wie ich ihn noch nie erlebt habe. Da fallen keine Tropfen, da werden Eimer von Wasser ausgegossen, ich spüre die Wasserladungen wie Schläge, bin sofort durchnäßt bis auf die Haut, und meine Nadelstreifen-Hose, auf die der Schneider so stolz war, hängt an mir wie ein nasser Sack. Ich renne von der Straße unter Bäume, der Boden ist sofort aufgequollen, hält meine Füße fest, dieser nasse Sack von Hose, denke ich, ziehe die Hose aus, trage sie ein paar hundert Meter, werfe sie dann weg. Ich bin das Gespött der Leute, denke ich, ein Mann mit Unterhose und Benzinkanister, aber in schwarzen Stiefeln, bloß gut, daß mich keiner sieht, denke ich und gehe weiter, das Wasser fällt noch immer vom Himmel, rinnt über mein Gesicht, längst habe ich die Brille abgenommen, sehe um mich herum nur noch undeutliches Grün. Angst kommt in mir hoch. Was, wenn ich mich verirre? Wenn ich in eine Gegend gerate, wo niemand lebt? Wenn ich mich in einen der großen Naturschutzparks verirre, wo man tagelang keinen Menschen trifft? Diese Angst, die immer stärker wird. Da habe ich meinen Beruf und Geld auf der Bank und ein halbes Dutzend Versicherungen gegen Krankheit und Alter und Haftpflichtschäden, da habe ich meine riesige Wohnung und Anspruch auf Rente, da muß doch jemand da sein, der mir hilft. Ich zahle mit D-Mark, denke ich, ich habe Dollars und Traveller-Cheques, da muß mir doch jemand helfen.

Ich gehe weiter, längst weiß ich nicht mehr, wo die Straße ist, zwei Stunden, drei Stunden, ich weiß nicht, wie lange ich schon unterwegs bin. Vater, mein armer Vater, denke ich, und ich haste weiter, da sehe ich eine weiße Fläche im Grün, das mich umgibt. Weiß, denke ich, weiß und groß, das kann nur ein Haus sein, und ich haste auf das Haus zu, fühle eine Mauer, taste nach einer Tür. Ein weißer Mann in Unterhose, Stiefeln, einen Benzinkanister in der einen Hand und eine Brille in der anderen, denke ich, taste kurzsichtig, wie ich nun einmal bin, an der Mauer entlang, ich fühle nasses Holz, drücke eine Tür auf und trete in das Haus. Endlich dieser Regen nicht mehr, der draußen rauscht und rauscht, als wolle er nie mehr aufhören. Verschwommen sehe ich eine Gestalt hocken, sie hockt in Höhe meines Tisches zu Hause. Seltsame Sitten, denke ich, auf Ceylon sitzen die Menschen auf dem Tisch, und ich frage wieder nach Benzin, zeige auf meinen leeren Benzinkanister, und die Gestalt antwortet nicht. Ich will nach einem Geldschein greifen, und ich erschrecke, das Geld war in der Hose, ich nehme meine Armbanduhr ab, halte sie dem Mann hin, den ich verschwommen sehe. Benzin, please, Gas please, Oil, Essence, sage ich und schwenke meinen leeren Kanister und halte ihm die Uhr hin, und der Mann bewegt sich nicht. Er muß verrückt sein, denke ich, er will

Meditationen über den Tod.

die Rolex nicht, und ich versuche, die nassen Gläser meiner Brille mit meinen nassen Fingern zu trocknen, halte in der Bewegung inne, kein Geräusch, meine Güte, ein Mensch macht doch ein Geräusch, jeder macht Geräusche, und ich merke, daß meine Hände zittern, ich setze die Brille auf, drehe meinen Kopf vorsichtig in die Richtung, wo jemand hockt und schweigt und keine Rolex will, und ich schreie auf, ich bin in einem Tempel, halte meine Rolex einer Buddha-Statue hin, die auf einem steinernen Podest steht, ich möchte schreien, sehe zu ihr hinüber, und ich möchte laut lachen, ich sehe den ruhig sitzenden Buddha aus Stein und denke daran, wie ich aussehen muß, ich sehe das Gesicht der Statue, denke an meinen Benzinkanister und die Stiefel, da ist mir, als würde mir der Boden unter den Füßen weggezogen, und ich habe ein Gefühl, als ob ich gar nicht mehr da wäre, und ich denke an meinen Vater, und da fühle ich mich wieder, und eine Ruhe breitet sich in mir aus, die ich niemals zuvor empfunden habe, armer toter Vater, denke ich und sehe sein Gesicht, sehe ihn als Kind mit der Schultüte und sehe ihn neben meiner Mutter, sehe ihn mit dem Spaten über der Schulter und hinter dem Schreibtisch, ich sehe sein Gesicht, sehe es alt und älter werden, sehe seinen aufrechten Körper, der alt und älter wird, ich sehe ihn in den Kissen des Bettes im Krankenhaus, sehe ihn mit kleinen, mühsamen und müden Schritten zur Tür gehen, ich sehe sein Gesicht, seinen Mund, der mit schwerer Zunge etwas zu sagen versucht, ich sehe seine Augen, und jetzt verstehe ich plötzlich, was er sagt.

Das war es dann wohl für mich, sagt er, es wäre schön, wenn es noch ein paar Jahre länger gedauert hätte, aber das ist leider anders. Und was hat das alles für einen Sinn gehabt, möchte ich schreien, aber in mir ist noch immer diese Ruhe, ich sehe das Gesicht meines Vaters, sehe ihn aufgebahrt hinter der dicken Glasscheibe, ich sehe das Gesicht meines Großvaters, sehe meinen Urgroßvater, Ururgroßvater, fremde Gesichter, die ich nicht einmal von Fotos her kenne, Kindergesichter, die zu Greisengesichtern werden, einer wie der andere irgendwann geboren, älter werdend, Glück genießend und Schmerz erduldend, qualvoll langsam oder überraschend schnell sterbend, einer wie der andere, einer wie der andere vom Tode gezeichnet, schon vom Augenblick seiner Geburt an.

Nichts über dem Himmel, und keine Spur von heilig, denke ich, und während ich noch überlege, wo ich diesen Satz gehört oder gelesen haben könnte, sehe ich zur Buddha-Statue hinüber, diesem bearbeiteten Stück Stein. Nichts über dem Himmel, und keine Spur von heilig. Und unser Leben hat genau den Sinn, den wir unserem Leben geben wollen.

Irgendwann hörte der Regen auf, und ich lief noch eine halbe Stunde durch den Wald. Irgendwann sah ich Häuser. Die Menschen auf der Hauptstraße in Hikkaduwa lachten über mich, bis ihnen die Tränen kamen, und ich lachte mit ihnen. Ich fand einen Singhalesen, der mich zum Mietwagen fuhr, dann zu einer Tankstelle und zum Mietwagen zurück. Ich bin wieder nach Colombo gefahren, und eine Woche später flog ich zurück nach Deutschland. Ich habe mir längst wieder neue Stiefel gekauft, natürlich wieder mit viel zu dünner Sohle. Und ich weiß jetzt, daß in jedem Augenblick jemand neben mir steht. Das macht alles leicht und schwierig, wichtig und unwichtig. Ich weiß, daß es jeden Augenblick zu Ende sein kann, und ich weiß, daß es irgendwo ganz weit weg einen Tempel gibt, wo etwas mit mir geschehen ist. Gedanken brauchen keine Flugscheine. Wo auch immer ich sterbe; der Ort heißt Alutgama. Irgendwann werde ich eine Geschichte nicht zu Ende schreiben können. Alutgama. Nichts über dem Himmel. Genug für ein Leben. Und der Sinn des Lebens sucht sich selber.

◁ *Oben: Pablo Neruda.*
Unten: Pablo Neruda mit seiner Lebensgefährtin Matilde.

Ich weiß nicht, was in mir passiert ist dort. Ich weiß, daß ich in jedem Augenblick alles verlieren kann und daß es für mich einen Ort gibt, an den ich zurückkehren werde. Was auch immer geschieht, eins ist mir gewiß: *Alutgama.*

CURT MEYER-CLASON

Pablo Neruda

Ursprünglich war für den 12. Juli 1974 ein großes Fest geplant gewesen: Pablo Nerudas siebzigster Geburtstag.

Salvador — der Freund, der häufig im Hubschrauber in Isla Negra gelandet war, um Pablo und Matilde zu überraschen — Salvador Allende hatte den Dichter rechtzeitig um eine Liste der Freunde gebeten, die dieser eingeladen sehen wollte. Es sollten Gäste aus vielen Ländern kommen. Pablo selbst hatte eine Überraschung beisteuern wollen, die er mit seinem Verleger Gonzalo Losada aus Buenos Aires besprochen hatte: die Veröffentlichung von acht neuen Gedichtbänden und seine Erinnerungen. Seit geraumer Zeit arbeitete er unabhängig, aber gleichzeitig an diesen Büchern. Die Memoiren waren ziemlich weit fortgeschritten, Matilde Urrutia und Miguel Otero Silva aus Caracas, Lyriker und Romancier (ein Briefgedicht aus dem Jahr 1948 an den Freund findet sich in *Dichtungen* 1), waren damit beschäftigt, die einzelnen Teile zu sichten und chronologisch zu ordnen.

Das war lange vor dem 11. September 1973 gewesen, dem Tag, an dem die Regierung der chilenischen Volksfront gestürzt wurde. Zu jener Zeit wohnten die Nerudas in Isla Negra, der Dichter arbeitete gutgelaunt und in bester Verfassung. Er wußte nicht, daß er Krebs hatte. Keiner der häufigen Besucher ahnte es. Der Arzt hatte seiner Frau versichert, Pablo habe noch mindestens sechs Jahre zu leben und würde womöglich gar nicht am Krebs, der unter Kontrolle stehe, sterben.

Am 11. September schaltete Neruda um sieben Uhr morgens das Radio ein. Er war Frühaufsteher, das Ehepaar frühstückte um halb acht, dann wurden alle Zeitungen gelesen; von elf bis zwei wurde gearbeitet, Mittagessen um halb drei, danach Siesta; später kamen Freunde, ein jeder trieb sich nach Belieben im Haus oder Garten herum; Neruda liebte lange Lektüren, gegen Abend gemeinsamer Apéritif, Abendessen, ausgedehnte Gespräche; Nachtruhe nicht vor zwei Uhr. Neruda war Feinschmecker, er aß, trank, lachte gern, Matilde war eine erfinderische Kochkünstlerin. Nichts, niemand konnte Neruda bei der Arbeit stören, das Haus wimmelte von Tieren, Federvieh, Hunden. Frühmorgens sangen im Schlafzimmer die Kanarienvögel. „Schreiben ist für mich eine Arbeit wie Schuhemachen, man tut sie nie besser, nie schlechter."

An jenem 11. September also begann das Ende. Neruda hörte Allendes letzte Rede. Bald waren Pablo und Matilde isoliert, abgeschnitten von der Hauptstadt, das Haus überwacht, die Freunde geflohen, verhaftet. Der Arzt verbot dem Schriftsteller Nachrichten zu hören, doch er, bereits fiebrig, klammerte sich an die Einzelheiten des Verhängnisses; über Radio Mendoza erfuhr er von Allendes Tod. Am 18. wurde er mit hohem Fieber ins Krankenhaus nach Santiago geschafft, behindert durch die „carabineros", die Grenzpolizei, welche die Straßen abgesperrt hatte. Dort funktionierte nichts mehr, der Arzt in Todesangst — wie alle anderen, sagte Matilde —, es fehlte an Antibiotica, Krankenschwestern fielen aus. Endlich, am 20. September, überbrachte der mexikanische Botschafter das Angebot des Präsidenten Echeverria, Neruda mit einer Sondermaschine auszufliegen. Neruda weigerte sich, das Land zu verlassen — er, der nie einen Leibwächter nötig gehabt hatte: ganz Chile hatte ihn beschützt, das Volk war sein Freund. Um ihn zur Abreise zu bewegen, mußte Matilde ihm gestehen, daß sein Wagen beschlagnahmt, sein Fahrer verhaftet, sein Haus in Santiago verwüstet sei.

Sie fuhr nach Isla Negra, packte zwei Koffer; als sie zurückkam, ging es ihm wesentlich schlechter; er delirierte „Man mordet sie, man mordet sie". Er, der übermenschliche Kräfte besessen hatte, war durch den Tod des Freundes moralisch gebrochen. Nach einem leichten Beruhigungsmittel schlief er eine Nacht und einen Tag hindurch. Am 23. abends, gegen elf Uhr, setzte das Herz aus, und er glitt vom Schlaf hinüber in den Tod. General Pinochet ordnete dreitägige Staatstrauer an; eine Stunde später erfuhr Matilde Urrutia telefonisch, daß man ihr Haus in Valparaiso zerstört hatte.

Dem privaten Leichenzug folgten einige Freunde, darunter Nicanor Parra, Botschafter; Arbeiter strömten aus den Straßen, gespannte Gesichter, Gebärden der Wut, des Schmerzes; auch Polizisten waren dabei. Am Grab sprachen ein Student, ein Schriftsteller, ein Akademiker, diese drei. Das Volk, sobald es den Friedhof betrat, rief: „Pablo Neruda, Presente!" Und sang die Internationale.

„Wir Dichter haben das Recht, glücklich zu sein, denn wir sind unseren Völkern und dem Kampf um ihr Glück verbunden." Das macht ihn zum Hoffenden in der drohenden Gefahr eines Atomkrieges: „Doch das trübt meine Hoffnung nicht. In diesem kritischen Augenblick wissen wir, daß das Licht schließlich doch durch die halbgeöffneten Augen dringen wird. Wir werden uns alle verstehen. Wir werden gemeinsam fortschreiten. Wir streben einer großen Zärtlichkeit entgegen."

II.

Meine Seele dürstet nach Dir wie ein dürres Land.

(Psalm 143/6)

Der Boden, auf dem du stehst,
ist brüchig geworden.

JOSIANNE MAAS

Fragebogen

„Arbeiten Sie auch oder sind Sie Hausfrau?“ fragte der freundliche Herr.

Ich fühlte mich beleidigt. „Natürlich arbeite ich“, antwortete ich.

Er blieb gelassen. „Wo?“ fragte er, und sein gespitzter Bleistift suchte bereits die für meine Antwort vorgesehene Rubrik.

„Na, hier zu Hause. Oder glauben Sie etwa, daß Hausfrauenarbeit keine Arbeit ist?“

Sein Bleistift zuckte unbenutzt zurück. Für diese Antwort war er nicht zuständig. Schließlich fragte er nicht aus Neugier, sondern im Auftrage des Bundesamtes für Statistik.

Ich besann mich auf die vielen Zeitungsaufrufe und mahnenden Sendungen in Rundfunk und Fernsehen, daß Volkszählung eine eminent wichtige Sache sei, daß mit ihrer Hilfe Verbesserungen in allen Lebensbereichen für alle Schichten der Bevölkerung geplant und irgendwann durchgeführt werden könnten und daß man den Zählern die Arbeit nicht unnötig erschweren sollte.

Nein, ich wollte ihm seine Arbeit nicht erschweren. Ich hatte ihm ja auch bereitwillig Auskunft gegeben: Über den Beruf meines Mannes: wie lange er arbeitet, welche Verkehrsmittel er benutzt und wie viele Stunden oder Minuten er täglich unterwegs ist.

Säuberlich machte er seine Bleistiftstriche auf das Computerfutter.

Er fragte nach der ältesten Tochter.

„Die wohnt nicht mehr hier. Sie ist seit ein paar Wochen verheiratet.“

Meinen mütterlichen Stoßseufzer überhörte er. Computer registrieren dergleichen nicht. Der Mann schien das zu wissen.

Er radierte den Namen unserer Ältesten aus.

Es tat mir weh. Zwanzig Jahre Familienzugehörigkeit wischte er mit seinem Radiergummi einfach vom Blatt. Aber er tat ja nur seine Pflicht.

Dann nahm er das Blatt unserer jüngsten Tochter.

Ich sah wieder Licht am Horizont. Hier könnte sich die Statistik segensreich auswirken. Wie schön, wenn man endlich mal herausfindet, wie viele behinderte Kinder es in der Bundesrepublik gibt, wie ihre ärztliche Versorgung funktioniert und welche Möglichkeiten sie haben, in die normale Gesellschaft integriert zu werden. Der Mangel an Lehrern hat sich herumgesprochen. Ob auch der Mangel an qualifizierten Ärzten bekannt ist? Wie anders hätte es sonst geschehen können, daß unsere Zwölfjährige nach jahrelangen Fehldiagnosen heute ein Krüppel ist?

Danach sollte er mich fragen, dachte ich. Aber er tat es nicht.

„In welche Schule geht Ihre Tochter?“ Höflich las er mir seinen Katalog von Schulformen vor. Er tat mir leid, weil er so gern seinen kleinen Strich machen wollte. Aber ich konnte ihm nicht helfen.

„Sie geht in eine Sonderschule für Körperbehinderte“, sagte ich. Aber solche oder ähnliche Institutionen enthielt sein Katalog nicht.

Er war ratlos. Ich war deprimiert.

„Volksschule?“ fragte er schließlich zaghaft.

Ich zuckte die Achseln. „Nein, ich glaube nicht, daß man es so nennen kann.“ Ich dachte

◁ *Jugend in der ČSSR.*

an die Mehrfachgeschädigten, an die geistig Behinderten, an die Blinden und Hörgeschädigten. Sind ihre Schulen denn mit normalen Volksschulen zu vergleichen?
Ich wollte es erklären, aber da hatte er schon entschieden.
„Volksschule", behauptete er und wurde sein Strichlein endlich los.
Mein Vertrauen zu seiner Statistik bekam einen gewaltigen Knacks.
Schade, wieder eine Chance verpaßt.
Mit meiner Karte war er schnell fertig.
Einen Beruf? Ja, den hatte ich früher einmal. Ich war Krankenschwester. Aber das interessiert den Computer nicht. Von mir will er auch nicht wissen, wie lange mich der Haushalt beansprucht, wie weit ich bis zum nächsten Supermarkt laufen muß und wieviel Zeit ich im Wartezimmer des einzigen Arztes in unserem Vorort vertrödle.
Die Statistik ist an mir nicht interessiert.
Ich arbeite ja nicht.

Die jährlichen Rüstungsausgaben

Die jährlichen Rüstungsausgaben nähern sich der Summe von 450 Milliarden US-Dollar (das sind mehr als zwei Milliarden DM pro Tag), während die Ausgaben für staatliche Entwicklungshilfe weniger als 5 Prozent dieser Aufwendungen ausmachen. Vier Beispiele:

1. Die Militärausgaben allein eines halben Tages würden ausreichen, um das gesamte Programm der Weltgesundheitsorganisation zur Ausrottung der Malaria zu finanzieren. Noch weniger würde benötigt, um die Flußblindheit zu besiegen, die immer noch eine Geißel für Millionen Menschen darstellt.
2. Ein moderner Panzer kostet etwa eine Million Dollar. Mit diesem Geld könnte man die Lagermöglichkeiten von 100 000 Tonnen Reis so verbessern, daß der Verderb von jährlich 4000 Tonnen oder mehr ausgeschaltet würde. (Ein Mensch kann mit gut einem Pfund Reis am Tag leben.) Mit demselben Geld könnte man auch 1000 Klassenräume für 30 000 Schulkinder errichten.
3. Für den Preis nur eines Kampfflugzeuges (20 Millionen US-Dollar) könnte man etwa 40 000 Dorfapotheken errichten.
4. Mit der Hälfte von einem Prozent der jährlichen Rüstungsausgaben könnte man all die landwirtschaftlichen Geräte anschaffen, die erforderlich sind, um in den armen Ländern mit Nahrungsmitteldefizit die Agrarproduktion bis 1990 zu verbessern und sogar die Selbstversorgung zu erreichen.

HILDE BARISCH

Wohin wird der Weg des Menschen führen?

Es waren einmal rattengroße Tiere, die im Schatten von Giganten lebten. Feuchtwarme Gingko-, Palm- und Farnwälder waren der gemeinsame Lebensraum. Über eine lange Zeit — hundert, vielleicht einhundertfünfzig Millionen Jahre — mißlang jeder Versuch der kleinen Tiere, sich gegen die Giganten durchzusetzen. Mit jeder Jahrmillion wurden sie jedoch lebenstüchtiger. Und endlich, vor achtzig bis siebzig Millionen Jahren erreichten sie ihr Ziel: Die Großen mußten den Kleinen weichen.

Ein Märchen? Nein, kein Märchen! So etwa begann die Geschichte unserer eigenen Art. Eingebunden in viele Jahrhundertmillionen der Evolution. In großen Zügen durch Fakten belegt, in den Einzelheiten noch vage und unvollständig.

Die Giganten, die Dinosaurier, waren eine Riesenform der Reptilien. Sie beherrschten die Erde in ihrem Mittelalter über zweihundert Millionen Jahre hin. Die rattengroßen Tiere in ihrem Schatten, die sich bereit machten, ihre Nachfolge anzutreten, waren die Urformen der Säugetiere, die primitiven Vorfahren unserer eigenen Art.

Warum sie die Saurier verdrängen konnten? Darüber wissen wir heute einiges. Sie hatten einen sehr entscheidenden Schritt in der Fortentwicklung der Lebewesen vorangetan: Sie hatten die Warmblütigkeit „erfunden“.

Während die Echsen noch wechselwarme Tiere waren, die beim Absinken der Temperatur, also in jeder Nacht, in eine totenähnliche Starre fielen, hatten es die kleinen Säuger „gelernt“, ihre Körpertemperatur konstant zu halten. Sie konnten über vierundzwanzig Stunden aktiv sein. Großräumige Klimaveränderungen — es wurde kälter — trafen den Lebensnerv der Echsen, konnten dagegen den behaarten kleinen Räubern kaum etwas anhaben. Über fast vierzig Millionen Jahre hin ist das Vergehen der einen, das Werden der anderen nebeneinander hergegangen. Nach dem Aussterben der Saurier eroberten die Säugetiere, die die Warmblütigkeit „erfunden“ hatten, die ganze Welt. Es gelang ihnen, sich in vielen unterschiedlichen Formen an fast alle Lebensräume unserer Erde anzupassen. Zunächst waren sie klein: Hirsch, Pferd, Giraffe, Elefant — kaum größer als Hunde. Modellformen in der Erprobung, Versuche auf Bewährung. Noch vollzog sich die weitere Entwicklung nach dem erprobten Rezept der Evolution, dessen Bausteine hießen: Umwelt, Anpassung, Lebensgemeinschaft und Lebensraum. Die Zeit spielte auch weiterhin keine Rolle.

Noch spielte sie keine Rolle! Doch da gab es unter den Vorformen der Säuger ein rattengroßes Tier, das ein ganz besonderes Merkmal entwickelt hatte: Seine Pfoten trugen Nägel statt Krallen. Erforscher der frühen Lebewesen — Paläoanthropologen — sehen heute in ihm den Vorfahren der Affen. Eine bedeutsame Entwicklung hatte hier ihre Wurzeln.

Millionen Jahre später hatten sich die Voraffen in vielen unterschiedlichen Lebensräumen zu echten Affen entwickelt. Und damit war der Weg gewiesen zu Homo, dem Menschen.

Homo erectus, der aufrecht gehende Mensch, hat vor 1,5 Millionen Jahren gelebt. Sein Gehirnvolumen betrug bereits 900 Kubikzentimeter.

Haben wir bisher in Jahrmillionen gedacht, so sind es weiterhin nur Jahrhunderttausende, in denen die Entwicklung des Menschen sich vollendete. Als Homo erectus es gelernt hatte, seine Gebärdensprache durch eine grobe Lautsprache zu ergänzen, wurde er zu Homo sapiens, dem verständigen Menschen. Er wurde aber auch zum gefährlichsten Raubtier auf der Erde.

Sechzigtausend Jahre später nahm er als Homo sapiens sapiens die Geschicke unserer Erde selbst in die Hand. Die „biologische Evolution“ hin zum Menschen war abgeschlossen. Die „kulturelle Evolution“, von ihm selbst vorangetrieben, nahm ihren Anfang. Sie ging, vor allem in den letzten zehntausend Jahren, mit Riesenschritten voran. Die Ereignisse überstürzten sich. Der Mensch erfand die Landwirtschaft: Er sammelte die für seine Ernährung notwendigen Pflanzen nicht mehr, er baute sie an, säte, pflegte und erntete sie. Er domestizierte die Tiere: Er nahm Wildtiere in seine Obhut, schützte sie vor ihren Feinden und züchtete mit ihnen, das heißt, *er* bestimmte durch die Wahl der Elterntiere die Vererbung und schaltete die natürliche Auslese aus. Eine Entwicklung abseits der natürlichen Evolution der Arten bahnte sich an, bei der der Mensch zum Schöpfer neuer Tierformen wurde. Tierformen, die ihm den höchsten Nutzen bringen sollten. Seine Rinder „lernten“ es, über das ganze Jahr hin Milch zu geben, und seine Hühner legten weit mehr Eier, als es zur Erhaltung ihrer Art notwendig war. Seine Schweine setzten reichlich Speck an und ließen sich, als dem Menschen der Sinn danach stand, auch einige Rippen mehr anzüchten. Im Aussehen und Verhalten haben Haustiere, fast möchte man sagen Haustiermaschinen, inzwischen mit den Wildformen ihrer Vorfahren nichts mehr gemein. Ihre Kennzeichen sind: „Winzige Gehirne und riesige Keimdrüsen, wenig Verstand und viele Hormone, ungezügelte Gefräßigkeit und verkümmerte Instinkte.“ (Illies) Das Zeitalter der Jäger und Sammler gehörte der Vergangenheit an. Beides, Ackerbau und Viehzucht, machten den Menschen unabhängig vom natürlichen Ablauf in der Natur. Eine Bevölkerungsexplosion war die Folge. Der Mensch besiedelte die ganze Welt. Es entstanden Dörfer, Städte und Stadtstaaten. Überall wurden Wälder gerodet, neues Ackerland bebaut, weite Grasflächen für immer mehr, immer neue Haustiere eingefriedet. Die Verschmutzung der Umwelt — weltweit — mit Abgasen, mit chemischen „Vernichtern“ all dessen, was den „Fortschritt“ hindert, hat der heutige Mensch dem noch hinzugefügt. Er handelt, als gäbe es bei der Verplanung, Ausnützung und Zerstörung unseres Planeten mit all seinen Lebensformen für ihn keine Grenze.

Ist nicht doch eine Wende möglich?

Sie standen am Rand der schmalen Talstraße. Fünfzehn Mädchen und Jungen, und jeder von ihnen trug zwei Eimer. Es war der erste warme Tag im April gewesen, und darum glaubten sie, daß die Erdkröten heute abend den Marsch zu ihren Laichplätzen antreten würden. Im vergangenen Jahr hatte es hier, an dieser Stelle, ein großes Massensterben der Kröten gegeben. Autos waren über sie hinweggefahren. Zwei der Mädchen waren Zeugen gewesen. Sie hatten Hunderte von Kröten tot auf der Straße liegen sehen. Den Grund, warum die Kröten, die man sonst doch kaum zu Gesicht bekommt, sich auf der Straße bewegt hatten, hatten sie damals nicht gekannt. Heute wußten sie, daß Erdkröten, instinktgebunden, in jedem Jahr wieder in den ersten warmen Tagen des April den Tümpel oder See aufsuchen, in dem sie geboren sind und ihre Jugend verbracht haben. Hier vollzieht sich die Paarung, und hier laichen sie ab. Die Sinne der Kröten sind nur auf das Ziel gerichtet. Und so ziehen sie — kilometerweit von ihren Wohngebieten diesseits der Straße zu ihren Laichplätzen jenseits der Straße, ohne rechts oder links zu sehen.

Sie tun das schon immer, und bisher war es eine Wanderung ohne Gefahr. Nun aber war die stille Talstraße von den Autofahrern als willkommene Abkürzung entdeckt worden. In der Dunkelheit fahren sie mitten hinein in den Zug der Kröten. Immer weniger erreichen noch ihren Laichsee, und die Gefahr ist groß, daß die Erdkröten, zumindest in diesem Gebiet, sehr schnell aussterben werden. Hie Autofahrer, da Kröte!
Aber da sind die ersten Kröten! Die Jungen und Mädchen sind sofort in voller Aktion. Sie heben, nein, sie raffen die Kröten in ihre Eimer, tragen sie auf die andere Straßenseite und kippen sie aus. Unbeirrt setzen die Kröten ihren Weg fort, und die Mädchen und Jungen hasten zurück, um neue Kröten einzusammeln. Sie tun das viele, viele Male. Ihre Scheu, die glitschigen Krötentiere anzufassen, haben sie schnell überwunden. Das ganze geht nicht lautlos vor sich: Die Krötenmänner gurren und quaken und stoßen ab und an einen glockenhellen Ruf aus. Sie rufen die Weibchen oder signalisieren einem anderen Männchen, das sie umklammern will: „Du hast dich geirrt, laß mich los."
Das Ganze geht auch nicht unbeachtet vor sich. Zu beiden Seiten des „Übergangs" haben Autos angehalten, durch Blinkleuchten vorgewarnt. Die Menschen stehen und schauen. Sie sind betroffen, dann erleichtert, daß sie nicht ungewollt in diesen Wanderzug der Kröten hineingerast sind.
Wird diese nächtliche Rettungsaktion für alle, die sie miterlebt haben, vielleicht ein Denkanstoß sein? Werden sie um sich schauen und erkennen, daß die Lebewesen dieser Erde miteinander leben müssen, nicht gegeneinander leben dürfen? Daß die „Rettungsaktion Kröte" nur ein Fall von vielen ist?
Die Mädchen und Jungen jedenfalls werden diese Nacht kaum vergessen. Vielleicht hat der Einsatz ihr Leben reicher gemacht, ihnen neue Ziele aufgezeigt.
Noch ist die Zahl der Tierschützer, der Natur- und Umweltschützer klein, zu klein. Noch hat Homo sapiens sapiens seinem Namen kein drittes sapiens hinzufügen können. Sicher ist es nicht, daß er dieses Ziel je erreichen wird. Es könnte dem Menschen durchaus gelingen, mit seinem uneinsichtigen Handeln die Erde schon vorher zu zerstören. Oder aber, und auch das könnte sein: Wenig bekannte, unscheinbare Tiere, vielleicht aus der großen Familie der Insekten, leben im Schatten des Menschen, machen sich bereit, seine Nachfolge anzutreten. Sie haben gute Aussichten dafür, ihr Ziel zu erreichen, denn sie haben einen entscheidenden Schritt in der Entwicklung voran getan: Sie sind immun gegen Gifte, und sie können fast ohne Sauerstoff leben.

KLAUS SCHÄFER

Das Krokodil

Ba Siatwinda sitzt an dem kleinen Feuer und blickt hinaus in die Nacht. Die Nacht ist klar. Nur eine Nacht in den Tropen kann so klar sein. Es ist Neumond, aber das Licht der Sterne reicht aus, um die Umrisse der Umgebung zu erkennen.
Die Feuerstelle befindet sich auf einem kleinen Hügel. Es gibt vier solche Hügel. Sie liegen in Abständen von 150 Metern hintereinander. Es sind künstliche Hügel. Jeder ist etwa drei Meter hoch. Sie bilden die Basis für die fahrbare Bewässerungspumpe. Je

nachdem, ob das Wasser in dem Stausee steigt oder fällt, wird die Pumpe auf den entsprechenden Hügel geschleppt. Ursprünglich wollte man die Pumpe auf einem Floß installieren. Aber dann dachte jemand noch rechtzeitig an die Flußpferde und an die unbändige Kraft, die sie allein schon im Spiel und beim Herumtoben entfalten können. Vor ein paar Wochen hatte so ein Flußpferd die schwere Bewässerungspumpe ins Wasser gestoßen. Das halbe Dorf mußte drei Tage hart arbeiten, bis man sie wieder an Ort und Stelle hatte. Seither hält Ba Siatwinda hier Wache — jede Nacht.

Ba Siatwinda hat sein Feuer auf dem äußersten Hügel. Ein paar Meter vor seinen Füßen beginnt das Wasser. Es ruht still. Der Abendwind weht schon eine ganze Weile nicht mehr. Nur das Schilf raschelt von Zeit zu Zeit, wenn ein Krokodil seinen Schlupfwinkel verläßt, um draußen im See Fische zu jagen.

Von der gegenüberliegenden Seite der Bucht kommt das Prusten und Schnauben der Nilpferde, die mit ihren massigen Körpern ächzend die steile Böschung abweiden. Es ist gut, die Flußpferde dort drüben zu hören. Dann kommen sie in dieser Nacht kaum mehr hierher. Hoffentlich.

Ba Siatwinda hebt den Kopf und lauscht. Hinten im Dorf beginnen sie zu trommeln. Zögernd zuerst, bis die Trommeln richtig gestimmt sind. In der Hitze des Tages haben sie ihre Spannung verloren. Es dauert eine Weile, bis mit einem kleinen Klumpen Bienenwachs, wenn er an die richtige Stelle geknetet ist, der gewünschte volle Ton kommt.

Nach etwa zehn Minuten ist es dann soweit. In den hellen Klang der Melodietrommeln mischen sich die dumpfen Baßtrommeln. Selbst eine Viertelstunde weit weg vom Dorf sind die rhythmischen Druckwellen der Schläge im Ohr zu spüren. Wenig später fällt dann das dumpfe Blöken der Kuhhörner in die Trommelrhythmen ein. Das allabendliche Tanzfest hat begonnen.

Zwei oder drei machen den Anfang an jeder Hütte. Frauen, Mädchen, jüngere und ältere Männer ziehen tanzend und singend zum Takt der Trommeln von Hütte zu Hütte, vorbei an den Feuern der einzelnen Familien, an denen die alten Männer und Frauen beim Hirsebier sitzen.

Seit meiner Ankunft im Dorf habe ich fast jeden Abend den Tanzgruppen zugesehen, bis zum Ausklang nach Mitternacht. Dann bin ich meist noch zu dem Wachtposten an der Pumpstation hinausgegangen. Der alte Mann sprach ein ausgezeichnetes Englisch. Er hat mir viel aus seinem Leben erzählt.

Bis vor zehn Jahren war Ba Siatwinda der Häuptling der großen Siatwinda-Sippe gewesen, bis er sehr krank wurde. Das war gleich nach dem Bau des Staudamms gewesen. Niemand wußte, was ihm fehlte. Zuvor war er ein großer kräftiger Mann gewesen. Und heute? Ein klapperdürrer Alter.

In jungen Jahren ist Ba Siatwinda viel herumgekommen. Wie viele junge Tongas ging auch er als Wanderarbeiter in die Kohlenbergwerke von Wankie in Süd-Rhodesien, um sich den Brautpreis zu verdienen. Aber der aufgeweckte, lernbegierige Ba Siatwinda wurde bald Assistant Foreman (Hilfsaufseher). Er verdiente mehr. Und er mußte nicht mehr so schwer schuften. Wenn die anderen nach Schichtschluß todmüde herumhingen, hatte Ba Siatwinda noch Kraft genug, in die Abendschule der Methodistenkirche zu gehen. Er lernte Englisch und Lesen und Schreiben. Sein Aufseher — ein Sprengmeister, den die hohen Löhne aus England nach Rhodesien gelockt hatten — nahm den jungen Ba Siatwinda mit in die Goldminen von Johannesburg, als er dorthin überwechselte.

Das tat er nicht aus reiner Nächstenliebe. Der Engländer war froh, daß er einen so aufgeweckten „Spannerboy" bei seinem gefährlichen Handwerk dabei hatte.
Ba Siatwinda blieb zehn Jahre in Südafrika. Er war dreißig Jahre alt, als er zurückkehrte ins Gwembetal, um endlich zu heiraten. Das war Ende des zweiten Weltkrieges. Sein Bwana, der englische Sprengmeister, hatte zur Armee einrücken müssen. Und Ba Siatwinda wollte nicht bei einem anderen Bwana anfangen.
Heimgekehrt in die vertraute Welt der Kindheit am Ufer des mächtigen Sambesi, mußte Ba Siatwinda sich an ein neues, ereignisarmes Leben gewöhnen. Da war es schon eine Sensation, wenn gelegentlich einmal ein Elefant oder ein Flußpferd die kleinen Pflanzungen der Tongas am Sambesiufer verwüstete. Das war ärgerlich, aber verglichen mit den Spannungen und der Gefahren beim Sprengen im Bergwerk, Hunderte von Metern unter der Erde, verglichen damit war das Leben im Gwembetal wie das Leben auf einer friedlichen Insel. In diesem abgelegenen Gebiet ohne Straßen, im Grunde ohne jeden Kontakt zur Außenwelt, lebte man und starb man wie vor hundert oder zweihundert Jahren. Man hatte satt und reichlich zu essen. Man hatte reichlich Fisch, und oft gab es Fleisch, wenn die Jäger Glück hatten. Und die jungen Männer, die in den Bergwerken ihren Brautpreis verdienten, brachten Bargeld in die Dörfer.
Bei den Gwembe-Tongas sind drei oder vier Ehefrauen keine Seltenheit. Ba Siatwinda heiratete nur eine Frau. Christ jedoch ist er nie geworden. Trotzdem kam der Methodistenmissionar von Kanchindu oft und gern zu Ba Siatwinda. Er schätzte den gewandten Tonga, der in der Welt herumgekommen war und der so gut Englisch sprach.
Dann wurde Ba Siatwinda Häuptling seiner Sippe, als sein alter Onkel starb. Seine Hauptaufgabe war, die Streitereien innerhalb des Clans zu schlichten und die Großfamilie nach außen zu vertreten. Als Häuptling war Ba Siatwinda aber vor allem auch für die Familiengeister zuständig, für die „Schatten" der Verstorbenen. Er mußte ihnen opfern, das heißt Bier aus selbstangebauter Hirse, das von seiner Frau gebraut worden war, bei allen möglichen Anlässen unter der Tür der Hütte ausschütten. Nur so konnten Unglück und Krankheit von der Sippe ferngehalten werden.
1950, Ba Siatwinda war etwa vierzig Jahre alt, drang ein Gerücht ins Gwembetal. Bei Kitwe-Ngana würden neue Kupferbergwerke aufgemacht. Man suchte dringend Wachmänner, bei gutem Lohn. Bedingung: Sie mußten gut Englisch sprechen. Ba Siatwinda konnte mehr als das, und so reiste er die 800 Kilometer nach Kitwe-Ngana. Er zweifelte nicht, daß man ihn einstellen würde, und er nahm auch gleich seine Frau und seine drei Kinder mit.
Ngana war damals noch ein recht wildes Nest im Kupfergürtel von Zentralafrika. Kitwe, das war der neue Stadtbezirk, der ein paar Kilometer entfernt von der Bahnstation Ngana im Busch entstand. Die Menschen — vor allem die Weißen — starben wie die Fliegen an Malaria. Das erste, was Ba Siatwinda und seine Frau am Bahnhof schlucken mußten, waren Malariatabletten. Die waren damals ganz neu — als Vorbeugung gegen die furchtbare Krankheit. Hier im sumpfigen Ufergebiet des Kafueflusses hätte normalerweise kein vernünftiger Mensch gesiedelt. Aber unter den Sümpfen gab es Kupfer. Besonders hochwertiges Erz sogar fand man hier. Und Kupfer wurde für die elektronische Industrie in Europa, Amerika und Japan immer wichtiger.
Die Löhne, die hier gezahlt wurden, waren damals die höchsten der Welt. Allerdings bekamen Schwarze damals grundsätzlich nur den sechsten Teil des Lohnes der Weißen — bei gleicher Arbeit. Freilich, gleiche Arbeit gab es für Schwarze und Weiße nie. Das

wurde sorgfältig ausgetüftelt, was ein Weißer tun durfte und ein Schwarzer nicht. Trotzdem, auch bei diesem ungerechten System konnte ein junger Schwarzer im Bergwerk seinen Brautpreis schneller zusammensparen als daheim im Busch.
Das Risiko aber war hoch. Die Unfallquoten waren hoch unter den ungeübten Leuten. Die Opfer der Unfälle in den Bergwerken und auf den vielen Großbaustellen wurden in den Krankenhäusern der Bergwerke sorgfältig verarztet und gepflegt. Waren sie wieder gesund, aber verkrüppelt, wurden sie durch die Hintertür auf die Straße gesetzt. Niemand nahm Anstoß daran; denn Unfälle jeder Art galten als das Werk böser Geister. Und an der Vordertür warteten ohnehin schon ganze Menschentrauben, um einen freigewordenen Arbeitsplatz zu ergattern.
Unter den Wartenden war auch Ba Siatwinda. Sein Amt als Familienoberhaupt hatte er seinem jüngeren Bruder übergeben. Der hatte inzwischen geheiratet und konnte die notwendigen Bieropfer verrichten, um Unglück von der Sippe fernzuhalten.
Es war Nachmittag, als Ba Siatwinda an die Reihe kam. Schon am Morgen hatte er seine Arbeitspapiere aus Rhodesien und Südafrika abgegeben. Als er mir diesen Teil seiner Lebensgeschichte erzählte, lachte Ba Siatwinda immer wieder:
„Schau, ich war damals ein starker Mann" — und dazu rollte er die Augen — „und diese Bastards von Weißen sagten mir: Sorry, aber du bist zu alt. Da habe ich mich vor den Oberchef hingestellt und habe ihm meine Arme gezeigt. Und dann habe ich zu ihm gesagt: Bwana, ich bin ein schwarzer Mann, aber ich kann lesen und schreiben. Er war ganz überrascht, daß ich in Englisch mit ihm reden konnte wie ein Engländer. Und da haben sie mich eingestellt."
Weil Ba Siatwinda erfahren war, weil er gut Englisch konnte, lesen und schreiben und weil er in seiner ruhigen und bedächtigen Art leicht andere dirigieren konnte, wurde er bald Sektionsleiter. Die höchste Stellung, die ein Schwarzer damals im Betriebsschutz erreichen konnte. Wie bei seinen schwarzen Untergebenen war er auch bei seinen weißen Kollegen und Vorgesetzten beliebt und respektiert.
Alles war gut, Ba Siatwinda hatte ein schönes Auskommen, seine Kinder gingen in die Schule in Wusakili-Township. Nur die unruhige politische Lage bereitete Sorgen. Die ersten Kolonien wurden unabhängig. Nord-Rhodesien stand seit 1924 unter direktem Protektorat des britischen Kolonialministeriums. Jetzt aber taten sich die Weißen in Nord- und Süd-Rhodesien und Njassaland zusammen. Sie gründeten eine Föderation mit dem Ziel, die Unabhängigkeit unter schwarzer Herrschaft zu verhindern. Viele Schwarze, vor allem die, die als Wanderarbeiter in Südafrika gewesen waren, durchschauten die Absicht der Weißen.
Sie gründeten eine Partei, die ANC (African National Congress). Ziel war es, lieber noch länger unter britischer Herrschaft zu bleiben, als unter der Regierung einer weißen Minderheit zu stehen, wie in Südafrika. Ba Siatwinda wurde fast zwangsläufig ein aktives Mitglied dieser Partei. Als sie verboten wurde, kam Ba Siatwinda in Schwierigkeiten.

So weit ist er bei unserem letzten Zusammensein mit seiner Erzählung gekommen. Heute verlasse ich sehr bald nach Beginn der Tänze meinen Stammplatz am Feuer der Alten. Ich möchte den Rest von Ba Siatwindas Geschichte hören.
Ich weiß allerdings, daß ich ihn nicht drängen darf zu erzählen. So begrüße ich ihn nur mit Handschlag und lasse mich still neben ihm nieder. Wir rösten Maiskolben in dem kleinen Feuer am Wasser und lauschen den Geräuschen der Nacht.

Formen der Natur. ▷

Plötzlich ein Platschen seitlich von uns im Wasser. Ba Siatwinda springt blitzschnell auf. Den Speer mit den scharfen Widerhaken in der Hand, blickt er in die Richtung, wo das Geräusch hergekommen ist. Ich stehe einen halben Schritt hinter ihm, schaue angestrengt aufs Wasser, kann aber nichts erkennen. Da faßt Ba Siatwinda mein Handgelenk, zischt mir ins Ohr: „Da, siehst du?"

Jetzt sehe ich es auch, das Glitzern von zwei Augen. Und jetzt sehe ich auch, wie sich die Umrisse eines gewaltigen Echsenkörpers gegen das dunkle Wasser abheben. Mensch, ist das ein Trumm! Ich kann den Schwanz nicht sehen — aber mit dem Schwanz ist das Monster mindestens vier bis fünf Meter lang. Wir sind wohl kaum weiter als vier Meter von dem Krokodil weg. Mein Herz schlägt wie wild. Vor drei Jahren wurde der Bruder meines Vorarbeiters beim Fischen am flachen Ufer des Kafue von einem Krokodil blitzschnell am Bein gepackt und ins Wasser gezogen. In so einem Fall gibt es keine Gegenwehr und auch keine Hilfe. Denn das Krokodil wirbelt sich im Wasser so lange um die eigene Längsachse herum, bis das Opfer ertrunken ist. Vom Bruder meines Vorarbeiters hat man nie mehr etwas gefunden.

Die tückischen Augen des urweltlichen Ungeheuers blicken unverwandt zu uns herauf. Ba Siatwinda zischt mir zu: „Mach das Feuer hell!" In der Aufregung schüre ich buchstäblich mit bloßen Händen das fast heruntergebrannte Feuer. In der auflodernden Flamme sehen wir das Krokodil in seiner ganzen unheimlichen Größe. Langsam wendet es sich ab und verschwindet im Wasser.

Ba Siatwinda faßt mich wieder am Handgelenk: „Komm, sitz her, ich will dir erzählen."

„Du kannst nicht ausreißen vor dem Krokodil", so beginnt er. „Das Krokodil ist immer schneller. Das Krokodil ist wie das Unglück, das den Menschen befällt. Du kannst ihm nicht entkommen. Das Krokodil ist auch auf Land schneller als der Mensch. Die Beine sehen nur so kurz aus, weil sie zusammengeknickt sind. In Wirklichkeit sind sie viel länger. Und mit dem Schwanz schlägt dir das Krokodil glatt die Wadenbeine ab. Dann kannst du nur noch warten, bis es dich verschlingt. Das Krokodil ist wie ein böses Schicksal. Es ist unbarmherzig."

Ba Siatwinda stochert im Feuer herum. Das Trommeln im Dorf hat aufgehört. Früher als sonst üblich. Dafür ist das Prusten und Schnauben der Flußpferde wieder einmal besonders laut. Entweder sie spielen, oder sie sind in Streit geraten. Ba Siatwinda zieht seine alte Decke um die Schultern. Dann erzählt er weiter:

„Im Kupfergürtel wurde nach 1950 unheimlich viel gebaut. Immer neue Bergwerke wurden aufgemacht. Und dann las ich in der Zeitung von dem großen Staudamm, den die Bergwerke bauen wollten. Sie brauchten immer mehr elektrischen Strom. Und sie wollten auch ein neues elektrisches Schmelzwerk einrichten. Das größte in der Welt.

Zuerst hieß es immer, das Kraftwerk würde am Kafue gebaut. Und dann, 1955, hörten wir im Radio, wie der Präsident der Föderation verkündete: Das Kraftwerk wird bei Kariba am Sambesi gebaut, genau da, wo das Gwembetal zu Ende geht. Man wollte nicht nur Strom für die Kupferindustrie in Nord-Rhodesien erzeugen, sondern auch für die Fabriken in Süd-Rhodesien. Es sollte der größte künstliche Stausee der Welt werden. Der Staudamm und der Stausee sollten ein Zeichen sein für die Stärke der Föderation — das heißt für die Stärke der weißen Vorherrschaft.

Die Baupläne seien bereits fertig, so hieß es. Sie kämen aus Frankreich. Italienische Baufirmen sollten den Damm bauen, mit Arbeitern aus Italien, aus Tanganyika und Njassaland. Und das nötige Geld würde die Weltbank vorstrecken.

◁ *Oben: Portugiesische Familie.*
Unten: In Westirland.

Ich hatte damals noch meine gute Stellung beim Betriebsschutz. Zuerst dachte ich: Das ist prima — mit dem Staudamm. Wir würden dann zu Hause in Kanchindu auch elektrisches Licht haben, wie hier in Kitwe-Ngana. Ich könnte dann eine elektrische Pumpe kaufen, wie man sie im Bergwerk hat. Und ich könnte das ganze Jahr hindurch meine Gärten am Sambesi bewässern. Mein Heimatdorf war 350 Kilometer von Kariba entfernt — von dem Platz, wo der Staudamm gebaut werden sollte.
Es dauerte lange, bis ich darauf kam: Für mich würde es kein Heimatdorf mehr geben. Wir hatten viele Tongas vom Gwembetal bei uns in den Bergwerken. Fast alle waren Mitglied der verbotenen Partei. Und wenn wir zusammen saßen, dann sagten die meisten: Wir sind froh, wenn der Staudamm kommt. Dann gibt es mehr Strom und noch mehr Fabriken, und dann gibt es immer Arbeit, soviel wir wollen. Jeder Tonga, der mal Geld braucht, so sagten sie, der kann dann ein oder zwei Jahre fort vom Gwembetal und Geld verdienen. Und dann geht er wieder heim und bestellt sein Land am Sambesi.
Ich habe ihnen dann gesagt: Wenn der Staudamm kommt, dann wird es keine Dörfer mehr am Sambesi geben und kein fruchtbares Land. Und die Gräber unserer Ahnen wird es auch nicht mehr geben. Es wird alles Wasser sein.
Es dauerte dann nicht mehr lange, da kam die Polizei zu mir. Ich kannte den Polizisten gut. Wir waren Freunde. Er war Engländer, aber ein Freund der Schwarzen. Er sagte mir, daß ich eine Ladung vor das Gericht hätte. Das würde bedeuten, daß ich für fünf Jahre ins Gefängnis käme. Der Engländer — er hieß Douglas Hunt — hatte meine Gerichtsvorladung gesehen, und er hat sie einfach in seine Tasche gesteckt. Er sagte, er könnte die Vorladung etwa vier Wochen zurückhalten. Bis dann müßte ich verschwunden sein. Er sagte weiter, es lohnt sich nicht, wegen der Föderation ins Gefängnis zu gehen. Die bricht sowieso bald auseinander. Aber ich sollte heim und meinen Leuten bei der Umsiedlung helfen, denn der Staudamm, der würde auf jeden Fall kommen.
Viel zu überlegen gab es für mich nicht. Vierzehn Tage später habe ich meinen Job aufgegeben und bin zurück ins Gwembetal gegangen."
„Hat es noch mehr so anständige Weiße bei der Polizei gegeben? Irgendwie wundert mich dies doch sehr."
„O ja. Und nicht nur bei der Polizei. Es gab natürlich auch Schweinehunde. Aber die gibt es überall. Auch bei uns Schwarzen. Es war ja auch gar nicht der einzelne Weiße, über den wir uns in der Föderation geärgert haben, sondern es war die Föderation selbst. Und so war es ja dann auch mit dem Staudamm.
Als ich heimkam, da wußten die Leute im Gwembetal noch gar nichts davon. Das war 1956. Zwei Jahre später war schon die Umsiedlung. Und das waren immerhin 70 000 Menschen, aber die Regierung dachte wohl, die werden schon von selbst gehen, wenn sie nasse Füße kriegen.
1957 kam die erste offizielle Mitteilung. Wir Dorfältesten wurden zur Distriktsboma gerufen. Der Gouverneur versprach uns freien Transport zum neuen Siedlungsland, Baumaterial, Mais und Hirse kostenlos bis zur ersten eigenen Ernte. Die meisten Dorfältesten glaubten nach wie vor, es würde so sein wie immer: Die Distriktsgouverneure machten von Zeit zu Zeit große Pläne, und wenn man die Pläne nicht weiter beachtete, lösten sie sich ein halbes Jahr später in Luft auf. Ich bin aufgestanden und habe den anderen Dorfältesten gesagt, ich wäre beim Staudamm gewesen, er sei schon fast fertig. Aber sie wollten es nicht wissen. Sie waren blind. Und sie wollten das Unglück nicht sehen, das sich heranschlich.

Mit meinen jüngeren Brüdern habe ich mir dann das Land angeschaut, das unser Dorf zugewiesen bekommen hatte. Es war kein gutes Land. Aber es sollte am Ufer des Stausees liegen, wenn er sich einmal gefüllt hatte. Und vielleicht könnten wir es bewässern. Meine Brüder blieben hier, um den Busch zu roden und Hütten zu bauen. Das war in der Trockenzeit 1957. Vier Monate später waren sie fertig, gerade als der erste Regen kam.

Inzwischen hatte ich noch einmal die Baustelle an der Karibaschlucht besucht. Ich traf dort einen weißen Vorarbeiter, der mich noch von Südafrika her kannte. Er zeigte mir alles. Und so nebenher sagte er: Der Staudamm wird jetzt zwei Meter höher gemacht als ursprünglich vorgesehen.

Von da an habe ich nicht mehr richtig geschlafen. Ich mußte immer an die zwei Meter denken. Unsere neuen Felder lagen direkt am geplanten See. So hatte man uns gesagt. Zwei Meter höher — das hieß doch: Unsere neuen Felder und die neuen Hütten würden auch überschwemmt. Die ganze Arbeit von vier Monaten war umsonst. Und kein Mensch hat uns etwas gesagt. In diesen Wochen ist etwas in mir kaputtgegangen. Es war, wie wenn ich ein Krokodil in meinem Bauch hätte, das langsam meine Lebenskraft frißt. Und wenn ich nachts schlief, dann träumte ich immer den gleichen Traum: Ich schwimme im Wasser, und plötzlich merke ich ein Krokodil, das auf mich zukommt. Ich schwimme und schwimme und schwimme — aber das Krokodil kommt immer näher.

Und dann kam der ‚Chisama-Krieg'. Das war 1958 im September. Es hatte vorher schon viel Unruhe gegeben. Die Leute vom Chipepo-Distrikt hatten sich einfach geweigert umzusiedeln. Ihr neuer Siedlungsplatz war 400 Kilometer weiter weg in Lusitu. Aber sie wollten zu Hause bleiben, wo die Gräber ihrer Ahnen waren.

Die Distriktsverwaltung schickte Lastwagen. Aber wenn die kamen, waren die Dörfer leer. Die Leute waren alle im Busch und hielten sich versteckt. Manchmal warfen sie auch mit Steinen nach den Regierungsbeamten. Nun hatte ich von meinen Freunden gehört, daß der Regionalgouverneur jetzt selbst nach Chipepo gehen würde. Das war damals gar keine so einfache Reise mit dem Auto. Und so war ich schneller dort, denn ich benützte das Boot den Sambesi hinunter.

Im Dorf Chisama im Chipepo-Distrikt hatten sich sehr viele Leute versammelt. Es wurde viel Bier getrunken. Zwei Tage später kam der Gouverneur. Auf Lastwagen brachte er viel Polizei mit. Ich zählte 80 Mann und einen Offizier.

Der Gouverneur war anfangs sehr freundlich. Aber die Leute wollten nicht auf ihn hören. Da wurde er ungeduldig und böse. Zum Schluß rief er: Wenn ihr nicht vernünftig seid, dann kann ich auch nichts machen. Dann müssen wir euch eben zwingen. Er gab dem Polizeioffizier den Befehl: Alle werden abtransportiert — wenn nötig, mit Gewalt. Dann drehte er sich um und ging zu seinem Auto.

Ich rannte auch schnell weg — aber in die andere Richtung. Ich wollte ja nicht abtransportiert werden. Der Polizeioffizier brüllte ein paar Befehle. Das konnte aber niemand mehr hören, was er brüllte; denn in dem Augenblick begannen die Trommeln mit dem Kriegstanz. Die Tongamänner hatten plötzlich alle ihre Speere in der Hand. Zum Rhythmus der Trommeln laut schreiend, tanzten sie langsam gegen die Polizei vor."

Ich versuche mir vorzustellen, wie das war. Es muß schon gespenstisch gewesen sein. Die flimmernde Hitze eines Spätnachmittags im heißesten Monat des Jahres. Das dumpfe

Dröhnen der großen Trommeln und der harte Stakkatorhythmus der kleinen. Das Geschrei der Männer mit ihren Speeren mit den schrecklichen Widerhaken. Ich kann mir durchaus vorstellen, daß man als Polizeioffizier die Nerven verlieren kann, wenn ein paar hundert aufs äußerste erregte schwarze Männer mit ihren Speeren schreiend auf einen zugetanzt kommen.
Ba Siatwinda angelt einen schön durchgerösteten Maiskolben aus der Glut. Dann erzählt er weiter:
„Ich wußte, daß irgend etwas Schlimmes passieren würde. Ich bin ja selbst im Kupferbergwerk bei der Betriebspolizei gewesen. Ich versteckte mich hinter einem Baobabbaum.
Die Polizei stand immer noch Gewehr bei Fuß. Aber allmählich kamen die Tongas immer näher. Beim Kriegstanz springen alle gleichzeitig ganz schnell ein paar Schritte, hüpfen dann auf der Stelle und springen zurück. Aber nicht mehr so weit, wie sie vorgegangen sind. Der Offizier brüllte etwas zu den Tongas. Aber der Lärm war zu groß, keiner hörte auf ihn.
Plötzlich kam ein scharfes Kommando. Die Polizisten nahmen ihre Gewehre hoch. Ich rannte so schnell ich konnte nach der Seite weg. Hinter einem anderen Baum blieb ich stehen. Ich drehte mich gerade um. Da krachten die Schüsse.
Das Trommeln hörte sofort auf. Einen ganz kurzen Moment stand alles ganz still. Der Staub flimmerte in der heißen Nachmittagsluft. Dann schrie einer, und dann schrien alle: Sie schießen, sie schießen. Und alles rannte davon in den Busch.
Auf dem Boden lagen viele Männer. Manche lagen ganz still. Ein paar wälzten sich auf der Erde. Sie stöhnten und schrien, einer versuchte fortzurennen. Er zog ein Bein hinterher. Dann fiel er wieder um. Ich stand da, ganz starr. Ich wollte fortlaufen. Aber ich konnte nicht. Es war wie in dem Traum, den ich so oft geträumt hatte — mit dem Krokodil, das immer näher kommt.
Der Polizeioffizier gab den Befehl, die Hütten anzuzünden. In Gruppen zu dritt gingen die Polizisten von Hütte zu Hütte und steckten sie in Brand. Der Offizier gab den Sanitätern den Befehl, nach den Verwundeten zu sehen. Ein paar Polizisten begannen die Toten zusammenzutragen. Ich zählte acht. Es kam kein Polizist zu mir. Ich stand nur da und guckte und guckte und guckte.
Als alle Hütten brannten, versammelten sich die Polizisten wieder bei den Lastwagen. Sie stiegen auf und fuhren fort.
Von da an gab es keinen Widerstand mehr gegen die Umsiedlung. Die Leute in all den anderen Dörfern warteten einfach, bis der Befehl zur Umsiedlung kam. Und dann gingen sie — traurig und ohne Widerstand."
Ba Siatwinda ist still geworden. Ich weiß, er mag nicht mehr weiter erzählen. Und ich weiß auch, daß diese Traurigkeit der Grund seiner Krankheit ist.
Den Rest der Geschichte kenne ich selbst:
Vier Jahre nach dem Vollaufen des Stausees wurde Nord-Rhodesien unabhängig. Die neue Regierung versuchte alle möglichen Programme. Die Projekte hatten keinen Erfolg. Die Tongas hatten jede Hoffnung verloren. Die Kindersterblichkeit stieg zeitweise auf 70 Prozent. Das große Unglück, das Krokodil war gekommen.
Ich bleibe noch eine Weile sitzen. Ba Siatwinda hockt unbeweglich, als ich gute Nacht sage.
Am anderen Morgen kontrolliere ich die Bewässerungsfelder. Ba Daniel, der Aufseher,

fragt mich, ob ich das Neueste schon gehört habe. Ich sage nein, natürlich nicht. Ich habe noch keinen Menschen aus dem Dorf gesprochen.
„Ba Siatwinda ist verschwunden. Einfach weg. Sein Speer ist noch dagelegen — neben dem Feuerplatz.
Ein Krokodil muß ihn geholt haben."

Nachbemerkung:
Nach der Unabhängigkeit Nord-Rhodesiens — heute Sambia — bemühte sich die Regierung, den vom Karibastausee verdrängten Gwembe-Tongas zu helfen. Aber die Menschen waren so entmutigt, daß alle Bemühungen der Regierung fehlschlugen.
Auf Bitten der sambianischen Regierung arbeitet seit 1970 die Gossner Mission mit einer größeren Gruppe von Mitarbeitern im Gwembetal am Ufer des Karibastausees, um den Valley-Tongas aus ihrer hoffnungslosen Lage herauszuhelfen.
Langsam beginnen sich die ersten Erfolge zu zeigen: Die Kindersterblichkeit konnte eingedämmt werden, und viele kleinere und größere Selbsthilfeprojeke sind entstanden.
Durch die jahrelange Unsicherheit wegen des Freiheitskampfes in Süd-Rhodesien war die gemeinsame Arbeit von Regierung und Mission zum Teil stark behindert.
Der Autor hat selbst als Bewässerungsberater in den Projekten mitgearbeitet. Das Geschehen um die Erzählung trug sich im Jahre 1971 zu.

SHIGEKO HIRATA
Mädchen, 6. Klasse, 1945 fünf Jahre alt

Erinnerung aus Hiroshima

Die Zeit vergeht schnell. Sechs Jahre sind schon vorbei, seit Hiroshima zu einem Opfer der Atombombe gemacht wurde. Jetzt erheben sich mit jedem Jahr neue Häuser, und neue Straße entstehen. Die Stadt sieht wieder schön aus. Ich war fünf Jahre alt, als die Atombombe auf unsere Stadt kam.
Nachdem ich Vater zum Büro gebracht hatte, spielte ich vor dem Haus. Plötzlich gab es eine Wolke aus gelbem Rauch und einen unbeschreiblich lauten Krach. Es war mir so, als ob aus weiter Ferne meine Mutter rief: „Oma! Shige!"
Mir war, als ob etwas sehr Schweres auf mich drückte, ich konnte mich nicht bewegen. Allmählich wurde der Rauch dünner, und ich konnte erkennen, daß das Haus zerstört war. Mutter gelang es, aus der zerstörten Küche herauszukommen. Im Haus selbst konnte man keinen Schritt tun. Oma war krank und hatte im Schlafzimmer im Bett gelegen. Sie wurde, so wie sie war, verwickelt im Bettzeug, durch den großen Druck herausgeschleudert. Glücklicherweise wurde sie überhaupt nicht verletzt.
„Hilfe, Hilfe!" Als Mutter diesen Schrei hörte, eilte sie nach nebenan und fand die Großmutter der Nachbarn unter den Ruinen ihres Hauses gefangen. Mutter warf Dachziegel, Gebälk und Glas beiseite und zog sie heraus. Flammen erhoben sich, und wir konnten keine Minute länger im Haus bleiben. Mutter nahm Oma auf den Rücken, und wir kletterten auf das Flußufer. Viele Menschen flohen aus der Stadt. Fast keiner von ihnen war wiederzuerkennen. Manchen war die Haut weggebrannt, ihre Gesichter waren rot und geschwollen, man sah rohes Fleisch, und es war schwer zu erkennen, wo ihre Augen und wo ihr Mund war.

Rauch von den brennenden Häusern lag über der Stadt, es war schwarz wie die Hölle und der ganze Himmel war bedeckt. Es war ein schrecklicher Anblick. Ich klammerte mich an Mutter, mein ganzer Körper zitterte. Da kam Vater heraufgerannt. Sein Gesichtsausdruck war unbeschreiblich von Schmerz erfüllt. Er hatte eine furchtbare Wunde auf dem Rücken, und man konnte nicht sagen, ob sie schwarz oder gelb war, aber es war eine schreckliche Farbe. Das Haar auf seinem Kopf sah aus, als ob es mit Asche bedeckt war. Als wir das Flußufer entlang flohen, überholten wir immer mehr Menschen, die nicht mehr die Kraft zum Weitergehen hatten und hingefallen waren. Wenn ich jetzt meine Augen schließe, erinnere ich mich an alle diese furchtbaren Anblicke und mir ist, als zittere ich wieder.

Bald danach starb Vater an der radioaktiven Krankheit. Die Wunde an meinem Bein heilte lange nicht, und es dauerte ein ganzes Jahr, bis ich keinen Verband mehr zu tragen brauchte.

Ich verabscheue aufrichtig einen derartigen fürchterlichen Krieg. Bitte, jedermann in Japan und jedermann in der ganzen Welt, bitte, macht nicht noch einen Krieg, und laßt uns zusammengehen und einander in Frieden an den Händen halten.

Laßt uns glücklich leben wie die Singvögelchen.

Ich denke, es ist besser, wenn keine Atombomben gemacht werden.

MARIE LUISE KASCHNITZ

Steht noch dahin

Ob wir davonkommen
ohne gefoltert zu werden,
ob wir eines natürlichen Todes sterben,
ob wir nicht wieder hungern,
die Abfalleimer
nach Kartoffelschalen durchsuchen,
ob wir getrieben werden in Rudeln,
wir haben's gesehen.
Ob wir nicht noch
die Zellenklopfsprache lernen,
den Nächsten belauern,
vom Nächsten belauert werden,
und beim Wort Freiheit weinen müssen.
Ob wir uns fortstehlen,
rechtzeitig auf ein weißes Bett
oder zugrunde gehen
am hundertfachen Atomblitz,
ob wir es fertigbringen
mit einer Hoffnung zu sterben,
steht noch dahin,
steht alles noch dahin.

III. *So diene euer Überfluß ihrem Mangel.*

(2. Kor. 8/14)

Um glücklich zu sein, darf der Überfluß des einen nicht das Leben des anderen bedrohen.

GUDRUN R., 18, OBERSCHÜLERIN

Die noch kämpfen konnten

Früher war alles in Ordnung. Da waren eben drei Kinder, ein Vater, eine Mutter und Großeltern, das ging ganz prima bis zur Scheidung. Dadurch, daß meine Brüder nicht viel älter sind als ich, war ich jungshaft, hab nie mit Puppen gespielt, nur draußen herumgetobt. Mein Großvater war ein einfacher Bauer, ohne Bildung. Meine Mutter, die hat es schon leichter gehabt, sie hat mit dreißig Jahren ihren Lieblingsberuf gelernt, Jugendfürsorgerin. Und ich, bei mir ist der Weg ganz glatt. Wenn ich die zwölfte Klasse beendet habe, kann ich gleich studieren. Mein Vater kam ungelernt aus dem Krieg und wurde Neulehrer. Das muß eine ganz unwahrscheinliche Zeit gewesen sein, die wir uns nicht mehr vorstellen können.

Als ich zwölf war, hat Vati eine andere Frau kennengelernt, er hat gedacht, das ist die große Liebe, und hat sich scheiden lassen von Mutti. Die andere Frau wurde eine gute Tante für uns. Ehrlich gesagt, auf uns Kinder hat sich das gar nicht so schlimm ausgewirkt. Vati war genauso da wie früher, er hatte sogar seine Pflichten in unserem Haushalt. Und wir haben überhaupt nichts gemacht, das hat ihn immer aufgeregt. Dann war's mit dieser Frau auch wieder aus. Vati war wieder oft bei Mutti, das fand ich schlimm, weil sie ja geschieden waren, und ich konnte nicht verstehen, wie man da wieder zusammen sein kann. Das war so eine moralische Tour von mir. Sie haben ihre Liebe versteckt vor uns Kindern, vielleicht habe ich deshalb so gedacht, denn Verstecken ist ja was Schlechtes. Und auf einmal hat Vati dieses Mädchen kennengelernt. Das war für Mutti ein Schlag, sie war viel krank in dieser Zeit. Ich bin heimlich zu meinem Vati gegangen. Und das war ein richtiger Konflikt für mich. Ich hatte meinen Vati inzwischen als Lehrer bekommen, er ist als Lehrer ja ganz toll gewesen. Die ganze Klasse war begeistert von ihm. Sie sind zu ihm nach Hause gegangen, mit ihm konnte man über alles sprechen. Mutti hat mir viel erzählt von ihm, sie mußte es ja jemandem erzählen. Aber es war zuviel für mich, ich konnte es nicht verkraften. Ich habe zugehört, dann ging ich in mein Zimmer und hab geheult.

Vatis Tod kam ziemlich unerwartet. Ich hab mir nur gedacht: Na ja, nun hat sich das von selbst gelöst. Wenn ich überlege, das hat mich so beschäftigt, ich dachte, das bleibt ewig in mir. Und jetzt denke ich überhaupt nicht mehr daran.

Selbstmord finde ich gar nicht so schlimm. Ich habe mir vorgenommen, das mache ich später auch, wenn ich merke, daß es rückwärts mit mir geht und ich nicht mehr alles so stark fühle. Vor dem Sterben habe ich keine Angst. Angst habe ich nur vor dem Altwerden. Wenn ich Großvater sehe! Er hört die Klingel nicht mehr, er vergißt alles, er merkt nicht, was er ißt. Ich nehme mir vor, *das* nicht zu erleben. Schluß machen, wenn es am schönsten ist.

Früher hat mich Fröhlichkeit abgestoßen. Ich habe mir immer Gedanken gemacht über Dinge, die kleine Kinder sonst als selbstverständlich hinnehmen. Wenn ich jemanden weinen sah, wollte ich immer wissen, warum er weint. Ich ändere mich fortwährend. Vor Jahren habe ich die entgegengesetzte Meinung über mich gehabt. Wenn in der Schule die Darstellung unserer Entwicklung verlangt wird, können wir das alle nicht. Wir gehen vom äußeren Lebenslauf heran, und der ist nicht interessant.

Wenn ich meinen Charakter verändern könnte, würde ich mir wünschen, nie falsch auf

Berghoher Wohlstandsmüll. ▷

die Menschen zu wirken. Irgendwie spielt im Leben doch eine große Rolle, daß man anerkannt wird. Da kann man schnell falsch werden, anders, als man eigentlich ist, oder anders, als gut für einen ist. Ich möchte immer ich selber sein, ohne die Menschen dadurch zu verletzen. Das ist schwierig. Eine Kritik aus meiner Klasse, die haut mich fast um, die nehme ich sehr ernst. Man weiß ja manchmal nicht, wie man selber ist. In der Schule habe ich immer als die Liebe, Gute, Kluge gegolten. Ich wurde immer als Vorbild hingestellt, da haben die anderen Mädchen natürlich sauer reagiert. Ich hätte gern irgendeinen Blödsinn gemacht, aber das ging einfach nicht. Zensuren habe ich oft ohne Leistung bekommen, ich hatte sofort eine Eins. Dadurch bin ich in einen richtigen Konflikt geraten, weil ich spürte, eigentlich müßte ich diese Ungerechtigkeit zurückweisen, aber ich traute mich nicht. Vielleicht haben sie Rücksicht auf mich genommen, weil mein Vati Lehrer war und weil alles so tragisch ausgegangen ist. Aber ich war gar nicht so traurig. Ich wäre viel lieber behandelt worden wie die anderen Kinder. Dann hätte ich mehr Freunde gehabt. Freundschaften in der Klasse hatte ich nie, das hat mir sehr gefehlt. Ich bin zu kritisch, das ist das Schlechte an mir. Meine erste Freundin, Anke, die war von der siebenten Klasse mit mir zusammen. Anke ist viel reifer als ich. Einerseits ist sie sehr gefühlvoll, aber sie versteht es, ihre Gefühle zu lenken. Mir hat auch imponiert, was für einen starken Willen sie hat. Sie nimmt sich was vor, und das macht sie auf jeden Fall. Ich kann das nicht. Wenn mir was nicht liegt, fliegt es in eine Ecke.

Ich interessiere mich für alles und für nichts. Ist was Neues, bin ich Feuer und Flamme, aber ich knie mich in nichts hinein. Was mache ich eigentlich gern? Ich diskutiere gern. Ich mag ganz toll die Touristikgruppe. Da bin ich schon seit der siebenten Klasse drin. Man wird so früh selbständig, weil man ohne Eltern auf Fahrten gehen kann. Und man kommt zum erstenmal richtig mit der Natur in Berührung. Zu Pfingsten haben wir eine Zeltwanderung durch Böhmen gemacht, unsere Füße waren voller Blutblasen. Als es ganz toll geregnet hat, sind wir in eine Riesenscheune gekrochen, zwanzig Mann im Heu, das war ein Bild. Man hat viel Zeit, jeden einzelnen kennenzulernen. Ein paar Mädchen waren darunter, die erzählten ihre Liebesgeschichten, die sind vollkommen frei. So war ich nie.

Eigentlich fehlen uns die Wanderjahre. Nach der Schule müßte es eine Zeit geben, um Luft zu holen und alles kennenzulernen. Es muß ja nicht ein ganzes Jahr sein, aber irgendeine Zeit braucht man, um freier zu werden. Die Schule engt furchtbar ein. Ich bin schon ziemlich vielseitig, aber die meisten haben nur die Schule und den Fernseher. Das finde ich ganz schlimm. Wie soll man denn später einmal wissen, was man will? Bei meinem älteren Bruder war von vornherein klar, schon mit neun Jahren, daß es nur was Elektronisches sein darf. Der liest ein Fachbuch wie einen Liebesroman. Tagelang hockt er in seinem Zimmer, Fenster zu, stickige Luft, der weiß gar nicht, wie draußen das Wetter ist. Mit Wanderjahren fängt er gar nichts an, der baut und bastelt und liest seine Bücher.

Bücher hole ich mir stapelweise aus Vatis Regal, und dann merke ich, daß ich viel zu langsam lese. Anke hat mich sehr beeinflußt, aber jetzt lese ich auch ohne sie, was mir in die Hände kommt. Das Buch über Hiroshima, von dieser Morris ... So arm, wie die sind, und was die für einen menschlichen Reichtum haben! Den „Siebenten Brunnen" (Roman von Fred Wander) fand ich ganz wunderbar, weil er so menschlich ist. Und die „Franziska Linkerhand", da hab ich ein halbes Jahr gebraucht, dieser Trojanowicz ...

◁ *Autos, Fetisch oder Gebrauchsgegenstand?*

so stelle ich mir eine Freundschaft vor. Was mir noch gefallen hat, das ist „Das ungewöhnliche Mädchen“ von der Ruth Werner. Ich habe mich nicht getraut, es den anderen in der Klasse zu sagen, weil das so ein Kämpferbuch ist. Die beneidet man so, die noch richtig kämpfen können! Die geht nach China, ach, und dann kriegt sie ein Kind, und der Mann ist mit dem Auto verunglückt. Und sie sitzt ganz allein in einem Haus und versucht, eine Radioverbindung zu kriegen. Man stellt sich das richtig vor: Dieses große dunkle Haus, und sie hat ihren Auftrag. Die hatte doch eine tolle Sache, für die sie kämpfen konnte. Und die gleiche Sache haben wir auch, den Sozialismus, aber den haben wir ohne Konflikte bekommen. Dafür kämpfen, wozu? Das haben die anderen schon für uns erledigt. Das ist wirklich ein Problem für mich, daß man einen großen Charakter als Vorbild sieht und seinen eigenen Charakter nicht entwickeln kann. Ich könnte nie so fanatisch kämpfen für eine Sache, ich würde immer meine Persönlichkeit in den Vordergrund stellen. Das ist traurig. In der Schule kapituliert man schon bei Kleinigkeiten.
Sie als künftige Kader — das hören wir in der Schule jeden Tag. Wir sind schon ganz benebelt von lauter Lob. Aber wenn ein Lehrer sagt: Gibt es Fragen?, gibt es natürlich keine. In Staatsbürgerkunde habe ich mich für einen Vortrag gemeldet: Kampf der Gegensätze im Sozialismus. Schön, dachte ich, dann werde ich mal Gegensätze zeigen, um gegen diese verfluchte Gleichgültigkeit anzugehen: Ich gab mir Mühe und brachte viel Eigenes. Die Lehrerin war begeistert. Die Schüler hörten artig zu. Ich hatte das Gefühl, überhaupt nichts erreicht zu haben, und war tief enttäuscht. Beim Vortrag eines anderen aber erwischte ich mich, genauso uninteressiert zuzuhören. Wie kommt das? Ich glaube, zum Teil sind auch die Lehrer schuld daran. In Stabü hat man manchmal das Gefühl, die Lehrerin versteht es selbst nicht richtig. Wenn wir über die Wahrheit diskutieren wollen, wird von vornherein gesagt: Das kommt beim Abi nicht dran, damit braucht ihr euch nicht zu belasten. Mich interessiert das aber. Es ist das erstemal, daß wir mit Philosophie in Berührung kommen. Nun entsteht bei einigen gleich die Meinung, das ist was Abstraktes, Trockenes, das brauchen wir im Leben nie. Ich komme mir blöd vor, wenn ich Fragen stelle. Und die Fragen werden so beantwortet, daß man keine Lust hat, die nächste zu stellen. Man nimmt den Stoff einfach an, erwartet von den Lehrern nichts Besonderes, was man nicht kapiert, na, das schaut man sich zu Hause an. Früher gab es offene Kritik, auch den Lehrern gegenüber.
Wir hatten zum Beispiel einen in der zehnten Klasse, der hat was angestellt, kam vor die Konfliktkommission, und er sollte von der Schule fliegen. Unsere Klasse war total dagegen, und wir haben das begründet und mit den Lehrern gestritten. Der war ein labiler Charakter, zuerst kam er in die Klasse und markierte den großen Mann, und wir haben gemerkt, wie wir ihn beeinflussen konnten. Der ist so intelligent, mir war er immer angenehm, man kann einen Menschen ja nicht so schwarz-weiß sehen. Der sieht Probleme, die andere nicht sehen, der sagt oft: Wieso, das versteh ich nicht, das muß man mir erklären. Der wollte Philosophie studieren. Die Richtung war schon was für ihn, aber vielleicht war er zu egoistisch. Und schludrig war er, kam oft zu spät zur Schule und hatte immer Ausreden parat. Wenn der sich bereit erklärt hätte, Offizier zu werden, hätte er das Abi machen können, glaube ich. Unsere Lehrerin war eigentlich auch dafür, daß er in unserer Klasse blieb. Dem lag so viel daran, von uns anerkannt zu werden. Aber er mußte gehn. Das fand ich gemein. Jetzt sitzt er in einer Facharbeiterklasse, nicht einmal mit Abitur, leistungsmäßig ist das kein Problem für ihn, in der Schule pennt er, nachts hat er sein tolles Nachtleben, wo er sich groß aufführen kann. Und der ist so

unglücklich dabei! Das beschäftigt mich heute noch, aber die meisten von uns nehmen das ganz schnell als Tatsache hin.
Unser Verhältnis zu den Lehrern haut überhaupt nicht hin. Die haben mit uns keine Schwierigkeiten. Die interessiert nur ihr Stoffgebiet, darüber sehen sie nicht hinaus. Und wir, wir sind einfach eingestellt aufs Konsumieren von Wissen. Früher waren die Zensuren die Hauptsache, heute ist es der Stoff. Das ist gut, man muß sich aber mit dem Wissen auseinandersetzen und seine Phantasie spielen lassen, Zusammenhänge begreifen, sonst hat das Lernen keinen Sinn. Ein Trott ist das: noch ein Jahr und noch ein Jahr, das spüren wir schon gar nicht mehr.
Ich arbeite jetzt im Clubrat von unserem Jugendclub mit. Das begeistert mich toll, weil ich zum ersten Mal erlebe, wie sehr man sich für eine Sache engagieren muß, um andere anzustecken. Das möchte ich in meinem späteren Beruf auch erreichen. Ganz deprimierend finde ich die Betriebsarbeit. Wir sind alle vierzehn Tage einmal im Betrieb. Man sitzt herum, macht praktisch nichts, und alles ist so unpersönlich. Niemand hat Erfolgserlebnisse, der Chef geht nie auf uns ein. Wie können Frauen so etwas das ganze Leben durchhalten?
Die Schule geht zu Ende, und das macht mir Sorgen. Das Studium kann ich mir noch vorstellen, aber der Gedanke an den Beruf ist eine schreckliche Belastung. Ich muß erst lernen, mit Menschen zu reden. Wie das in der Klasse vor sich geht, weiß ich. Alles andere ist eine fremde Welt, vor der ich mich fürchte. Einesteils beneide ich die Sechzehnjährigen, die nach der zehnten Klasse abgehen können, sie werden früher selbständig. Andererseits haben sie keine Vorstellung von ihrem Leben. Nur Ausbildung, Beruf, Ehe, Kinder — aus.
Wenn ich an meinen künftigen Mann denke, kriege ich Komplexe, weil ich so unheimlich kritisch bin. Es wäre schön, wenn er ein Typ wie Anke sein könnte. Einer, der mich anstachelt, damit ich nicht in diesen Trott hineinfalle. Gleichberechtigung auf jeden Fall. Das gibt es doch gar nicht mehr, daß die Frau wäscht und der Mann Fernsehen guckt. Unser Vati hat mehr gemacht als Mutti. Wichtig ist, daß ich mich mit ihm über alles unterhalten kann. Manchmal habe ich die Vorstellung, daß ich nicht treu sein werde, mich stößt zu schnell etwas ab. Da möchte ich mir die Freiheit bewahren, einen anderen Mann zu suchen. Es gibt doch viele Männer mit einem interessanten Charakter.
Ich habe mich gewundert, wie mir Ronny auf einmal gefallen hat. Ich dachte immer nur an einen älteren und klügeren Jungen, und auf einmal war's einer, den ich schon lange kannte und mit dem ich einmal in derselben Klasse war. Mit dem Verstand war mir völlig klar, warum das dann auseinandergegangen ist. Im Gefühl hat das aber sehr weh getan. Warum hat er mich so schnell aufgegeben, warum hat er so wenig Geduld gehabt? Ich hab gedacht, es könnte richtige Liebe werden. Er wollte mit mir schlafen, und das hat mich entsetzt, ich konnte das nicht verstehen, ich wußte ja, daß es noch keine Liebe war. Jedes Mädchen stellt sich vor, daß man sich lieben muß, bevor man miteinander ins Bett geht. Und dann in der Praxis, ich weiß nicht, wird man irgendwie überrumpelt.
Viele prahlen mit ihren Erlebnissen, die wollen zeigen, wie erwachsen sie sind, dazu gehört eben Rauchen, Trinken und Lieben. Vom Küssen bin ich enttäuscht, weil das eigentlich bei jedem geht. Es ist schön, und trotzdem empfinde ich nicht viel dabei. Manchmal schlafen Anke und ich am Seeufer, in unseren Schlafsäcken. Da wundern wir uns, wie sehr sich der Himmel und der See verwandeln, wenn es dämmert. Na ja, da kommen manchmal irgendwelche Jungs zu uns, und wir bestaunen die Sterne und

kuscheln uns aneinander, weil es kalt ist, und wir küssen uns auch. Aber mehr war nie, und jetzt krieg ich Angst, weil ich nicht weiß, wie man sich dabei benimmt. Unsere Jungs haben die gleichen Probleme, nun kommen sie zur Armee nächstes Jahr und haben noch keine Freundin gehabt. Lange haben wir das überhaupt nicht vermißt, jetzt sehen wir uns manchmal an und kriegen einen Schreck.

Gott und Weltanschauung und so, das interessiert mich ganz toll, ich finde es blöd, daß man darüber nicht redet. Unser Pfarrer hat den persönlichen Kontakt zu den Menschen, den die Lehrer nicht haben. In unserer Klasse wollte einer Theologie studieren, weil der Pfarrer so toll ist und nicht so primitiv gegen den Marxismus argumentiert. Der sagt eben nicht: Diese Frage ist entschieden, taugt alles nichts. Wenn uns die Lehrer den Marxismus so interessant machen könnten wie dieser Pfarrer die Religion, dann wäre der arbeitslos. Jugendliche geben nun mal gern kontra, die interessiert das Ungewöhnliche. Sie wollen keine fertigen Wahrheiten, die sie nur zu schlucken brauchen. Wenn ich in der Schule ein Wort darüber sage, bekomme ich im besten Fall einen Aufklärungsvortrag, und dann bin ich wieder allein mit meinen Fragen. Alles Materie, kein Platz für Gott! Aus jedem bißchen Chemie, wenn wir zum Beispiel das Massenwirkungsgesetz behandeln, müssen wir herauslesen, daß die Materie zuerst da war. Das bringen die Schüler schon gar nicht mehr, so langweilig ist das. Es kann nicht meine Schuld sein, daß mich Politik nicht interessiert. Als ich die „Olga Benario“ (Biographie von Ruth Werner) gelesen habe, ging mir auf einmal Chile nahe. Man hat doch sonst keine Vorstellung von diesen Dingen. Unser ganzes Wissen bleibt abstrakt und theoretisch, damit können wir nichts anfangen. Man muß dem Verbrechen ein Gesicht geben, habe ich gelesen. In der Schule hat es aber kein Gesicht, die Lehrer kennen es ja selbst nicht.

Es müßten bessere Bücher in den Lehrplan, nicht immer nur „Die Väter“ von Bredel. Man dürfte nicht so viel Wert auf die klare Linie legen, die kennen wir ja inzwischen, sondern mehr auf Menschlichkeit. Die Bücher von Aitmatow haben sogar unsere Jungs schön gefunden. Wir wollen einfach nicht mehr soviel Mittelmäßiges und Vordergründiges. Wenn die Jugendlichen aus unseren Schulen herauskommen, lesen sie nur noch Schundhefte, das ist dann das Ergebnis.

Es ist schrecklich, daß mir Hunger und Not in der Welt nicht nahegehen. Ich möchte, daß alle Menschen im Kommunismus leben. Aber noch läuft es mir zu glatt dahin. Vielleicht wünsche ich mir ein Leben wie in unserer Klasse, wo sich alle verstehen. Draußen ist es mir manchmal zu reaktionär. Widerspreche ich mir jetzt selbst?

DETLEF MARWIG

Rein äußerlich

Sie wäre nicht tragisch, die Geschichte, meint Irene, da sie ja nur mit ihrem Äußeren zu tun habe, meint sie.
Sie ist 1,52 klein, schwarzäugig und -haarig und würde auf dem Balkan und dem Vorderen Orient vermutlich kaum auffallen. Dennoch ist sie Deutsche und, wie ihre Eltern einst nachweisen mußten, arisch.
„Aber das ist mir egal", sagt sie.
Im Supermarkt packt und zeichnet sie Fisch- und andere Konserven, Teigwaren und Feinkost aus, ordnet sie in Regale ein und hilft gelegentlich supermarktfremden Kunden bei der Suche. Sie ist eine Halbtagskraft. Die zweite Hälfte des Tages schaltet sie um auf Hausfrau.
„Einer muß es ja machen", sagt sie.
Mit Putzeimern, Aufnehmern und dergleichen geht sie nicht um.
„Dafür werde ich zu schlecht bezahlt", sagt sie.
Auch mit den Kassiererinnen hat sie nichts zu tun.
„Wir bleiben unter uns, wir Halbtagskräfte", sagt sie.
Es begann damit, daß Irene so schön vor sich hin döste, denn der Laden war leer und gepackt hatte sie.
Da rief eine der Kassiererinnen, blond und blauäugig: „He, Sie!"
„He Sie! bin ich nicht", sagt Irene, und sie blieb deshalb sitzen.
Das brachte die Kassiererin auf, und Empörung klang in ihrer Stimme mit, als sie einige Phon lauter quer durch den Laden brüllte: „He Sie!!"
„Ich dachte, die hat durchgedreht, das kann man nämlich schnell an der Kasse", sagt Irene. Aber sie blieb sitzen, denn wer sich aufregt, regt sich auch wieder ab, meint sie.
Die Kassiererin packte wilde Empörung, die ihrer Stimme ungeahnte Durchschlagskraft verlieh.
„He Sie, holen Sie sofort Wasser und machen Sie Lauge. Ich will hier putzen", rief sie, und dann schrie sie einige böse Worte über die, die „ausse Karpaten kommen und sich hier mausig machen".
„Jetzt ist ihr nicht mehr zu helfen, hab' ich gedacht", sagt Irene.
Sie ging ins Lager.
„Da hört man das Geschrei nicht so laut", sagt sie.
Da kam die Filialleiterin zu ihr und bat um Aufklärung. Die verweigerte Irene ihr nicht.
Worauf die Filialleiterin zur Kassiererin ging und die aufklärte.
„Da war die dann ruhig", sagt Irene.
Kurz vor Feierabend kam die Kassiererin dann zu Irene und war ein wenig verlegen.
„Entschuldigen Sie, bitte entschuldigen Sie vielmals", sagte sie, „ich habe geglaubt, Sie wären die kleine Türkin."
„Ich habe entschuldigt", sagte Irene, „was kann sie schließlich dafür, daß ich so aussehe."

URSULA KREBS

Ein Briefwechsel

Absender: Peter Brenner
7980 Ravensburg
Blumenweg 3

Lieber Matiku!

Hast Du je zuvor einen Brief aus Europa bekommen? Ich jedenfalls keinen aus Afrika, aber gerade das möchte ich. Ich bin Peter, 16 Jahre alt.

Bist Du erstaunt, woher ich Deine Adresse habe? Unser Nachbar war, wie man so sagt, „Entwicklungshelfer" in Eurem Dorf und arbeitete mit Deinem Vater zusammen an dem Wasserprojekt. Sicher kannst Du Dich an ihn erinnern. Er verbessert mich immer, wenn ich Euch Neger nenne. Es sei diskriminierend. Warum das? So sagen die Erwachsenen, so steht es in unseren Erdkundebüchern. Aber, diese Verbesserung war der Auslöser, daß ich zum ersten Mal über die Menschen, die Afrikaner, nachdachte. Das heißt, es fielen mir nur Fragen ein. Die Klimazonen Afrikas kann ich notfalls aufzählen, aber was weiß ich über die Probleme 16jähriger Tanzanier, über Eure Schule, die Großfamilie . . . Ich möchte wissen, ob Ihr Euch in meinem Alter auch mit „Lebensfragen" beschäftigt. Du siehst, Gründe genug, an Dich zu schreiben. Es soll ein offener Brief werden. Du bist weit weg, Dir kann ich meine Fragen stellen, aber eigentlich trennen uns nur zehn Flugstunden.

Manchmal spiele ich gerne mit Gedanken: Was wäre, wenn . . . Ja, was wäre, wenn ich nicht in der ersten Welt, in der Industrienation BRD, sondern in der dritten Welt, z. B. in Tanzania, geboren wäre? Oh, Schreck, worauf müßte ich da alles verzichten: meine Musikanlage, mein Moped, mein Funkgerät, meine Gitarre, meine Uhr . . . Von meinem Führerschein zum 18. Geburtstag wäre gar nicht die Rede.

Und all die Selbstverständlichkeiten: modische Kleidung — meine Jeans (ich habe meine spezielle Marke, nicht gerade die billigsten), Skifahren, Konzertbesuche, ausgehen . . .

Mensch, eigentlich erschrecke ich, was ich alles besitze und in Anspruch nehme. Aber, ich habe doch nicht mehr als meine Freunde? Mein Moped — mein ganzer Stolz. Meine Musikanlage ist lebensnotwendig für mich. Bei Musik kann ich mich erholen, komme ich wieder in Stimmung. Trotzdem, ich schäme mich, gerade Dir diese Dinge aufzuzählen, von denen Du sicher nicht mal träumst.

Ich schreibe, meine Musikanlage ist für mich lebensnotwendig. Mein Moped, meine Gitarre . . . sind diese Dinge wirklich lebensnotwendig oder nur Gewohnheit? Möchte ich darauf verzichten? Ehrlich gesagt, nein! Lasse ich meine Ansprüche für mich gelten, muß es eine unterschiedliche Einstufung von „lebensnotwendig" geben. Für zwei Drittel aller Menschen auf der Welt muß eine Handvoll Reis oder Mais täglich genügen, und das restliche Drittel bezieht Luxusgüter mit in die Notwendigkeit ein. So ist es, aber warum? Ist der Kolonialismus an der heutigen Unterentwicklung der Dritten-Welt-Länder schuld?

Ich erinnere mich, in einem Gespräch behauptete unser Nachbar, wir Industrienationen hätten unseren heutigen Reichtum nur durch Ausbeutung der Länder Afrikas, Lateinamerikas und Asiens aufbauen können. Industrialisierung war nur durch billige Roh-

stoffe möglich, und die holten wir uns in den Kolonien. Manche Kolonialmächte sollen sogar ihren Kolonien verboten haben, eigene Rohstoffe wie Baumwolle und Kautschuk im Lande zu verarbeiten, wodurch, das kann ich mir gut vorstellen, eigene Entwicklung verhindert werden sollte.
Doch Kolonialismus gehört der Vergangenheit an, nahezu alle Kolonien sind heute unabhängig, so auch Tanzania seit 1961. Warum konnte der Entwicklungsrückstand in den letzten 20 Jahren nicht aufgeholt werden? Liegt das am Klima, an der Arbeitsauffassung oder ist diese Zeitspanne zu kurz?
Bitte, nimm mir nicht übel, wenn ich so kreuz und quer über Eure Vergangenheit und Gegenwart nachdenke. Vielleicht fragst Du Dich auch: Was macht der sich für Gedanken, warum interessiert der sich für Menschen, die z. B. in Afrika leben, so weit weg? Ganz offen gesagt, ich finde Menschen interessant. Ich finde auch mich interessant, aber für diese Aussage muß ich eine Erklärung abgeben: Mein Freund und ich schworen uns vor Jahren ewige Freundschaft, so mit „Blutstropfenaustausch", es war eine plötzliche Idee. Zum Schwur gehörte, daß wir uns stets die absolute Wahrheit sagen wollten. Frag nicht, wie schwierig das ist! Trotz Bemühen habe ich vollkommene Ehrlichkeit nie geschafft, aber ich lernte, wie soll ich sagen, das Gefühlsleben entdecken. Indem wir uns gegenseitig erklärten, warum wir uns ärgerten oder freuten, konnten wir einander viel besser verstehen. Ich fing an, mich und andere zu beobachten. Ich suchte auch nicht mehr die reinen Abenteuerbücher, die ich voll Spannung gelesen hatte und dann vergaß, sondern interessierte mich für Bücher mit Problemen. Das menschliche Fühlen und Handeln ist eine Wissenschaft, stellte ich fest. Wäre das nicht ein Bereich, den die Schule vermitteln sollte? Warum werden diese Erkenntnisse so dem Zufall überlassen?
Es leben vier Millionen Ausländer in der BRD. Wer sagt uns mehr über sie, als daß sie froh sein sollen, bei uns arbeiten zu dürfen? Daß viele Heimweh haben nach ihren Familien, dem Land, den Gewohnheiten, der Sprache, daß sie es trostlos finden, die Freizeit im Vierbettzimmer auf der Bettkante zu verbringen?
Behinderte leben unter uns. Wer klärt uns auf über ihre Last, täglich mit der Frage „Warum gerade ich" fertig zu werden?
Zwölf Millionen Kinder auf der Erde unter fünf Jahren verhungerten 1979 im Jahr des Kindes. Wer weckt in uns das Gefühl, daß Hunger weh tut, daß Schmerz und Tod von Afrikanern, Asiaten und Europäern gleich empfunden wird?
Wir hören, lesen und diskutieren Zahlen, aber ist uns bewußt, daß hinter diesen Zahlen Menschen stehen?
Im Fernsehen sah ich Bilder von Mädchen und Jungen in meinem Alter, die aussahen wie Greise, weil sie hungerten. Diese Bilder haben mich getroffen. Menschen in meinem Alter verhungern, das geht mich an. Ja, aber . . . Nun merke ich's selbst. Ich schildere Dir Seite für Seite meine großen Gedanken, Du wirst aber fragen: „Welche Auswirkungen haben diese Erkenntnisse für uns? Du selbst bist nicht einmal bereit, auf Deine Musikanlage zu verzichten."
Rechtfertigung oder nicht, ich frage: Würde dieser Verzicht einem Menschen in der dritten Welt helfen? Ich glaube nicht! Es ist Ratlosigkeit, wenn ich Dich frage: Was kann ich tun?
Warum hatte ich das Glück, in eine sogenannte „Wohlstandsgesellschaft" geboren zu werden? Dabei fühle ich mich manchmal absolut nicht glücklich, bedenke ich z. B. die Erwartungen meiner Eltern an meine Schulleistungen. Auch Vater sieht nicht glücklich

aus, wenn er am Abend nach Hause kommt. Er leidet unter dem Lärm und der Hektik in der Fabrikhalle. „Glücklich!“ Wer ist das schon? Kann ich mit dem Begriff überhaupt etwas anfangen? Wie sieht ein glückliches Leben aus? Wohlstand kann es nicht ausmachen, sonst hätten wir nicht so viele „Aussteiger“, Drogenabhängige, Alkoholiker. Menschen, die sich sträuben, an dem ständigen Mehr, Mehr . . . mitzuwirken. Wettbewerb in der Schule nach besseren Noten, später im Betrieb nach Aufstieg und Karriere, auch in der Freizeit: wer ist stärker, schneller, ausdauernder . . .? Glücklich (vielleicht?) diejenigen, die mithalten können — und die anderen?
Ist es für Dich überhaupt verständlich, daß Menschen ohne die Sorge, wovon leben wir morgen, auch gegen Unzufriedenheit ankämpfen und Probleme bewältigen müssen?
Ich glaube, wichtig ist das Zusammenleben. Es stimmt mich glücklich (eigenartig, in diesem Zusammenhang erscheint mir der Begriff selbstverständlich), wenn sich jemand für meine Probleme interessiert. Daraus schließe ich, daß andere Menschen das gleiche Bedürfnis haben. Leben wir aber nicht meistens nur nebeneinander her? Wird nicht viel von der Einsamkeit alter und alleinstehender Menschen gesprochen? Sind wir nicht alle ein bißchen einsam, allein mit dem, was uns beschäftigt?
Nächstenliebe! Wer ist mein Nächster? Mutter, Vater, die Geschwister, die Verwandten und die Freunde. Und der alte Mann im vierten Stock unseres Wohnblocks bleibt weiterhin allein? Sollte er nicht auch mein Nächster sein? Nächstenliebe kann nicht am Häuserblock enden, also auch nicht an der Landesgrenze. Bist dann Du, als Afrikaner, nicht auch mein Nächster?
Oh, nein, ich kann doch nicht die gesamte Menschheit als meine Nächsten ansehen, dieser Gedanke kann nicht richtig sein.
Vielleicht ist es aber nur wichtig, die anderen in mein Denken mit einzuschließen und Begegnungen mit ihnen wirklich wahrzunehmen?
Ich meine z. B. damit: Ich sollte mit dem alten Mann sprechen, wenn ich ihn treffe, oder den türkischen Hausbewohnern nicht mehr so gleichgültig begegnen. Und ich möchte mich auch weiterhin für die Probleme der dritten Welt interessieren, um für mich eine Möglichkeit der Mithilfe zu finden. Vielleicht muß ich mir sonst eines Tages vorwerfen: Zeitungen, Fernsehen, Radio berichteten von der Not in Afrika . . ., konnte ich wirklich nichts dagegen tun?
Nachdem ich die Seiten nochmals durchgelesen hatte, überlegte ich, ob ich den Brief überhaupt wegschicken sollte. Viel zu viel habe ich mich mit mir selbst beschäftigt, mit den Fragen, die mich beschäftigen. Hat mir aber nicht bereits das Schreiben und Nachdenken zu mancher Antwort verholfen? Werden Dich meine Auseinandersetzungen interessieren? Ich bin gespannt auf Deine Antwort, Deinen Bericht . . .

Es grüßt Dich *Peter*

Klatschmohn ▷

Absender: Matiku Makere
P. O. Box 37
Msangare/Tanzania
East Africa

Lieber Peter!
Kumbe, ein Brief aus Europa für mich! Zuerst konnte ich es nicht glauben, denn noch nie hat mir jemand von außerhalb Tanzanias geschrieben. Ich freute mich sehr über Deinen Brief, und weißt Du warum? Meine Freunde und ich, wir konnten es kaum glauben, daß sich junge Leute in Europa für unser Leben interessieren. Menschen, für die, wie Du selbst schreibst, Essen, Kleidung, Vergnügen ... von Gott gegeben erscheinen. Dieser Brief weckt Hoffnungen.
Unser Land, die Menschen, unsere Probleme, die Gedanken der Jugend ... interessieren Dich. Dein Brief zeigt mir, wir leben in einer anderen Welt. West-Deutschland, eine der reichsten Nationen, Tanzania zählt zu den ärmsten Ländern der Erde. Aber es ist ein schönes, interessantes Land. Hätten wir sonst so viele europäische Touristen? Sie schwimmen, segeln und tauchen im Indischen Ozean, mühen sich auf den Kilimanjaro, und hauptsächlich interessieren sie sich für die Tiere in den Nationalparks, z. B. die Serengeti. Ob sie auch wegen uns Menschen kommen?
Doch trotz der Schönheit unseres Landes dürfen wir unsere Probleme nicht vergessen. So sehr es mich drängt, Deine weiteren Fragen zu beantworten, zuerst mußt Du meine Familie kennenlernen: vor allem die Großeltern. Wir respektieren ihr Alter, ihre Lebenserfahrung und holen uns bei ihnen Rat. Nie würde mein Vater gegen den Willen meines Großvaters entscheiden. Achtet Ihr ältere Menschen nicht so? Ich verstehe nicht, der einsame Mann in Eurem Haus, warum wohnt er nicht bei seinen Söhnen oder Töchtern?
Vater, Mutter, meine vier Brüder und zwei Schwestern, zwei Brüder meiner Mutter mit ihren Frauen und Kindern, wir wohnen alle zusammen. Meine Familie ist wichtig für mich. Wir leben und arbeiten miteinander und helfen uns gegenseitig. Bauen unsere Häuser und bestellen die Felder. Mit den Großeltern, Vater, Mutter, Tanten und Onkel wachsen wir auf. Wir Kinder hüten gemeinsam die Tiere, holen Wasser, spielen ...
Alleinsein, darunter leiden weder Kinder noch alte Menschen. Wunderst Du Dich über meine vielen Geschwister? Eigentlich hätte ich noch Zwillings-Schwestern. Sie starben, weil meine Mutter sie nicht stillen konnte und wir in dem damaligen Dürre-Jahr kein Geld für Milchpulver hatten. Kannst Du Dir die Verzweiflung vorstellen, wenn Eltern nicht die richtige Nahrung für ihre Säuglinge kaufen können? So geht es vielen Familien. Ja, was ist lebensnotwendig? „Kinder sind eine Altersversorgung", sagt mein Vater. Werden meine Eltern zu alt, zu schwach für die Arbeit auf dem Feld, sorgen wir Söhne und Töchter für sie.
Unsere Felder und das Dorf, in dem wir wohnen, liegen in der Ebene, nahe der Straße nach Dar-es-Salaam, unserer Hauptstadt. In der Ferne sehen wir die Usambara-Berge. Hauptsächlich bauen wir Mais und Bohnen an. Aus den Erträgen versuchen wir unseren eigenen Bedarf zu decken, und einen Teil bringen wir in die Kooperative. Wir brauchen unbedingt Bargeld für Reis, Zucker, Fett, Kleidung, andere Notwendigkeiten ... und manchmal ein Stückchen Fleisch. Unser Leben scheint gesichert!
Wir könnten zufrieden sein, denn unsere Felder sind fruchtbar und groß genug. Aber der

Regen macht uns abhängig! Die große Regenzeit, und nur in dieser Jahreszeit wächst der Mais, dauert ungefähr von Februar bis Ende Juni. „Tropische Regen sind unzuverlässig", vielleicht erinnerst Du Dich, Du hast doch die Klimazonen gepaukt. Es regnet, wir säen. Setzt der Regen aus, vertrocknen die kleinen Pflänzchen in der sengenden Sonne. Oder gibt es bei Euch auch den „Army-Worm"? Tausende von Raupen, Armeen von Raupen fressen ganze Felder kahl. Oft müssen wir zwei- oder dreimal säen. In manchen Jahren war die Regenzeit zu kurz oder fiel ganz aus. Wovon leben? In solchen Jahren essen wir nur noch einmal täglich, Ugali na Maharagwe. Maisbrei und Bohnenkerne. Die Regierung hilft. Sind jedoch weitere Gebiete von der Trockenheit betroffen, reichen die Vorräte nicht aus. Die Regierung muß im Ausland Getreide einkaufen und mit Devisen bezahlen, Tanzanische Schillinge möchte kein anderes Land als Zahlungsmittel. Diese Devisen fehlen dann unserem Land, um Maschinen, Traktoren, Medikamente einzukaufen.

Hunger tut weh, aber das ist nicht unser einziges Problem. Im letzten Dürre-Jahr, vor drei Jahren, wurde meine kleinste Schwester krank. Ihre Haut war matt, ihre Hände, Beine und ihr Gesicht waren dick aufgeschwollen. Ihre Haare hell und glatt. Traurig und lustlos saß sie auf Mutters Schoß. „Kwashiorkor", sagte der Arzt, „es fehlen Proteine." Fleisch, Fisch, Eier, Milch, Hülsenfrüchte enthalten Proteine. Sie sind lebensnotwendig für das Wachstum. Täglich nur Maisbrei und Bohnenkerne enthalten zu wenig Proteine für Kleinkinder. Sie wachsen nicht, werden anfällig für Masern, Keuchhusten, Tbc. Und weil sie schwach sind, haben sie keine Lust zu spielen, entwickeln keine Interessen, werden nicht neugierig — und später in der Schule kommen sie nicht mit.

Verstehst Du jetzt, die Regenzeit besimmt unser Leben. Auch für die Nomaden ist es so. Sie leben in der Steppe, wo nur Gras und Büsche wachsen, und ziehen mit ihren Ziegen- und Rinderherden zu den einzelnen Wasserstellen. Oft schon mußten sie erleben, daß ihre Tiere verhungerten und verdursteten. Kannst Du Dir vorstellen, daß es in manchen Gebieten jahrelang nicht regnet?

Ganz anders ist es im Hochland, z. B. in den Usambara-Bergen, am Abhang des Kilimanjaro.

Dort fallen genug Niederschläge, und es wachsen die begehrten grünen Kochbananen, Mais, Gemüse und Kaffee, der durch den Verkauf den Bewohnern Bargeld bringt. Warum zieht ihr nicht ins Hochland, wirst Du Dich wundern? Es ist dicht besiedelt und jedes Fleckchen Erde bepflanzt. Meinst Du nicht auch, es ist entscheidend, wo man geboren wird?

Unser Dorf bekommt Wasser, und, doppeltes Glück für uns, Vater erhielt in diesem Projekt einen Zwei-Jahres-Vertrag.

Klares, sauberes Wasser wird aus zwei Gemeinschaftsbrunnen fließen. Wir freuen uns sehr. Bis jetzt mußten wir ungefähr 30 Minuten zum Fluß gehen. Wasserholen ist die Aufgabe der Frauen, doch wir Kinder helfen. Schon mein vierjähriger Bruder trägt einen kleinen Eimer auf dem Kopf.

Wasser aus der Leitung bedeutet Gesundheit. Abfälle und Unrat verunreinigen das Flußwasser. Hast Du schon einmal Wasser unter dem Mikroskop untersucht? Wir Schüler erschraken, als wir das rege Leben in einem einzigen Tropfen sahen. Klar, daß wir häufig an Durchfällen und Wurmkrankheiten leiden.

Wasserhähne im Haus, das gibt es nur in der Stadt, und nur wenige Dörfer haben Wasserzapfstellen. Für unser Land ist es ein großes Problem, daß so viele Tanzanier ihr

Wasser aus Seen, Flüssen oder anderen verunreinigten Wasserstellen holen müssen. Auch wenn der Sprecher im Radio mehrmals täglich mahnt: „Trinkwasser abkochen, unsauberes Wasser macht krank", so fehlt doch vielen Familien das nötige Feuerholz dazu.
Du und ich, wir sind beide Schüler. Wieviel Stunden habt Ihr, welche Fächer, Lehrer? — Laß Dir ein bißchen von unserer Schule erzählen. In der Grundschule verstand ich zunächst kein Wort. Wir sprachen zu Hause ganz anders. Dazu muß ich Dir erklären: In Tanzania leben 120 Völker mit ebensoviel verschiedenen Sprachen. Wie sollen wir zu einer Nation zusammenfinden, wenn wir nicht miteinander reden können, uns nicht verstehen? So führte die Regierung nach der Unabhängigkeit „Kiswahili" als Nationalsprache ein. Am Abend unterrichteten unsere Lehrer die Erwachsenen. Kiswahili ist die Unterrichtssprache der Grundschule. Hier eine Sprachprobe: mwanafunzi alikwenda kwa mwalimu = der Schüler ging zu dem Lehrer.
Entwicklung — eine Nation aufbauen, dazu brauchen wir Menschen, die lesen, schreiben, rechnen können. Das lernen die Kinder in sieben Pflichtschuljahren. Nur wenige haben die Chance, danach eine weiterführende Schule zu besuchen. Schulen kosten Geld, sie müssen eingerichtet, die Lehrer müssen bezahlt werden. Unser Land muß sparen, kann Geld nur für das Nötigste ausgeben.
Ich war bei den Auserwählten für eine weiterführende Schule. Ich war überglücklich, denn ich möchte aus meinem Leben etwas machen, möchte einen Beruf erlernen. Für eine Privatschule hätte meine Familie nie das Schulgeld aufbringen können. Wieder stand mir eine Umstellung bevor. Unterrichtssprache ist jetzt Englisch. Du wunderst Dich. Der Grund: Es fehlt an Schulbüchern in kiswahilischer Sprache.
Freizeit läßt unser Stundenplan nicht zu, denn neben den allgemeinen Fächern werden wir noch in Landwirtschaft oder Technik oder den kaufmännischen Fächern, je nach Schule, ausgebildet. Unser Wochenpensum: 55 Unterrichtsstunden — Hausaufgaben — Arbeit auf der Schulfarm.
Schüler zu sein, verpflichtet. Unsere Ausbildung kostet Geld. Die Gesamtbevölkerung hat es erwirtschaftet und erwartet eine Gegenleistung. Unsere erworbenen Kenntnisse z. B. in der Landwirtschaft — der richtige Einsatz von Kunstdünger, moderne Anbaumethoden — sollen wir weitergeben an die Dorfbewohner. Ein gerechter Gedanke, nur anstrengend.
Die Shamba — die Farm — gehört in Tanzania zu jeder Schule. Unser Arbeitseinsatz beim Hacken, Säen, Ernten wird im Zeugnis benotet wie z. B. Mathematik oder Geschichte. Unverständlich für Dich, klar, Du kennst den tanzanischen Grundgedanken „Kujitegemea" nicht, der hinter diesem Vorgehen steht. „Kujitegemea" in der Schule, in den Dörfern, im ganzen Land ... „Kujitegemea" heißt: Vertrauen auf die eigene Kraft, Aufbau mit eigener Kraft.
Aufbau: Jeder kann und muß einen Beitrag leisten. Männer, Frauen und Kinder. Können Kinder auch dabei helfen? Sicher! Wie, will ich Dir am Beispiel Schul-Shamba erklären. Wir Schüler säen Mais, Bohnen, Zwiebel, Gemüse; züchten Hühner, mästen Schweine. Je nach Klima pflanzen wir Kaffee oder Baumwolle. Vom erwirtschafteten Geld kaufen wir Hefte, Bücher, einen Ball, ein Volleyballnetz ...
Ein Dorf braucht eine Grundschule. Alle Dorfbewohner helfen mit. Wir brennen Ziegelsteine, ziehen Wände hoch, schreinern Tische und Bänke. Das Wellblechdach bezahlt die Regierung.
Unsere Wasserleitung: Wir selbst hoben die Gräben aus, verlegten die Leitungen. Alle

halfen mit, jeder entsprechend seiner Kraft. Verstehst Du? Konnte ich Dir „Kujitegemea", den Grundgedanken unserer Politik, erklären? Der Gedanke klingt gut, aber glaube, wir Kinder versuchen manchmal auch, uns vor der Arbeit zu drücken.

Halt! Ich darf nicht endlos weiterschreiben und erzählen, erzählen ... Aber, Du wolltest doch wissen, wie wir leben: in der Großfamilie, in der Schule, wolltest unsere Probleme kennenlernen.

Werden wir uns weiterhin schreiben?

Gerade las ich nochmals Deinen Brief. Ich fand noch Fragen, und Du erwartest sicher eine Antwort.

Warum wollen wir keine „Neger" sein?

Unsere Hautfarbe ist schwarz, und wir sind stolz darauf. Wir sind schwarz, so wie Ihr weiß seid; in der Hautfarbe kann der Wert des Menschen nicht liegen. Mühsam war für uns Afrikaner der Weg, diesen Stolz wieder zu erlernen. Zu lange wurde uns Minderwertigkeit beigebracht. Kennst Du unsere Geschichte: Sklavenhandel, Kolonialismus, Unabhängigkeitskämpfe, das heutige Südafrika. Seit mehreren Jahrhunderten ist der Begriff „Neger" mit dieser demütigenden und leidvollen Geschichte verbunden.

Kannst Du jetzt verstehen, warum wir „Neger" als diskriminierend empfinden?

Durch den Geschichtsunterricht und die Erzählungen der Erwachsenen entstand für mich ein Bild der Europäer als harte „Herren" und „Ausbeuter". Heute kommen sogenannte Entwicklungshelfer wie z. B. Dein Nachbar zu uns. Nun erleben wir Euch Europäer ganz anders, als Partner. Leisten sie nach ihrer Rückkehr auch Entwicklungshilfe? Ich meine, versuchen sie, bestehende Vorurteile gegenüber uns abzubauen? Dein Nachbar scheint das zu tun.

Du fragst, warum wir so arm sind, noch 20 Jahre nach dem Kolonialismus. Wer trägt die Schuld? Ich glaube, unsere Situation hat viele Ursachen. Ungünstige Bedingungen trafen aufeinander. Das Klima: Die Abhängigkeit vom Regen, die Hitze, das Ungeziefer, darüber habe ich Dir geschrieben.

Unsere Arbeitsauffassung: Jahrhundertelang verlief unser Leben im gleichen Lauf. Wir mußten fleißig sein, sonst hätten wir nicht überlebt: Feuerholz sammeln, Wasser holen, Felder bestellen, ernten, Vorräte lagern, Tiere halten, Häuser bauen. Doch wir lebten mit den Jahreszeiten. Mal schufteten wir, mal konnten wir es gemütlich angehen lassen. Einen festgelegten Arbeitstag von punkt 8 Uhr bis punkt 17 Uhr lernen viele Tanzanier erst heute kennen. Vielleicht fällt uns das schwer. Für Euch gibt es seit Generationen nichts anderes.

Unsere Vergangenheit: Kolonialisten verwalteten, beherrschten unser Land. Europäische Maßstäbe wurden angelegt. Unsere Kultur, unsere Tradition, überhaupt wir Afrikaner galten nichts. Wir wurden als „Diener", als „Arbeitstiere" eingesetzt und behandelt, als Menschen ohne Bedürfnisse, Empfindungen, ohne Zivilisation gesehen.

Wie weit war unser Land 1961, nach der Unabhängigkeit: keine tanzanischen Ärzte, keine Lehrer, niemand, der einen Industriebetrieb oder eine Kaffeefarm gewinnbringend führen konnte. Mit viel Einsatz müssen wir aufbauen, „Kujitegemea", auf unsere eigene Kraft vertrauen. Was sind 20 Jahre?

Europas industrielle Entwicklung begann vor 200 Jahren, mit billigen Rohstoffen aus den afrikanischen Kolonien.

Trotz unserer Bemühungen, trotz des Arbeitseinsatzes: Wir werden immer ärmer,

immer mehr Menschen verhungern. Der Grund: Nur scheinbar ist die Kolonialzeit zu Ende. Unsere Abhängigkeit dauert fort. Neokolonialismus, sagen die Fachleute.
Ein Beispiel: Tanzania führt Kaffee aus, und für die Devisen kaufen wir Maschinen, Traktoren, Medikamente . . ., eben notwendige Güter, die wir noch nicht selbst herstellen.
1953 bekam Tanzania für 350 Sack Kaffee 5 Traktoren,
1963 bekam Tanzania für 350 Sack Kaffee 4 Traktoren und
1973 bekam Tanzania für 350 Sack Kaffee 1 Traktor.
Erkennst Du, daß wir auch heute noch ausgebeutet werden?
Ungerechte Welthandelsbedingungen. Wir kämpfen um gerechte Preise für unsere Produkte. Die Vertreter der reichen Nationen kämpfen dagegen. Ja, warum wohl? Ganz einfach. Sie möchten auch weiterhin die Preise festlegen, um noch mehr Reichtum in Euren Ländern zu schaffen. Noch mehr „Lebensnotwendigkeiten" für Euch, noch mehr Verhungerte bei uns.
Entschuldige meine Heftigkeit. Unverständnis treibt mich dazu. Unverständnis, daß Menschen einer Welt, das sind wir doch, nicht fähig sind, eine gerechte Verteilung zu schaffen, oder das einfach nicht wollen. Ein Drittel der Menschheit kämpft verbissen gegen Übergewicht (stimmt das wirklich?) und zwei Drittel kämpfen verbissen gegen den Hungertod.
„Dein Brief weckt Hoffnungen", schrieb ich am Anfang. Unsere Hoffnung sind zweifelnde Menschen wie Du. Der Zweifel, daß nicht ein mächtiger Gott die Reichtümer verteilte, sondern daß Verteilung der Güter Menschenwerk ist. Was Menschen schufen, ist veränderbar.
Ja, was kannst Du tun? Du fragst danach. Für mich wäre es der richtige Weg, sich für Mitmenschen, für Wehrlose einzusetzen. Nachdenken, erkennen, die eigene Einstellung verändern und . . . andere mitziehen.
In kommenden Jahren: Wer macht Politik — verabschiedet Gesetze, erläßt Bestimmungen? Doch Ihr! Die Schüler von heute! Schätzt Ihr uns als Menschen einer Welt? Dies wird ausschlaggebend sein für unsere Zukunft, denn auch Welthandelsbedingungen werden von Menschen erstellt.
Lange dürft Ihr nicht mehr warten, sonst ist es für uns zu spät.
Nun bin ich nicht mehr sicher, wolltest Du die Wahrheit so deutlich hören? Schreib mir doch.
Salimia baba na mama und den Nachbarn. Kwaheri *Matiku*

Durchschnittseinkommen in Entwicklungsländern

Nach Schätzungen des UNCTAD-Sekretariats werden sich einige Vergleichszahlen der LLDCs — gemessen am Durchschnitt der Entwicklungsländer — bis 1990 wie folgt entwickeln (in US-Dollar pro Kopf, Preise von 1976):

Bruttosozialprodukt:	1960	1970	1977	1990
— LLDCs	123	133	139	152
— Entwicklungsländer insgesamt	311	406	505	732
Agrarproduktion				
— LLDCs	69	69	65	62
— Entwicklungsländer insgesamt	89	90	91	93
Industrieproduktion:				
— LLDCs	7	11	13	20
— Entwicklungsländer insgesamt	44	69	96	174

JACK MENDELSOHN

William Moores Protestmarsch nach Süden

Zwischen Chattanooga, Tennessee und Gadsden, Alabama, erstreckt sich das Sand Mountain County, kein angemessener Platz für Wanderer, besonders nicht für Wanderer, die für die Rassengleichheit marschieren. Es ist ein Land von Bergbewohnern, die Gewehre und Pistolen in ihren Autos herumschleppen, mit harten Blicken auf Fremde sehen und daran glauben, daß Frömmigkeit und weiße Oberherrschaft ein und dasselbe sind. Für sie ist das Evangelium von Jim Crow wichtiger und grundlegender als Matthäus, Markus, Lukas, Johannes. Bei einer Versammlung, die für die Rassentrennung eintrat und einige Tage vor der Ankunft Bill Moores stattfand, hatte ein Agitator geschrien: „Der Neger ist kein menschliches Wesen. Er ist etwas, das zwischen Mensch und Affe liegt. Wir wollen mit unseren Feinden nichts zu tun haben, und die Nigger und die Rassenmischer sind unsere Feinde. Nigger singen immer von Liebe. Was sie besonders lieben, sind unsere weißen Frauen. Was der Neger wirklich will, das sind unsere weißen Frauen. Das einzige Wesen, das noch schlimmer ist als ein schwarzer Nigger, ist ein Mixer, ein weißer Neger — ein Weißer, der sich gegen seine eigene Rasse wendet."

Der Wanderer Bill Moore schiebt seinen Handkarren, gelangt in das Sand Mountain County; dort notiert er:

„3.30 Uhr. Sonntag nachmittag. Marschiere ohne Zwischenfall. Keine Zeitung antwortet auf Telefonanruf. Von dem Plakat

Schwarz und Weiß — eßt bei Joe

reißt Farbiger ‚Schwarz' heraus und sagt, es müsse heißen: ‚Farbig'.
14.00 Uhr: Halte an, trinke Milch. Weiße Frau fragt, was die Plakate meinen. Gab mir dann mein Milchgetränk umsonst. Sie sagte: ‚Ich hoffe, Sie schaffen es.' Ich sagte: ‚Das hoffe ich, es sei denn, daß die Neger mich erwischen.' Sie sagte: ‚Nein, ich glaube, die Weißen werden Sie kriegen.'
16.02 Uhr: Farbiger Junge leiht 10 Cent von mir.
18.20 Uhr: Überschritt die Grenze zum Staat Georgia. Bis jetzt keine Kritik am Marsch. Typische Äußerung: ‚Komm wieder', wenn ich irgendwo etwas kaufe.
21.30 Uhr: Schulbus Typ Ford fuhr vorbei. Hielt am Straßenrand, um etwas zu schlafen."
Bill hatte einige Bücher in seinem Supermarkt-Wagen. Eines davon war eine Paperback-Ausgabe von „This is What We Found" (Dies ist der Weg, den wir fanden) von Ralph und Carl Creger — ein Bericht von einem Vater und seinem Sohn über ihren Kampf für gleiche Rechte und Vergünstigungen für die Neger in ihrer Heimatstadt Little Rock, Arkansas. Beim Lesen während des Marsches hatte er Bleistiftstriche an den Stellen vermerkt, die ihn besonders beeindruckten. Ein solcher Strich fand sich neben den Worten: „Aber wir im Süden könnten auch die ganze Schuld dem Norden zuschieben, indem wir Fälle von persönlicher Freundlichkeit und väterlicher Herablassung gegenüber dem Neger im Süden anführen und dabei an der Tatsache vorübergehen, daß die Neger das Recht haben, wie Männer und nicht wie Kinder behandelt zu werden."
Am Montagmorgen war Bill bei Anbruch der Dämmerung auf.
„6.00 Uhr: Wieder auf dem Marsch.
8.00 Uhr: Ankunft in Trenton, Georgia.
8.40 Uhr: Einer fragt mich: ‚Sind Sie ein Christ?' Wir tauschten Propagandareden. Ich sagte: ‚Vielleicht können wir uns gegenseitig bekehren.' Er sagte: ‚Ich bin schon bekehrt.'
11.45 Uhr: Ein paar Vorüberfahrende aus den Autos riefen: ‚Du negerfreundlicher Hundesohn!' Hier zum erstenmal Verweigerung eines Dienstes, ‚Toilette verstopft'. ‚Ich will mit Ihnen nichts zu tun haben.'
12.30 Uhr: Frage nach Toilette: Keine Antwort. Zweite Frage: ‚Sie müssen die für Frauen benützen.' Zwei Männer sitzen davor. Ich ließ meinen Handwagen draußen. Einer rührte sich, um mich vorbei zu lassen. Er stand in der Tür und ging weg, als ich eintrat.
12.35 Uhr: Ältere Frau lächelt, als sie Plakat sah, und fragte: ‚Was verkaufen Sie?' Antwort: ‚Rassengleichberechtigung.'
Schmale Straße, überall Polizei-Streifenwagen, sah einen in der Nähe von Chattanooga, einen örtlichen in Trento. Sonst ist es, als gäbe es so etwas nicht.
15.00 Uhr: Wieder Höflichkeit und Bedienung bis jetzt.
15.20 Uhr: Schild ‚Alabama heißt Sie willkommen.'
15.20 Uhr: Schild ‚Anzeigen an Staatsstraße verboten.'
Stellte umgefallenes Schild ‚Kurve' wieder richtig auf.
17.00 Uhr: Jetzt ist es 16.00 Uhr (Uhrzeitenwechsel). Wechselte für eine Frau für 25 Cent Reifen.

17.05 Uhr: Vorhin boten mir zwei Jugendliche das Mitfahren an. Konnte es nicht annehmen. Jetzt bieten fünf stramme Jugendliche ihre Hilfe an, als ich mein Plakat befestige, jeder wollte meine Rundbriefe haben, sie hatten Angst um mich, ich würde nicht durch Birmingham kommen, ohne verhaftet zu werden.
16.55 Uhr: Es bilden sich Blasen an meinen Fersen.
17.10 Uhr: Lauter Anruf von hinten: ‚Du Negerfreund, warum gehst du nicht zurück in den Norden, wo du hingehörst?' Und bald danach Steine, die vom Hügel kommen und mich im Rücken treffen.
19.00 Uhr: Wieder Höflichkeit und gute Wünsche auf dem Wege. Am Ende des Tages Auswertung. Heiß. Esse Eiskrem und trinke viel Flüssigkeit, fast keine feste Nahrung. Zeitungen in Chattanooga und Birmingham zitierten anständigerweise Bobby Kennedys Voraussage, daß in zehn Jahren Rassentrennung überwunden sein wird.
22.30 Uhr: Blacks Motel. Fort Payne ... Sah Polizeiwagen. Fast ohne Ausnahme alle Menschen auf der Straße Weiße."
C. C. Gilbreath, der Besitzer von Blacks Motel, erinnert sich, daß Moore etwas nach 22.00 Uhr nach einem kleinen Zimmer fragte. „Ich dachte, er sei ein Händler", sagte er, „ich brachte ihn zu seinem Zimmer, und da sah ich den Handwagen. Ich sagte: Sie sollten sich eine Zulassungskarte dafür besorgen, und er lachte. Dann sah ich die Plakate, aber natürlich sagte ich kein Wort dazu, denn das waren ja seine eigenen Angelegenheiten. Am nächsten Morgen stand ich auf und konnte ihn gerade noch weit hinten auf der Straße erblicken."
Am vorhergehenden Tage hatte Moore einige Postkarten geschrieben. Eine davon ging an seinen Freund, Pastor Dr. Murray in Baltimore. Eine andere ging an den Rechts- und Erziehungsfonds der NAACP: „Leute hier im Süden ganz gastfreundlich, habe guten Marsch. Fühle mich jetzt ganz sicher. Aber wenn etwas passieren sollte, frage ich mich, ob jemals etwas bekannt würde." Mit der Bemerkung, daß die Straße doch „eine einsame Gegend" sei, bat Moore die NAACP, ihn zu verteidigen, falls die Anhänger der Rassentrennung ihn verhaften sollten.
Am Dienstag hieß es in Bills Tagebuch:
„7.00 Uhr: Wieder unterwegs. Verkehrsschutzmann winkte freundlich. Einer sah den Satz: ‚Eßt bei Joe' und fragte ernsthaft, ob ich zu dem neuen Restaurant gehöre, das unten in der Straße eröffnet würde. ‚Nein, es ist das Zeichen für Aufhebung der Rassentrennung.'
10.00 Uhr: Einsame Straße. Freundliche Aufnahme. Das Marschieren ist eine wirkliche Plage, und die Füße sind wund.
10.30 Uhr: Eingeladen, mit ein paar Männern zu sprechen, die am Fernsehen von einem Marsch gehört hatten. (Die erste Meldung in den Nachrichten!) Sie meinten, ich würde den Marsch nicht lebend überstehen. Sie meinten, die Leute glauben nicht, daß ich wirklich für die Sache geradestehe ...
12.00 Uhr: Wagen des Sheriffs hielt an, um zu fragen, wie lange ich schon marschiere. Nahm ein Flugblatt, bezweifelte, daß ich es durch Mississippi schaffen würde."
Der Beamte, der anhielt und mit Bill sprach, war George Knowles, Stellvertreter des Polizeichefs von DeKalb County, der sich später erinnerte: „Ich fragte ihn: ‚Sind Sie müde?' ‚Nein, nein', sagte er, ‚nicht so sehr.' Ich sagte: ‚Wenn Sie erlauben: Ich meine, Sie sollten den nächsten Bus nehmen und in den Norden zurückfahren. Es kann südlich von hier sehr hart für Sie werden.' Er lachte nur, so wünschte ich ihm alles Gute, und er

marschierte weiter. In solchen Fällen fragt man sich natürlich, ob bei diesen Menschen wohl im Kopf alles in Ordnung ist. Ich sah ihn mir sorgfältig an. Er hatte einen guten Gesichtsausdruck, sehr offen. Und er belästigte niemanden; er hat offenbar keinen angesprochen, wenn nicht andere zuerst redeten."

Nach seinem Gespräch mit dem Polizisten beendete Bill seine Mittagsmahlzeit und war etwa vier Meilen südlich von Colbran, einem unordentlichen Vorort von Fort Payne, als ein Farmer quer über ein Feld kam, um ihn zu fragen, was die Schilder bedeuten. Moore lachte und sagte: „Ich bin einer von diesen Negerfreunden, von denen man hört." Der Farmer behauptete, daran keinen besonderen Anstoß zu nehmen, aber er stieg sofort in sein Auto und fuhr zu Floyd Simpsons Kolonialwarenladen in Colbarn, um etwas einzukaufen und dem Ladenbesitzer von der Person zu erzählen, die ihm an der Straße begegnet war. Simpson konnte es kaum abwarten, bis er in seinen eigenen Wagen stieg, um auf die Landstraße zu fahren und selber zu sehen, was da los war. Simpson war Mitte der vierziger Jahre, ein kräftiger, ehemaliger Textilarbeiter, der in der Armee als Sergeant gedient hatte. Nichts in seinem Leben hat ihn auf theologische oder philosophische Gedanken gebracht.

Moore hat keinen Bericht über seine Gespräche mit dem Farmer oder mit Simpson hinterlassen, aber als der Kolonialwarenhändler in seinen Laden zurückkam, brannte er geradezu darauf, jedem etwas von dem Jesus-Christus-Plakat zu erzählen. Er schien das, was dieses Plakat sagen wollte, überhaupt nicht begriffen zu haben, daß nämlich, wenn Jesus heutzutage lebte, die von sich selbst überzeugten Christen ihn als einen Verbrecher und Aufrührer verfolgen würden. Das Bürgerrechtsplakat mochte Simpson geärgert haben, aber das Jesus-Plakat machte ihn wild. Wie auch Charles Cagle in Birmingham, Bill Moores Onkel, später zu berichten wußte: „Das, was diese Leute am meisten aufregte, war das Plakat über Jesus Christus. Es waren nette christliche Menschen."

Als Simpsons Hausbesitzer, Gaddis Killian, ein Briefträger wie Moore, an jenem Nachmittag von seinem Postgang zurückkam, erzählte ihm Simpson von dem Lästerer und Rassenmischer, mit dem er an der Straße gesprochen hatte. Die meisten Leute in Colbran sehen in Killian ihr weisestes Orakel, und er tat genau das, was sie von ihm erwartet hatten. Er nahm Simpson mit und ging hin, den seltsamen Wanderer auszufragen. Wir besitzen Bill Moores bruchstückhaften Bericht über das, was sich zwischen ihnen abspielte:

„15.30 Uhr: Ein Mann sagt, mein Marsch sei heute in der Birminghamer Zeitung ‚Post Herald' erwähnt; zwei Männer sprachen mit mir, bevor ich eintraf, und stellten meine religiösen und politischen Überzeugungen in Frage. ‚Ich weiß jetzt, wer Sie sind', meinte einer, und ein anderer war überzeugt, man würde mich deswegen und wegen meines Jesus-Plakates an meinem Karren umbringen."

Diese wichtige Eintragung scheint darauf hinzudeuten, daß Moore sowohl Simpson als auch Killian schon vorher gesehen hatte, was aber nicht der Fall war. Er hatte zuvor mit Simpson gesprochen, traf aber mit Killian zum ersten Mal zusammen. Da Bill vorher nicht wissen konnte, von welch schwerwiegender Bedeutung diese kurzen Eintragungen sein würden, hat er sich nicht viel Gedanken gemacht über die Ungenauigkeit, mit der er das Gespräch mit diesen beiden Männern und sein früheres Gespräch mit Simpson durcheinanderbrachte.

Als Simpson zwei Tage später von den Behörden aufgefordert wurde, seine Handlungsweise zu erklären, schwor er, daß „ihm der Bursche wirklich leid tue . . . Wir konnten es

◁ *Alter Tag — neuer Tag.*

uns nicht vorstellen, daß jemand solche Gedanken hatte." In diesem Sinne, sagte er, habe er ja Moore freundschaftlich gewarnt, daß er sich wahrscheinlich selber den Tod einhandeln werde. Nach Murray Kempton (‚Pilgrimage to Jackson') berichtete Frau Killian, daß ihr Ehemann nach der Rückkehr von dem Gespräch mit Moore sagte: „Dieser Mann fasziniert mich. Ich muß zurückgehen und ihn noch einmal sehen." Aber sie bestand darauf, daß er nicht zurückging.

Die letzten Eintragungen in Moores Tagebuch lauten:

„16.10 Uhr: Füße überall wund.

17.00 Uhr: Schuhe zu schmerzhaft. Laufe ohne sie, begleitet von hungrigem, durstigem, straßentollem Hund.

18.50 Uhr: Kinder nehmen Hund mit."

Moore fand einen bewaldeten Ruhe- und Picknickplatz und streckte sich aus, um dort die Nacht zu verbringen. Etwa um 19.15 Uhr hatte er einen Besucher, nämlich A. G. McDonell, einen Polizeibeamten in Zivilkleidung aus Alabama, der beauftragt war, Moore zu beschatten. McDonell sagt, daß er Moore versicherte, er „sei nicht hier, um ihm etwas zu tun, sondern nur, um ihn vor Schaden zu bewahren". Er forderte Bill auf, seinen Marsch aufzugeben oder wenigstens das Rassengleichheits-Schild wegzunehmen. „Ich warnte ihn im Hinblick auf die Situation in der Rassenfrage in Alabama", sagte McDonell, „aber er wollte nicht hören. Er sagte mir in einer sehr netten Weise, daß er etwas beweisen wolle, und daß er das nicht könne, wenn er zurückgehe." McDonell fuhr dann weg. Eine halbe Stunde später war William Moore tot, von 22er Kaliber-Gewehrkugeln an Kopf und Nacken getroffen. Er war fünfunddreißig Jahre alt. Das Tagebuch, das die Polizei in seiner Tasche fand, wurde von ihnen nach Schlüsseln zur Aufdeckung des Mörders untersucht, sicherlich das letzte, wofür Bill Moore es bestimmt hatte. Sein Ziel war ein Versöhnungsmarsch gewesen, aber nun wurde sein Tagebuch hauptsächlich als Hilfsmittel für eine Vergeltung benutzt, die in Wirklichkeit nicht geschehen würde. Die Polizei fand in seiner Tasche außerdem einen Brief, den er nicht hatte abliefern können:

Hon. Ross Barnett, Gouverneur
Staat Mississippi
Jackson, Mississippi

Sehr geehrter Herr Gouverneur Barnett!

Ich habe in meinem Herzen immer etwas für Mississippi empfunden, das Land meiner Vorfahren und meiner Kindheit. Mir mißfällt der Ruf, den dieser Staat sich erworben hat als einer der rückständigsten und bigottesten des Landes. Diejenigen, die Mississippi wirklich lieben, müssen daran arbeiten, daß sich dieses Bild ändert.

Ich weiß offengestanden nicht, was schlimmer ist: In dem Glauben erzogen zu werden, daß man sich zufrieden geben soll, in Armut zu leben, doppelt so früh zu sterben wie der Weiße und zu hören, daß man die Meinung derjenigen verwerfen müsse, die erzählen, Demokratie bedeute das Recht zu wählen, ganz gleich, welche Hautfarbe man hat; oder als Mitglied einer Art „Herrenrasse" erzogen zu werden, die eine verlorene Schlacht um die Aufrechterhaltung der Ungerechtigkeit mit barbarischen Gesetzen und Polizeistaatsmethoden kämpft.

Die Briten waren weise, als sie ihr Empire auflösten, ehe sie dazu gezwungen wurden. In der Folge dieses Vorgehens haben sich Staaten wie Indien und Nigeria stabilisiert, sind

freundlich gesonnen und demokratisch. Die Franzosen haben andererseits an ihrem Imperium solange festgehalten, wie es ihnen möglich war. Deshalb der bittere Kampf in Laos, Vietnam, Algerien. Das Ende der Kolonialzeit in Mississippi rückt schnell näher. Die einzige Frage ist, ob Sie dazu beitragen wollen, daß sie in Freundschaft endet, wie bei den Briten, oder ob Sie halten wollen, was schon verloren ist, und Bitterkeit und Haß schaffen, wie es die Franzosen taten. Um unserer selbst willen wie um der Neger willen hoffe ich, daß Sie sich entscheiden werden, den britischen Weg zu versuchen.
Der weiße Mann kann nicht wirklich frei werden, ehe nicht alle Menschen ihre Rechte haben. Jeder hängt vom anderen ab. Gehen Sie nicht in die Geschichte ein in Ruhmlosigkeit als einer, der gegen die Demokratie gefochten hat, deren Kommen er doch nicht verhindern konnte. Seien Sie barmherzig. Geben Sie mehr, als im Augenblick von Ihnen verlangt wird, sorgen Sie dafür, daß der Neger, wenn er seine Bürgerrechte und das Stimmrecht erhält, nicht inzwischen gelernt hat, den weißen Mann mit der Verachtung und Geringschätzung zu behandeln, mit der leider einige von uns heute mit ihm umgehen.

Ergebenst William L. Moore

Eine Zeitlang sah es so aus, als würde die Ermordung Bill Moores eine ernüchternde Wirkung auf die Behörden in Alabama haben. Gouverneur Wallace bezeichnete den Mord als eine feige Handlung und setzte eine Belohnung von 1000 Dollar für die Ergreifung und Überführung des Mörders aus. In Wirklichkeit war es nur ein Echo dessen, was Präsident John F. Kennedy auf einer Pressekonferenz in Washington sagte, in der er die Ermordung als ein „himmelschreiendes Verbrechen" bezeichnete. Wallace hatte Grund genug, um das öffentliche Ansehen seines Staates besorgt zu sein. Die Aufmerksamkeit der ganzen Nation wurde auf einen in der Öffentlichkeit stark beachteten Besuch des Generalstaatsanwalts Robert Kennedy in der Hauptstadt Montgomery in Alabama am 25. April gerichtet. Wallace hatte geschworen, daß er dem Bruder des Präsidenten klarmachen würde, daß das Volk von Alabama keine Einmischung des Bundes in seine Angelegenheiten wünsche. Man nahm an, daß der Generalstaatsanwalt nunmehr peinliche Fragen über die Ermordung eines friedlichen Demonstranten auf einer öffentlichen Straße Alabamas zu stellen hätte.
Floyd Simpson wurde im Zusammenhang mit dem Mord im Gefängnis des County in Gewahrsam gehalten, und Gaddis Killian erschien als freiwilliger Zeuge. Inzwischen fuhr Roy McDonell, ein staatlicher Fahndungsbeamter, nach Washington DC mit der Kugel, die William Moore getötet hatte, und einem Gewehr vom Kaliber 22. Am Tage danach sagte der Sheriff, nach einem Bericht der „Associated Press", daß gegen Simpson Anklage erhoben werden würde. Diese Ankündigung erfolgte, nachdem er einen vorläufigen Bericht über die ballistische Untersuchung erhalten hatte, die der FBI mit dem Gewehr und der Kugel anstellen ließ. Nach der „Associated Press" hatte der Sheriff gesagt, das Gewehr gehöre Simpson. Simpson wurde am 29. April formal des Mordes beschuldigt, aber die Grand Jury des Etowah County erhob nie Anklage.

DON WEST

Ballade für Bill Moore

Oh, Bill Moore ging diese verlassene Straße.
Er wagte es, dort ganz allein zu gehn.
Keiner von uns ging mit ihm.
Er ging die Straße ganz allein.
Ja, er ging nach Alabama.
Er ging diese Straße für dich und für mich.
Sein Leben hatte einen Sinn.
Schwarz und Weiß — beide sollen frei sein.
Er ging dort entlang, demonstrierte für die Freiheit,
er demonstrierte für die Wahrheit und für das Recht.
Nieder die Rassenschranken in diesem Lande.
Schwarz und Weiß an einen Tisch.
Die Kugeln der Mörder kennen keine Farbe.
Sie zischen durch die Nacht,
brachten Tod manchem Neger,
aber auch William Moore, dessen Haut weiß war.
Kaltblütig schossen sie ihn nieder.
Zwei Schußwunden fanden sich an seinem Kopf.
Sein Körper lag auf der Straße,
kalt und tot ließen ihn die Mörder zurück.
Jeder muß die einsame Straße gehen.
Jeder muß selbst die Entscheidung treffen.
Niemand kann dir das abnehmen.
Man muß dort selbst gegangen sein.
Eines Tages werden wir dort alle zusammen gehen.
Wir werden bei der Freiheit anklopfen.
Und wenn man uns fragt, wer uns schickte,
werden wir sagen: William Moore.
Er ging dort entlang, demonstrierte für die Freiheit,
er demonstrierte für die Wahrheit und das Recht.
Nieder mit den Rassenschranken in diesem Lande.
Schwarz und Weiß an einen Tisch.

Zuschauer bei der Feier zum Jahrestag der DDR in Ostberlin. ▷

FDJ
FDJ

WOLF BIERMANN

Die Ballade von dem Briefträger William L. Moore aus Baltimore

Die Ballade von dem Briefträger
William L. Moore aus Baltimore,
der im Jahre 63 allein in die Südstaaten wanderte.
Er protestierte gegen die Verfolgung der Neger.
Er wurde erschossen nach einer Woche.
Drei Kugeln trafen ihn in die Stirn.

Sonntag
Sonntag, da ruhte William L. Moore
von seiner Arbeit aus.
Er war ein armer Briefträger nur,
in Baltimore stand sein Haus.

Montag
Montag, ein Tag in Baltimore,
sprach er zu seiner Frau:
„Ich will nicht länger Briefträger sein,
ich geh nach Süden auf Tour (that's sure)."

Black and White, Unite! Unite!
schrieb er auf ein Schild.
White and Black — die Schranken weg!
Und er ging ganz allein.

Dienstag
Dienstag, ein Tag im Eisenbahnzug,
fragte William L. Moore
manch einer nach dem Schild, das er trug,
und wünscht ihm Glück für die Tour.

Mittwoch
Mittwoch, in Alabama ein Tag,
ging er auf der Chaussee,
weit war der Weg nach Birmingham,
taten die Füße ihm weh.

Donnerstag
Donnerstag hielt der Sheriff ihn an,
sagte „Du bist doch weiß!"
Sagte „Was gehn die Nigger dich an?
Junge, bedenke den Preis!"

◁ *Im Central-Park in New York.*

Freitag
Freitag lief ihm ein Hund hinterher,
wurde sein bester Freund.
Abends schon trafen Steine sie schwer —
sie gingen weiter zu zweit.

Sonna'mt
Sonna'mt, ein Tag, war furchtbar heiß,
kam eine weiße Frau,
gab ihm ein'n Drink, und heimlich sprach sie:
„Ich denk wie Sie ganz genau."

Last Day
Sonntag, ein blauer Sommertag,
lag er im grünen Gras —
blühten drei rote Nelken blutrot
auf seiner Stirne, so blaß.

Black and White, Unite! Unite!
steht auf seinem Schild.
White and Black — die Schranken weg!
Und er starb ganz allein.
Und er bleibt nicht allein.

IV. *Bis auf diese Stunde leiden wir Hunger und Durst.* *(1. Kor. 4/11)*

Solange Menschen um's Überleben kämpfen müssen, sind ihre Hände gebunden und ihr Geist ist nicht frei.

BURKHART VIETZKE

Die Autowächter von Douala

Gleich nach der Schule ging Manga zum Supermarkt, Autos bewachen. Nicht daß er es nötig gehabt hätte wie etwa Njoh, der seinen Verdienst fast zur Gänze zu Hause abliefern mußte, weil sein Vater keine Arbeit hatte — oder wie manche von seiner Clique, die sich dafür Essen kauften. Manga machte es aus Spaß und für Süßigkeiten, und weil seine Freunde es auch taten. Sie hatten einen ganzen Abschnitt des Parkplatzes für sich und verteidigten ihn auch gegen andere. Nur wenn die Polizei kam, verschwanden sie alle in den Nebenstraßen, bis die Luft wieder rein war.

Autos bewachen hatte seine Regeln. Kam ein Wagen auf den Platz, rannte man ihm möglichst schon entgegen und rief dem Fahrer zu: „Ich bin Ihr Wächter!" Entweder nickte der Fahrer, dann gab es Geld, wenn er wieder zurückkam, oder er scheuchte die Jungen fort. Es gab auch welche, die erst zustimmten und später nicht bezahlen wollten, aber die mußten mit der Empörung aller Jungen rechnen.

Für die Autobesitzer waren die „Wächter" nicht unbedingt nützlich, die meisten betrachteten sie wohl als eine Art unvermeidliches Übel. Das Geld, das sie zahlten, war eine Art Steuer, die man für einen Parkplatz in der Innenstadt halt leisten mußte. Überall standen solche Jungen, man konnte ihnen kaum entkommen.

Der Tag ließ sich gut an. Manga bekam zwei Autos nacheinander und mußte nun darauf achten, wenn die Fahrer wiederkamen. Njoh hatte schon drei, er versuchte immer, der erste am Wagen zu sein. Vielleicht lag es auch an seinem abgerissenen Aussehen, daß er öfter ausgewählt wurde. Seine Hose wurde von einem Strick gehalten, und sein Hemd war über den halben Rücken offen. Barfuß liefen die meisten Jungen sowieso auf dem heißen Asphalt. Manga machte es sich auf einem Mäuerchen bequem, lehnte sich an und beobachtete hinter halbgeschlossenen Lidern den Verkehr: Autos, Jeeps, Lastwagen, Fahrräder, Schiebekarren, überall dazwischen Fußgänger, die manchmal um Haaresbreite den gelben Taxis ausweichen mußten. Vor dem Supermarkt war immer etwas los, und der Platz war auch gut wegen der vielen Europäer, die hier einkauften. Sie zahlten meistens, sie hatten ja Geld. Chauffeure zahlten nie, deswegen ging man ihnen auch aus dem Wege. Gut waren Leute aus dem Inland oder von jenseits des Flusses. Sie zahlten bis zu 50 Francs, manchmal sogar 100. Sie kamen mit staubbedeckten Wagen zum Einkaufen in die Hafenstadt. Schlecht waren Limousinen aus der Stadt selbst, die blankgeputzten. Je größer der Wagen, desto geiziger der Besitzer, lautete der Erfahrungssatz. Es gab auch Ausnahmen. Manga sprang von der Mauer — ein Wagen fuhr langsam, wie auf der Suche nach einem Platz. Mittelklasse, kein Berufsfahrer. Manga taxierte den Mann am Steuer als einheimischen Geschäftsmann, vielleicht auch Beamter. Er rannte schon, drei andere auch. Sie drängten sich ums Fenster auf der Fahrerseite. Njoh hatte einen schlechten Platz erwischt, fast vor der Motorhaube. Er breitete dramatisch beide Hände aus, zeigte dann auf sich. Die anderen, auch Manga, schrien: „Ich bin Ihr Wächter — ich — ich!" Der Fahrer sah Manga an, und der beeilte sich zu rufen: „Ich bin Manga, der mit dem gelben Hemd! Ich bin Ihr Wächter!" Der Mann nickte gnädig, lavierte vorsichtig an Njoh vorbei, der noch immer nicht aufgegeben hatte, und parkte den Wagen ein.

„Manga! Ich bin Manga!" rief Manga sicherheitshalber, als der Mann die Tür öffnete.

Der Junge hielt den Türgriff fest und schloß die Tür hinter dem Mann. „Ich bewache Ihren Wagen!" Jetzt hatte er drei, wie Njoh.

Der Mann blieb einen Moment stehen. „Du arbeitest", sagte er. „Du bist ein guter Junge, mein Sohn."

O Gott, bitte keine Predigt, dachte Manga. Er hörte das nicht zum ersten Mal. Erwachsene wollten immer Lob oder Tadel verteilen.

Manga kriegte kurz darauf noch einen staubigen Wagen mit einem weißen Ehepaar. Sie sprachen miteinander, und obwohl sie eine andere Sprache als Französisch sprachen, kriegte Manga noch mit, daß der Mann am Steuer kein Geld geben wollte, daß ihm aber seine Frau gut zuredete.

Zwei Fahrer kamen zurück, fast gleichzeitig, und Manga hatte Schwierigkeiten, bei beiden zu kassieren. Ein Europäer gab ihm 50 Francs, ein Einheimischer 25.

Inzwischen hatte auch Njoh Wagen Nummer vier und hatte schon den ersten wieder abkassiert. Ein Kleinlaster kam, gesteuert von einem Europäer. Njoh war wieder der erste, der Mann nickte ihm kurz zu und verschwand im Geschäft.

Drinnen arbeitete Ubah, ein Bruder von Njoh, als Packer. Er stand neben der Kasse, packte die Einkäufe der Kunden in Kartons und trug sie an die Wagen. Das war schon eine Klasse besser. Die Packer hatten rote Hemden mit dem Zeichen des Supermarktes, und sie durften in den Laden hinein. Ihre Bezahlung war das Trinkgeld der Kunden, und manchmal verdienten sie kaum mehr als die Jungen auf der Straße. Aber sie gehörten dazu und mußten nicht verschwinden, wenn die Polizei kam. Njoh beneidete seinen Bruder, aber so kleine Jungen wie er wurden noch nicht zugelassen.

Manga döste auf seinem Mäuerchen vor sich hin, behielt aber die Wagen im Auge. Manchmal versuchte ein anderer aus der Gruppe, seinen Wagen abzukassieren. Besonders die Weißen konnten sich die Gesichter der Jungen schwer merken.

Njohs letzter Kunde kam ziemlich früh wieder aus dem Laden und stieg in seinen Kleinlaster. Njoh rannte zu dem Wagen. Er hatte gerade mit seinem Bruder an der Tür des Ladens gesprochen, und er kam erst an, als der Europäer die Tür schon geschlossen hatte. Auch das Fenster war zu. Njoh klopfte dagegen, als der Wagen schon anrollte, der Fahrer winkte mit bösem Gesicht ab — er hat ihn doch engagiert, dachte Manga empört —, und dann schrie Njoh auf. Beim Rückwärtsfahren hatte der Wagen ausgeschwenkt, und Njohs dünnes, staubiges Bein war zwischen die Stoßstange und den nächsten Wagen geraten. Njoh schrie noch, als er schon am Boden lag, die anderen Jungen schrien und stürzten auf den Wagen zu, und Manga kam nicht schnell genug von seiner Mauer. Aber er sagte sich die Nummer des Wagens laut auf: LT 583 A. LT 583 A. Ein weißer Peugeot Pick-up. LT 583 A. Manga suchte nach dem Bleistiftstummel in seiner Tasche, griff sich eines der herumliegenden Stücke Packpapier und schrieb die Nummer auf.

Die anderen Jungen hatten auf die Motorhaube des Wagens gehämmert, hatten am Türgriff gezogen und waren halb mitgerissen worden. Bremsen quietschten, Hupen quäkten, als sie bis auf die Fahrbahn hinaus hinter dem Wagen herliefen. Das Durcheinander rief den nächsten Polizisten auf den Plan, der zunächst die Jungen anschnauzte, ohne auf den davonfahrenden Wagen zu achten. Die Gruppe ging kleinlaut auf den Bürgersteig zurück, der Polizist kam hinterher und drohte den Jungen. Sie sollten weggehen und nicht die Autofahrer belästigen. Sie verschwanden hinter der Mauer, auf der Manga gesessen hatte, und von dort aus sah Manga mit Bedauern zwei seiner Kunden

◁ *Wohlhabende einheimische Familie in Dakar/Senegal.*

abfahren, während der Polizist in einer Menschentraube vor dem verunglückten Njoh stand. Schließlich wagte er sich vor, zusammen mit zwei anderen.
„Man muß ihn ins Krankenhaus bringen", hörten sie sagen.
Eine Frau lachte spöttisch auf: „Hat er denn Geld für das Krankenhaus, der Junge?"
Ein Mann fragte: „Und wer bringt ihn hin? Du vielleicht?"
Njoh stöhnte leise und hielt sein Bein, über das Blut sickerte.
Der Polizist schimpfte: „Diese Jungen bringen sich selbst in Gefahr, und mir machen sie Arbeit. Wie oft habe ich sie schon verscheucht. Aber sie kommen immer wieder. Das ist verboten!"
Er sah sich nach Zustimmung um. Die gab es kaum.
Die Frauen riefen: „Der arme Junge. Wo ist seine Mutter?"
Männer sagten ernst: „Die Not ist zu groß. Kinder müssen schon Geld verdienen." Und einige sahen böse auf den Polizisten, als wäre er schuld.
Manga drängte sich durch: „Herr Wachtmeister, ich habe die Nummer des Wagens aufgeschrieben!"
Der Polizist drehte sich um. Er sah auf den kleinen Jungen herunter, der ihn mit aufgerissenen Augen anstarrte. „Du gehörst doch mit zu der Bande!" schrie er ihn an. „Ihr sollt nicht die Autofahrer belästigen, das kommt dann davon!"
„Er hat ihn absichtlich angefahren, ich habe es genau gesehen", sagte Manga.
„Ihr habt kein Recht, hier herumzulungern", sagte der Polizist barsch und griff zu seiner Brusttasche. „Wie heißt du?"
Die Umstehenden murrten. „Die Polizei sollte rücksichtslose Fahrer bestrafen und nicht kleine Jungen", meinte einer, der weiter weg stand.
Manga hatte immer noch das Stück Packpapier in der Hand und hielt es hoch. „Das ist die Nummer!" rief er, jetzt mehr zu den Passanten als zu dem Polizisten gewandt. „Es war ein Weißer, und er hat Njoh genau gesehen!"
„Bei kleinen Jungs, da ist er groß", sagte ein Mann in Arbeitskleidung, der im Rücken des Polizisten stand. Als der sich umdrehte, duckte sich der Mann und verschwand.
Dem Polizisten perlte der Schweiß auf der Stirn, als ein junger Mann im roten Hemd des Supermarktes sich durch die Menge drängte. „Njoh? Wo ist Njoh?" Es war der Bruder, Mbah. Er nahm den Kleinen auf, das Bein baumelte herab, Blut tropfte auf den Asphalt.
Der Polizist ging zwei Schritte zurück und sagte: „Es war seine eigene Schuld, guter Freund." Dann bahnte er sich einen Weg durch die Menge und ging zur Kreuzung zurück.
Manga meldete sich noch einmal: „Ich habe die Autonummer, Mbah!"
„Was nützt uns das?" fragte Mbah und ging los, Manga und einige andere aus der Clique neben sich. Mbah legte seinen Bruder vorsichtig auf die Mauer und untersuchte das Bein. Njoh stöhnte wieder. „Gebrochen", sagte Mbah und zog sich das Hemd über den Kopf. „Manga, nimm das Hemd und bring es zum Laden. Sage, ich komme morgen wieder."
Manga gehorchte, obwohl er lieber mit Mbah und Njoh gegangen wäre.
Mbah legte seinen Bruder an seine breite Brust und ging. Es würde eine Stunde dauern, bis sie zu Hause waren.
Als Manga aus dem Laden kam, konnte er gerade noch das Ehepaar abkassieren, sie gaben 50 Francs. Manga nahm sich vor, jetzt für Njoh zu arbeiten, bis er wieder kam.
Es dauerte fast drei Wochen, bis Njoh wieder an den Supermarkt kam. Sein Bein war etwas schief, und er hinkte. Stolz zeigte er seinen Freunden zwei Narben. Und bald war

er wieder bemüht, der erste an den Autos zu sein. „Ich bin Ihr Wächter!“ rief er, „Njoh! Der mit dem schiefen Bein!“ Und wenn der Fahrer nickte, kam er stolz zurück zu seinen Freunden und setzte sich zwischen sie, bis das nächste Auto auf den Parkplatz einbog. Manga ließ ihm manchmal einen kleinen Vorsprung.

Erläuterungen: Douala ist die größte Stadt von Kamerun in Westafrika, eine Hafenstadt, in der auch viele weiße Geschäftsleute aus Frankreich oder Griechenland wohnen. Der Kameruner Franc ist etwa einen Pfennig wert, 50 Francs entsprechen also 50 Pfennigen. Die Amtssprachen, auch im Schulunterricht, sind Französisch und daneben Englisch.

GERHARD PFEIFFER

Nachtfahrt

„Erinnere dich, Mensch! Denk nach! Was wolltest du?“ Nur schwer konnte Monica ihr Gedächtnis wachrütteln. „Was wolltest du? — Unbedingt? — Noch vor dem Ende dieser Nacht? . . . Ja, das war es, was Vreni dort oben im Hof vor der Krankenbaracke gesagt hatte: ‚Du mußt sie unbedingt noch vor Tag nach Ndunge bringen. Sie würde die Hitze im Wagen nicht überstehen. Und dann — die Operation — so schnell wie möglich!‘ Die letzten Worte hatte sie geschrien, weil du gerade neben ihr den Motor des Landrovers angelassen hast. Das war um zwei Uhr morgens, und dann bist du losgefahren, und jetzt stehst du hier, besser: du sitzt und pennst, du dumme Trine, als ob du nicht wüßtest, was auf dem Spiel steht!“

Der Ärger über sich selbst hatte Monica nun ganz wach werden lassen. Sie spürte wieder das Schüttern des schweren Geländewagens, das sich über das Lenkrad auf ihre Unterarme und auf ihren ganzen Körper übertrug und das vom Motor herkam, der im Leerlauf so unregelmäßig und tuckernd ging, als ob ihn fröstelte.

In aller Klarheit standen jetzt die Ereignisse der letzten Stunden vor ihr: Um halb zwei Uhr hatte Charles sie geweckt, sie werde dringend im Dispensary gebraucht. Sie war dann über den schmalen, lehmigen Pfad, der noch vom Gewitter des Vorabends glitschig war, zu der kleinen Krankenstation der Mission hinübergegangen und hatte dort im Entbindungsraum eine übernächtige und sichtlich nervöse Vreni angetroffen, hastig bemüht um eine sehr junge afrikanische Frau, die stöhnend, aber nur halb bei Bewußtsein auf dem Bett lag. Vreni war sonst immer die Ruhe selbst. Seit drei Jahren schon betreute sie diesen einsamen Hilfsposten im Busch. Aber diese Nacht war sie nahe daran gewesen, die Nerven zu verlieren. In aller Eile hatte sie ihr die Situation erklärt: „Eine böse Geschichte. Die Frau kommt aus dem Rebellengebiet oben am Mont Kupe. — Normalerweise hätte sie in ihrer Hütte entbunden, aber das ging diesmal nicht, Querlage, was natürlich niemand wußte. Die Wehen setzten gestern ein, dann kam die Geburt nicht voran. Eine Tante ging schließlich zum Medizinmann; der hat ihr Kräuter mitgegeben, die die Wehen verstärken — eine Qual, keine Hilfe! Gestern abend hat man sie herunter zu uns gebracht. — Ich kann aber nur dämpfende Mittel geben. Helfen kann nur ein Kaiserschnitt — und zwar bald.“

Monica hatte verstanden. Sie hatte ihr Medizinstudium abgebrochen und war als Entwicklungshelferin in die Station gekommen. Schon oft hatte sie Schwerkranke zum Krankenhaus nach Ndunge transportiert, freilich nicht mitten in der Nacht. Diesmal aber war kein Aufschub möglich. So hatte sie sich auf den Weg gemacht.
Wohl eine Stunde lang hatte sie sich auf der elenden Piste durch tiefe Geleise und Wasserlöcher, über Steinbrocken und felsige Stufen vorangekämpft. Krampfhaft hatte sie die Augen aufsperren müssen, um die Hindernisse rechtzeitig zu erkennen. Traf sie auf ein paar hundert Meter ebene Fahrbahn, drückte sofort bleierne Müdigkeit auf ihre Lider. Um drei Uhr hatte sie die dritte Brücke passiert. Neunzehn Kilometer waren damit zurückgelegt. Was aber war dann geschehen?
Eine sandige Wegstrecke, die dort mit geringem Gefälle am Nya-Bach entlangführt, hatte sie veranlaßt, lässig den dritten Gang einzulegen und ganz in dem Gefühl sanften Gleitens unmerklich schneller zu werden. So war plötzlich die Stelle erreicht, wo der Bach sich nach links in die Schlucht wendet und die Piste ihn auf einer alten Bohlenbrükke überquert. Bis zum letzten Augenblick verdeckte hohes, über den Weg geneigtes Schilfgras den Blick auf die Brücke — und dann war es zu spät gewesen: Einer der dicken Balken — vielleicht längst abgefault — war links in die Tiefe gerutscht und stand mit dem anderen Ende fast senkrecht in die Höhe. Kaum andeutungsweise hatte sie reagieren können, dann war die Stoßstange mit voller Wucht auf das Holz geprallt; Teile der morschen Bretter, die über den Bohlen lagen, waren hochgeschleudert worden. Merkwürdig langsam — der Schreck hatte Monicas Zeitgefühl seltsam verändert — hatten sie sich auf die Windschutzscheibe zubewegt, die sich zu biegen schien, zerbarst und in unzähligen Splittern wie ein Hagel über Monica und den leeren Beifahrersitz niederging. Die schwangere Frau, festgebunden auf einer im Laderaum verzurrten Tragbahre, hatte aufgestöhnt, die Stöße, das Dröhnen und das Geklirr hatten wohl ihren fiebrigen Dämmerträumen eine überraschende und noch schmerzhaftere Wendung gegeben.
Monica war erst zum Bremsen gekommen, als der Wagen schleudernd die Brücke verlassen hatte. Sie hatte angehalten, ohne den Motor abzustellen, um „nachzudenken", wie sie sich jetzt sagte, in Wirklichkeit seltsam leer von Gefühlen und Gedanken, unfähig, die neue Situation zu erfassen. War sie dann aus übergroßer Müdigkeit eingeschlafen oder — erschöpft und möglicherweise verletzt — ohnmächtig geworden, oder hatte sie nur kurze Augenblicke völlig geistesabwesend auf dem Steuerrad gelehnt? Das war jetzt nicht festzustellen, denn die Uhr hatte sie in der Eile zu Hause gelassen. Mit plötzlich aufsteigender Besorgnis glaubte sie Anzeichen der Dämmerung wahrzunehmen, eine fahle Helligkeit zwischen den Blättern der Bäume, die mit ihren langgefiederten Blättern wie riesige Hände den Himmel teilweise verdeckten. Oder war es nur ein Widerschein des untergehenden Mondes? Sie wendete den Kopf, um den nächtlichen Horizont über dem Weg, den sie gekommen war, zu mustern. Bei der Drehung spürte sie plötzlich die Glassplitter, die im Kragen der Bluse liegengeblieben waren und die sie nun sorgfältig entfernen mußte. Ob die Feuchtigkeit, die sie dabei auf ihren Fingerkuppen fühlte, Blut oder Schweiß war, konnte sie wegen der Dunkelheit nicht entscheiden. Durch das Rückfenster erkannte sie nur, daß sich eine Wolkenwand vor dem Mont Kupe gestaut hatte, aus der in kurzen Abständen die weißen Lichtstreifen des Wetterleuchtens hervortraten. Die aufzuckende Helligkeit ließ sie jetzt auch wieder die junge Frau sehen, die regungslos auf ihrer Bahre lag. Von der dunklen Fläche des Gesichts hob sich das Weiß der Augäpfel ab. Sie schlief also nicht, sondern . . . Eine Angstwelle durchlief

Monica, das Gefühl, versagt zu haben, stieg erstickend in ihr hoch; erst ein tiefer Atemzug der Kranken beruhigte sie wieder. Es gab also noch Hoffnung.
Sie wollte die Frau ansprechen, da fiel ihr ein, daß sie ihren Namen nicht kannte. Das war nicht schlimm. Aber sicher verstand die Frau auch kein Englisch! In welcher Sprache konnten sie sich verständigen? Was wußte sie überhaupt von dieser Frau? Fremdheit stand zwischen ihnen wie eine gläserne Wand und verhinderte jede hilfreiche Annäherung. Die Weiße, die Entwicklungshelferin, wie man sie nannte, die Botschafterin des guten Willens, als die sie sich gerne sah, blieb mit ihrer Botschaft allein. Sie konnte dieser Frau nur helfen, indem sie weiterfuhr, und das wollte sie jetzt unverzüglich tun.
Der Motor lief noch, ihre Füße und Hände konnte sie bewegen, die Augen taten ihren Dienst. Der linke Scheinwerfer war bei dem Aufprall zertrümmert worden, zur Not war auch mit einem genug zu erkennen. Fünfundvierzig Kilometer lagen noch vor ihr, unter normalen Verhältnissen waren das zwei Stunden. Wenn sie nur gewußt hätte, wieviel Uhr es jetzt war! Hoffnung gab es aber ohnehin nur, wenn sie den Weg fortsetzte; also endlich los!
Mit einem Ruck setzte sich das schwere Fahrzeug in Bewegung. Wieder stöhnte die Schwangere. Man mußte mit ihr sprechen, sie trösten, ihr Hoffnung machen. Monica versuchte es auf Englisch, nur um sie den Klang einer menschlichen Stimme hören zu lassen, doch der Motor des Wagens, der jetzt in voller Fahrt war, verschluckte ihre Worte, sie gab es auf. Während sie mit schmerzenden Augen auf die von Steinen übersäte Straße starrte, konnte sie es nicht verhindern, daß in unaufhörlicher Folge Vorstellungsbilder ihrer Wünsche und Ängste, ihrer Sorgen und Hoffnungen in ihr Bewußtsein geblendet wurden.
Was hatte sie sich nicht alles ausgemalt, seit ihr Mann zum ersten Mal vorsichtig das Wort Afrika genannt hatte? In den Monaten der Verhandlungen mit der Mission war sie um große Worte nicht verlegen gewesen: Für die Befreiung der afrikanischen Menschen wollte sie arbeiten, Licht wollte sie bringen, solidarisch, brüderlich wollte sie sein. Doch schon bald nach der Ankunft waren die großen Ideen verblaßt, unterdrückt von den kleinen alltäglichen Problemen der Haushaltsführung, von den Sorgen um die Gesundheit der Kinder, vom Ärger mit den Angestellten. Dazu kam die Abstumpfung, die Unfähigkeit mitzuleiden in einem Meer von Armut und Not.
Sie hatte gelernt zu arbeiten, da und dort zu helfen, so gut es ging, ohne sich innerlich zu beteiligen. Ihr seelisches Gleichgewicht war ihr zu einem eifersüchtig gehüteten Besitz geworden. Sie hatte stets ihre Pflicht getan, so wiederholte sie sich auch jetzt noch, aber heute nacht fühlte sie, hörte sie im Rattern des Motors, spürte sie im Rütteln des Wagens, wie diese Sicherheit zerbröckelte. War ihr nicht die ganze Arbeit, war ihr nicht dieses ganze Afrika längst gleichgültig? Dieser unfaßbare, unruhige, vom Heraufkommen einer ungewissen Zukunft geschüttelte Kontinent war ihr so selbstverständlich, so alltäglich geworden, daß sie sich fast schämte. Denn heute — das empfand sie deutlich — begegnete sie ihm, ohne daß es ein Ausweichen gab.
Afrika: das war die schwangere Frau hinten im dunklen Laderaum, von Fieberträumen geschüttelt und von Schmerzen geplagt und bereit, alle Leiden zu vergessen, wenn das Neue geboren sein würde, das Neue, von dem niemand sicher wußte, ob es jemals das Licht der Welt sehen würde, ob es seiner Mutter Freude oder den Tod bringen würde. Die Ungewißheit, ob das alte Afrika, das Afrika der dämmrigen Hütten, der gehüteten Stammesbräuche, der weiten Savannen und der ungestörten Wälder die Ankunft des

neuen überleben werde, das war der Grund für die Traurigkeit in den Augen der Alten. Das neue Afrika aber war wie das Kind im Leib dieser Frau, vor seiner Geburt schon gequält von Quacksalbern, herumgestoßen zwischen den Fronten der Rebellen und der Regierungssoldaten, ängstlich beobachtet von hilflosen Helfern. Sollte es umkommen, bevor es überhaupt von sich selbst wußte?

Nein, sagte sich Monica, dieses Kind wenigstens sollte lebend und, wenn möglich, gesund zur Welt kommen, und für sie selbst sollte es ein Zeichen sein, die Hoffnung nicht zu begraben. Und die Aussichten auf einen Erfolg ihres Einsatzes standen nicht schlecht. Sie war gut vorangekommen und näherte sich der Hauptstraße, auf der sie in zwanzig Minuten das Krankenhaus erreichen konnte. Nach wie vor herrschte völlige Dunkelheit. Die Straße zog sich in Windungen durch hügeliges Gelände, das vom dichten Buschwerk der Kaffee-Plantagen bedeckt war. Da! In einiger Entfernung blitzte ein Licht auf einer kleinen Paßhöhe, die sie zu überqueren hatte. Monica stutzte. Dort war, soweit sie wußte, nie ein Haus gewesen. Doch das Licht flackerte immer wieder an der gleichen Stelle auf, flackerte auf und erlosch dann wieder. Als sie sich später der Stelle näherte, trat sie vorsichtshalber auf die Bremse — gerade noch rechtzeitig, um einen erneuten Aufprall zu vermeiden: Mitten auf der Straße standen Blechtonnen, darüber lag ein Balken. Und zu beiden Seiten sah Monica Männer, drei, vier, die jetzt in die Mitte der Straße traten. Zuerst hatte sie nur die Augen in den schwarzen Gesichtern gesehen, jetzt aber waren die Umrisse der Gestalten erkennbar, und es gab keinen Zweifel mehr, daß sie Maschinenpistolen trugen; die Läufe wiesen ihr drohend entgegen.

„Vorbei“, sagte sich Monica, „aus und vorbei.“ Wenn sie hier von Rebellen festgehalten wurde, wäre es viel besser gewesen, in Nya zu bleiben und auf ein Wunder zu hoffen. Inzwischen hatten die Bewaffneten den Wagen umringt und von allen Seiten mit Taschenlampen ausgeleuchtet. Einer, offenbar der Anführer, klopfte an die Scheibe der Fahrertür. Unfähig, einen klaren Gedanken zu fassen, drehte Monica das Fenster herunter. „Ausweis, bitte, und Passierschein!“ sagte der Bewaffnete auf englisch und warf, nachdem er die Papiere erhalten hatte, im Schein der Lampe einen raschen Blick darauf, während Monica etwas von schwerkranker Frau und operativer Entbindung stammelte.

Merkwürdigerweise räumten auf ein Zeichen des Anführers zwei Männer bereits die Barriere zur Seite. „Gendarmerie national“, sagte dieser nun auf französisch und legte grüßend die Hand an die Mütze, „wir bitten um Entschuldigung, daß wir Sie aufgehalten haben, aber wir tun unsere Pflicht. Die Rebellen — Sie wissen . . .!“

Und als Monica den Gang einlegte, fragte er noch: „Nach Ndunge? — Grüßen Sie den Doktor! Meine beiden Kinder sind dort geboren“, fügte er mit breitem Lächeln hinzu, „alles wird gut gehen!“

Noch einmal sah Monica das bärtige Gesicht, den lachenden Mund mit den großen Zähnen im Rückspiegel, dann hatte sie wieder nur die Straße im Lichtkegel des Scheinwerfers vor sich. Von einer löcherigen Asphaltschicht war die Straße nun bedeckt und von Kaffeebüschen an ihrem Rand gesäumt. Es war kühl geworden, und Monica spürte, daß ihre Hände vom Fahrtwind klamm wurden. Doch der Wind, so schien ihr, nahm auch alle Unsicherheit und Angst dieser Nacht mit sich. Nur das zuversichtliche Lachen des jungen Offiziers blieb vor ihren Augen. „Wir tun unsere Pflicht“, hatte er gesagt und: „Alles wird gut gehen.“ Monica zweifelte nicht, daß er recht hatte. Es begann zu dämmern.

HANS-GEORG NOACK

Reines Wasser für die Harijans

„Jeder Mensch hat Anspruch auf eine Lebenshaltung, die seine und seiner Familie Gesundheit und Wohlbefinden gewährleistet."
(Aus Artikel 25 der Allgemeinen Erklärung der Menschenrechte)

Von jeher hat das kleine indische Dorf die Not gekannt, und sie ist ihm auch heute ein vertrauter Gast. Im Grunde glauben die Bewohner nicht, daß sich daran etwas ändern wird. Gewiß — man hört bisweilen, daß es in den Städten manchen Fortschritt geben soll; aber Indien ist groß, und die Städte sind fern. Und selbst wenn wirklich viel Neues in das Land gekommen sein mag, so ist nicht erwiesen, ob deshalb das Neue gut ist.

Da ist zum Beispiel ein Gesetz erlassen worden, das die Kasten aufhebt. Die Parias, die kastenlosen Inder, sollen nicht mehr unberührbar sein. Keinen Unterschied soll es mehr geben zwischen ihnen und den vornehmen Brahmanen. Gandhi hat sogar gelehrt, man dürfe sie nicht mehr Parias nennen. Kinder Gottes sollen sie heißen, Harijans also. Aber wer kann so etwas gutheißen? Hat es die Kasten nicht immer gegeben? Haben sie nicht das Leben des Dorfes geprägt? Ist der Stolz auf die Kastenzugehörigkeit dem Kinde nicht schon im Elternhause eingeprägt worden und hat ihm eine Würde verliehen, die zu wahren selbstverständlich ist? Nimmt einem Volke nicht den Halt, wer ihm seine ehrwürdigen Traditionen nimmt? Nein, dieses neumodische Gesetz kann nicht gut sein! Deshalb gelingt es ihm auch nicht, das Leben im Dorfe zu verändern.

Und doch scheint es Menschen zu geben, die alle Gefahren solcher neuen Ordnungen gering achten.

Vor Monaten ist eine junge Frau in das Dorf gekommen, die in mehr als einer Hinsicht ungewöhnlich und seltsam war. Auf ihrer Stirn trug sie das Zeichen der Brahmanen, Stoff und Farbe ihres Sari verrieten, daß sie aus vornehmem Hause stammte. Dazu paßte nicht, daß Lakshmi, so der Name der jungen Frau, sich nicht scheute, ganz gewöhnliche und nicht immer sehr saubere Arbeit zu leisten. Zudem war sie verheiratet und lebte dennoch von ihrem Manne getrennt. Vor allem aber sprach sie mit den Harijans wie mit ihresgleichen, pflegte sie, wenn sie krank waren, half den Harijanfrauen bei den Geburten ihrer Kinder und hielt bei alledem streng die Regeln ihres Glaubens ein. Die Kastenhindus des Dorfes beobachteten ihr Verhalten erstaunt, mißbilligend, geichgültig, laut oder heimlich tadelnd. Aber schließlich konnte niemand es Lakshmi verbieten, wenn sie Würde und Sitten ihrer Kaste verachten wollte. Man mußte sie gewähren lassen.

Eines Tages aber gab es keine Wahl mehr: man mußte ihr entgegentreten. Am Abend nämlich, als einige Frauen vornehmer Kastenhindus am Trinkwasserbrunnen inmitten des Dorfes standen, um nicht nur Wasser zu schöpfen, sondern auch ein wenig miteinander zu plaudern, trat Lakshmi in ihren Kreis.

„Hört zu!" sagte sie. „Ich muß etwas mit euch bereden. Es geht um die Harijanfrauen und ihre Kinder. Es ist nicht recht, daß ihnen verboten ist, Wasser aus diesem Brunnen zu schöpfen. Sie brauchen das Wasser nicht weniger dringend als wir."

Erstaunt wandte eine der Frauen ein: „Aber sie haben von jeher den Feldbrunnen draußen vor dem Dorf, aus dem sie schöpfen dürfen, wann immer sie wollen."

„Ihr wißt genau, daß der Feldbrunnen schlechtes Wasser hat. Niemand von euch würde davon trinken wollen. Wir können nicht wissen, ob die Harijanfrauen mit dem schmutzigen Wasser nicht auch die Krankheit in ihren Eimern ins Dorf schleppen. Und die Krankheit kennt keine Kasten. Sie ergreift den Brahmanen wie den Harijan. Deshalb ist es unklug, das gute Wasser nicht allen zugänglich zu machen."

„Wie kann unklug sein, was allen unseren Ahnen weise erschien?"

„Ist uns das Hirn nicht geschenkt worden, damit wir es selbst gebrauchen? Die Ahnen wußten nichts von der Heimtücke schmutzigen Wassers, und sie hatten Mahatma Gandhi nicht gehört, der uns lehrte, daß die Harijans nicht unberührbar, sondern Menschen wie wir alle sind."

Einer der Vornehmen des Dorfes war zu den Frauen getreten und hatte ihrem Wortwechsel zugehört. Jetzt mischte er sich ein. „In manchem magst du recht haben, Lakshmi. Aber niemals werden wir damit einverstanden sein, daß die Parias . . ."

„Die Harijans, meinst du!"

„. . . daß die Harijans, wenn du es lieber hörst, mit den Kastenhindus aus demselben Brunnen schöpfen."

„Und warum nicht?"

„Weißt du nicht so gut wie wir, daß sie das Fleisch gefallener Tiere essen und sich dadurch verunreinigen? Sollten wir dulden, daß sie ihre Unreinheit auf das Wasser unseres Brunnens übertragen? Ich gestehe dir ja gern zu, daß die Harijans nicht von Grund auf Unreine sein mögen, wie wir es immer gelernt haben — aber diese Gewohnheit macht sie dazu!"

Während die umstehenden Frauen beifällig nickten, fragte Lakshmi: „Und wenn sie nun von dieser Unsitte ließen? Würdest du dann den Kastenhindus sagen, daß der Brunnen künftig allen gehören soll? Auf dich hören die Männer und Frauen im Dorfe."

Der Vornehme lachte. „Gewiß, Lakshmi, das will ich. Doch eher wirst du das Wasser des Ganges bergauf laufen lassen, als daß du den Harijans abgewöhnst, was sie seit jeher getan haben."

„Wir werden sehen", entgegnete Lakshmi, trat aus dem Kreis am Brunnen und ging eilig dem Dorfrand zu, wo in ärmlichen Hütten die Kastenlosen hausten.

Rajan, ihr Führer, saß mit einigen anderen vor einer der Hütten. Achtungsvoll erhoben sich die Männer, als Lakshmi zu ihnen trat.

„Ich habe euch Gutes zu berichten", begann Lakshmi fröhlicher, als ihr zumute war. „Eure Frauen dürfen künftig Wasser aus dem Dorfbrunnen schöpfen. Die Kastenhindus werden nichts dagegen einwenden. Nur . . ." Es tat ihr leid, daß sie die Freude ihrer Zuhörer sogleich wieder dämpfen mußte. „Nur müßt ihr ihnen auch entgegenkommen, wie sie es tun wollen. Eine Bedingung ist an die Zusage geknüpft."

„Welche?"

„Ihr dürft nicht mehr vom Fleisch gefallener Tiere essen. Gefallene Tiere sind unrein. Wer von ihrem Fleisch ißt, verunreinigt sich selbst und alles, was er berührt."

„Da haben die Vornehmen ihre Bedingung klug gewählt", warf Raman ein. „Sie wissen, daß wir arm sind, bettelarm. Woher nähmen wir Fleisch, wenn nicht von diesen Tieren, die sonst niemand mehr haben will? Und hat das Fleisch uns je geschadet?"

„Und doch müßt ihr auf die Bedingung eingehen. Es ist zu eurem Besten, glaubt mir doch! Habe ich euch nicht immer geholfen?"

„Das hast du, und dafür sind wir dir dankbar. Aber lieber sollen unsere Frauen den weiten Weg bis zum Feldbrunnen gehen und das schmutzige Wasser holen . . ."

„Ich habe euch erklärt, woher die Typhuswelle kam, die euch im vergangenen Jahr heimgesucht hat. Wollt ihr, daß wieder Kinder sterben müssen, weil ihr jetzt nicht nachgeben mögt?"
Aber die Männer blieben störrisch.
„Nun gut!" rief Lakshmi endlich. „Ich werde euch zwingen!"
„Zwingen?" Höflich versuchten die Männer, über diese Drohung nicht zu lachen. „Und wie willst du das anfangen? Mit Waffengewalt vielleicht?"
„Mit der stärksten aller Waffen. Mit der Gewaltlosigkeit. Ihr wißt, daß ich nur zu euch gekommen bin, weil ich eine Schülerin Mahatma Gandhis bin. Er hat uns gelehrt, daß die Gewaltlosigkeit mehr erreicht als alle Gewalt auf Erden! Nicht umsonst sagt man, daß er die Freiheit Indiens erhungert hat. Ich weiß, was ich zu tun habe!"
Vom selben Abend an saß Lakshmi am Brunnen. Keinen Bissen Reis nahm sie zu sich, keinen Schluck Wasser. Sie fastete und wartete. Sonst nichts.
Die Kastenhindus steckten tuschelnd die Köpfe zusammen. Ihnen war es unerklärlich, warum sie solche Entbehrung ausgerechnet für die Harijans auf sich nahm. Aber sie würde schon sehen, daß sie damit nichts erreichte. Ein wenig spöttisch und zugleich ein wenig mitleidig betrachteten die Vornehmen die junge Frau, die eigentlich eine der Ihrigen war und sich so ganz anders verhielt.
Vierundzwanzig Stunden saß Lakshmi am Brunnen. Sie aß, trank und sprach nicht und rief gerade dadurch größte Erregung hervor.
An den hinfälligen Hütten drängten sich die Harijans um Rajan, der auf sie einredete. „Sie hat viel für uns getan, vergeßt das nicht! Euch Frauen hat sie geholfen, die Kinder auf die Welt zu bringen. Den Kranken hat sie gute Medizin gegeben. Sie hat Wunden gewaschen und Fieber gestillt. Müssen wir ihr nicht dankbar sein? Und wenn sie jetzt fastet — tut sie's für sich? Könnte sie nicht wie alle anderen Kastenhindus sagen: ‚Was gehen mich die Unberührbaren an?' Aber nein, sie fastet für uns. Ich meine, wir sollten nachgeben."
„Bist du so reich, daß du dir und deiner Familie Fleisch kaufen kannst?" fragte ein hagerer Mann höhnisch dazwischen. „Ich bin es nicht!"
„Aber vielleicht hat sie trotzdem recht", wandte Rajan ein.
„Vielleicht schadet das Fleisch der gefallenen Tiere unserer Gesundheit mehr, als wir ahnen. Sie ist so klug und weiß so viel! Warum sollten wir ihr nicht glauben?"
„Das alles haben ihr nur die Brahmanen eingeredet!" warf ein anderer Mann hämisch ein. „Meinst du, sie will uns wirklich helfen? Den Vornehmen ist es schon lange ein Dorn im Auge, daß wir dieses Fleisch essen. Und jetzt haben sie sich ein neues Mittel ausgedacht, um uns daran zu hindern."
„Und du hast dich von ihr bestechen lassen, Rajan, um uns zu beschwätzen!" schrie ein anderer, der Rajan nicht wohlwollte und ihm sein Führeramt neidete.
„Seid nicht so entsetzlich dumm und störrisch!" schrie Rajan dagegen.
„So? Dumm sind wir? Störrisch sind wir?" eiferte sein Gegner. „Laßt ihr euch von ihm beschimpfen, Freunde?" wandte er sich dann den anderen Männern zu. „Laßt ihr euch von einem Manne beschimpfen, der mehr auf die Kastenhindus hört als auf uns, seine Brüder?"
Es gelang ihm, die Erregung zu schüren. Schließlich wurde Rajan gepackt, an einen Baum gebunden und mit Zweigen und Peitschen geschlagen.
Lakshmi saß fastend am Brunnen. Einer der Vornehmen des Dorfes erzählte ihr, was sich

bei den Hütten zugetragen hatte. „Gib es auf, Lakshmi“, riet er. „Wir alle haben dir vorausgesagt, daß du nichts ausrichtest.“
Lakshmi schwieg. Der nächste Tag war brennend heiß. Die Sonne prallte unbarmherzig auf die fastende Frau hernieder. Schon war ihr anzumerken, wie sehr sie ermattete.
Rajan kam zu ihr, eine Schüssel Wasser aus dem Feldbrunnen in den Händen. „Nimm und trink“, sagte er. „Du meinst es gut, ich weiß. Aber du sollst nicht unseretwegen leiden. Du siehst, daß die Harijans nicht nachgeben werden und die Kastenhindus nicht von ihrer Forderung weichen wollen.“
Lakshmi schüttelte den Kopf, und als Rajan ihr gleichwohl die Schale an den Mund hob, preßte sie die Lippen so fest zusammen, daß kein Tropfen sie netzte.
Sie saß in der sengenden Hitze des Mittags, im Dämmerlicht des Abends, in der sternfunkelnden Nacht, im Morgengrauen und unter einer neuen, unbarmherzigen Sonne. Ihr qualvoll verzogenes Gesicht, das Zittern ihres Körpers bewiesen, daß sie fast am Ende ihrer Kraft war.
Wieder schlich Rajan herbei. Reis und Wasser brachte er: sie stieß ihn zurück wie einen bösen Versucher.
Sie fastete, während die Sonne stieg und wieder niedersank, als die Sonne unterging und die Sterne über den Himmel zogen.
Am Morgen brach sie zum erstenmal zusammen. Hilfreiche Kastenbrüder wollten ihr zu Hilfe kommen; sie wehrte ab, raffte sich mühsam auf und lehnte sich an den Brunnenrand.
Am Mittag kamen die Harijans. Alle. Die Männer, die Frauen, die Kinder, die Willigen und die Verstockten; Rajan kam, und seine Peiniger kamen mit ihm.
„Wir wollen versprechen, was du verlangt hast“, sagte Rajan, und die anderen nickten. „Wirklich, wir werden nicht mehr vom Fleisch der gefallenen Tiere essen“, wiederholte er und sah dem vornehmsten Kastenhindu des Dorfes in die Augen, der mit den meisten übrigen Dorfbewohnern herbeigelaufen war, um zu sehen, was sich hier zutrug. „Sie hat uns dazu gezwungen. Ihr Lehrer Gandhi hat wohl recht: Nichts ist stärker als die Gewaltlosigkeit.“
Rund um den Brunnen standen die Bewohner des Dorfes: Brahmanen, die dem Priesterstande angehörten, Kschatriya aus dem Stande der vornehmen Krieger, Vaishya aus dem Bauernstand und Shudra aus der niedrigsten, der dienenden Kaste. Und neben ihnen standen die Parias, die man jetzt Harijans nannte.
Alle blickten auf Lakshmi, die sich am Brunnenrand emporzog, bis sie auf schwankenden Füßen stand.
„Trinken!“ lallte sie fast unverständlich, denn ihre trockene Zunge war geschwollen und wollte ihr nicht mehr gehorchen.
Rajan senkte einen Eimer in den Brunnen. Eine Brahmanenfrau lief in ihr Haus, um einen Becher zu holen.
Das saubere, kühle Wasser rann der jungen Lakshmi über die zitternden Hände, dann hob sie den Becher an die Lippen und nahm einen kleinen Schluck.
„Trink du!“ sagte sie dann und reichte Rajan den Becher. Und er, der „Unberührbare“, trank aus demselben Becher wie die Frau aus vornehmer Kaste, reichte ihn seinem Nachbarn weiter, der einen Schluck nahm, den Becher neu füllte und ihn einer Harijanfrau in die Hand gab.
Und der Becher kreiste von Hand zu Hand.

BHABANI BHATTATSCHARYA

Feigen

Alle Feigenbäume waren nun ihrer kleinen Fruchtkügelchen beraubt; nur auf den höchsten Ästen, fast außer Reichweite, hingen noch einige Büschel. Aber der Junge konnte wie ein Eichhörnchen klettern. Jeder Teil des Baumes war ihm vertraut; er kannte die Stärke und Geschmeidigkeit jedes Astes, und wenn er ihn bloß betastete, konnte er sagen, ob er stark genug wäre, ihn zu tragen. Es war seltsam, wie oft sich ein dünner, gebrechlicher Ast unter der Last bog, ohne zu brechen. Die anderen Jungen, die da und dort auf den niedrigen Zweigen saßen, jeder mit kaum einer Handvoll grüner Feigen im Lendentuch, beneideten Onu, der, hoch über ihren Köpfen, mit geschäftigen Händen und vollgepfropften Taschen umherkroch. Onu war jedoch kein Verschwender. Die Feigen da oben waren die letzten, die der Baum hergeben konnte, und so mußten sie als Vorrat erhalten bleiben und durften nur mit knauseriger Vorsicht gepflückt werden. Er nahm auch nur die dicken, wohlgerundeten, die in einem oder zwei Tagen einen gelblichen Schimmer zeigen und an Saftigkeit und Geschmack verlieren würden.

„Pflück uns ein paar", riefen ihm die Jungen zu und starrten in verletztem Stolz, aber hilflos zu Onu hinauf.

Er pflückte ein Büschel und ließ es zu Boden fallen. Die Jungen sprangen hinunter und blinzelten mit vorgestreckten Gesichtern und von der Sonne gepeinigten Augen hinauf. Aber Onu, der hoch oben im Wipfel saß und durch den Laubvorhang nur halb sichtbar war, pflückte nicht mehr. Er hatte sich ans Hinunterklettern gemacht.

„Wirf noch ein paar herunter!" riefen die Jungen mürrisch, weil sie nicht verstanden, was er im Sinne hatte.

Onu hatte jedoch seinen Entschluß gefaßt. Die Feigen da oben, die nur er erreichen konnte, waren sein eigener Geheimschatz. Die anderen hatten kein Recht auf sie. Mochten sie sich bedienen, wenn sie konnten.

Selbstsucht war seiner Natur fremd gewesen. Was immer es an guten Dingen gab, hatte er seit jeher mit seinen Freunden geteilt. Bis Hunger seinen warmen, unschuldigen Geist verdorben hatte. Er war zum Geizhals geworden, der für sich, seine kleine Schwester und seine Mutter die wilden grünen Feigen hamsterte, die nur er erreichen konnte.

Unten angelangt, schlug er, ohne den anderen auch nur einen Blick zu schenken, den Feldpfad nach Hause ein. Einen Augenblick lang schwiegen die Jungen überrascht, dann brachen sie in wildes Geschrei aus und liefen, „Haltet den Dieb!" brüllend, hinter Onu her.

Sein Gesicht brannte vor Scham, wußte er doch, daß er sich kleinlich gezeigt hatte. Seine Scham machte sich in Ärger Luft. „Was wollt ihr denn?" fragte er, und seine Stimme klang herausfordernd.

Haßerfüllt betrachteten die Jungen die Wölbung der Feigen im Lendentuch über Onus flachem Magen, und als einer wieder „Dieb!" rief, wiederholten die anderen wie ein Echo: „Dieb! Dieb!"

„Ich bin kein Dieb", sagte Onu und warf den Kopf zurück. „Ich pflücke meine Feigen! Pflückt euch eure ... Sind genug übriggeblieben ... Ihr seid verrückt geworden, verrückt ..." Die anderen wußten keine Antwort, als „Dieb!" zu zischen. Und im nächsten Augenblick fielen sie, wie einem inneren Befehl gehorchend, gleichzeitig über ihn her, droschen blind drauflos, rissen ihn an den Haaren und versuchten, ihm die Feigen zu entreißen.

Mit einer Hand hielt Onu das Lendentuch mit den Feigen darin, mit der anderen kämpfte er. Die Jungen waren ungefähr gleichen Alters, und sie alle hatten vom Hunger hagere Gesichter. Vor einer kleinen Weile waren sie noch Freunde gewesen, jetzt hatte der Kampf sie voneinandergerissen, und nun standen sie drei gegen einen. Onu, der flach auf den Rücken gefallen war, kämpfte mit dem Mute der Verzweiflung. Als er spürte, wie Hände in sein Lendentuch stießen und gruben, bis das abgetragene Gewebe riß, gelang es ihm, sich aufzusetzen. Seine schweißtriefenden Rippen pochten heftig, als die Zähne einen zugreifenden Arm faßten. Ein greller Schmerzensschrei . . . Hände stießen Onu zurück, schlugen wie toll auf ihn los. Onu sank wieder zurück. Sein Kopf stieß gegen die Kante eines Ziegels, er wurde ohnmächtig und lag regungslos da.

Die Jungen starrten ihn an, blaß vor Angst, wortlos. Dann machten sie kehrt und liefen davon. Einer jedoch kam zurück. Er schaute auf seinen Freund, der benommen in der heißen Sonne lag, Staub auf den Lippen und in den Nasenlöchern, mit einer Wunde am Kopf, aus der Blut sickerte. Nachdenklich putzte der Junge sich die Nase, dann stolperte er zu einem nahen Tümpel hinüber, tauchte eine Ecke seines Lendentuches ins Wasser, kehrte zu Onu zurück und wusch ihm den wunden Kopf. Die geschlossenen Augen erschreckten ihn. Er beugte sich zu Onu und flüsterte in sein Ohr:

„Onu! wach auf!" Ein Schluchzen stieg in seine Stimme: „Onu, du bist nicht tot! Onu! du darfst nicht sterben!"

Nach einer Weile wachte Onu auf, bewegte seinen Kopf und blinzelte in die Sonne. Er war immer noch benommen, aber bald fielen ihm die Feigen ein, und er richtete sich auf, voll Angst, daß sie alle verschwunden sein könnten. Aber sie lagen da — als helle Punkte im ausgedörrten Gras verstreut. Onus Lendentuch war zerrissen, und der Anblick des Schadens preßte ihm die Lippen zusammen. Mit starrem Blick sagte er: „Schurke!" Und kniff die Lippen wieder zusammen.

Auf den anderen machte die Beschimpfung keinen Eindruck. Er lächelte — seine Miene drückte Freude aus — und begann die Feigen einzusammeln. Als er sie alle beisammen hatte, band er zuerst die zerrissenen Enden von Onus Lendentuch zusammen und tat dann die Feigen hinein. Er schüttelte den Kopf und murmelte: „Ich habe dich nicht geschlagen, Onu! Niemals!" Und wieder und wieder schüttelte er den Kopf, als ob das wiederholte Ableugnen bewirken könnte, daß die Lüge aufhörte, eine Lüge zu sein.

„Ist ja alles nur für die Kleine", sagte er und schluckte Speichel, um leichter sprechen zu können. „Sie ist ja kaum vier Jahre alt. Ihr Magen hält nicht soviel aus wie der unsere. Sie kann weder wilde Wurzeln essen noch Binsenstengel. Weichgekochte Feigen kann sie essen." Das Lächeln war von seinem Gesicht verschwunden, und wieder füllten sich seine Augen mit Tränen. „Warum hätte ich sonst mit dir kämpfen sollen, Onu?" Er ließ den Kopf hängen, rieb sich die Augen und plärrte.

Onu kannte die kleine Schwester seines Freundes Robi. Der Vater war ebenso wie der Onus von einer Seuche, die im Dorf gewütet hatte, dahingerafft worden. Robi war nun wie Onu der Nährvater der Familie.

Onu lockerte die Streifen seines Lendentuches, nahm die Hälfte der Feigen heraus und bot sie Robi an. „Jeden Tag werden wir teilen, Robi, jeden Tag. Die Hälfte mir, die Hälfte dir. Auf dem Baum gibt's noch einen ganzen Haufen", sagte er und schien eher

sich als den Freund überzeugen zu wollen. „Und ich kann mit den Händen jedes Ästchen im Wipfel erreichen."
Die Gutherzigkeit des Freundes war für Robi ein Anlaß mehr, zu heulen. „Nein, nicht so viele, Onu. Hier!" Und er legte die Handflächen zu einer Schale aneinander.
„Nimm nur alle", beharrte Onu, der nun gleichfalls weinte, auf seinem Angebot. Und mit der Wucht einer plötzlichen Erschütterung fiel ihm ein, daß auch der Junge, der ihn mit einem hemmungslosen Hieb zu Boden geschlagen hatte, zu Hause einen kleinen Bruder hatte. Diese Kleinkinder mußten Feigen haben. Vischnu hatte so hart zugeschlagen, um für seinen hungernden Bruder Feigen zu bekommen. Onu fühlte, wie sein Herz sich zusammenkrampfte.
So viele Münder gab es zu füttern! Im Geiste sah Onu die Feigen, die noch am Baume hingen, und er stellte eine Rechnung auf. Die Feigen, die unschwer zu erreichen waren, die würden bald weg sein. Dann würde er an den Zweigen entlangkriechen und trachten müssen, die dünnen äußeren Enden zu erreichen. Und er hatte doch solche Angst! Was, wenn er fiel, sich das Genick brach und starb? Oder die Beine brach und zum Krüppel wurde wie der alte Haru, der ja auch von einem Baum gefallen und nun verurteilt war, sich auf Krücken umherzuschleppen. Er konnte ja gar nicht mehr so leicht wie früher einmal in die Baumwipfel hinaufklettern! Der nagende Hunger hatte ihn geschwächt — seine Hände zitterten, ihm wurde schwindlig, der Blick wurde trüb, und er mußte fest zupacken, um nicht abzustürzen.
Verzweiflung und Angst erfaßten Onu, und er mußte blinzeln, um die aufsteigenden Tränen zu unterdrücken. Er konnte die Mutter und die kleine Schwester nicht von wilden Wurzeln leben lassen. Und die Kleinkinder, die winzigen Brüder und Schwestern seiner Freunde, konnten wilde Wurzeln überhaupt nicht essen. Onu mußte zu den Spitzen der gefährlichsten dünnen Äste hinaufklettern, die schwindelerregend unter seinem Gewicht schwankten. Hilflos war er in den Fallstrick seiner Gefühle gefangen. Es gab kein Entrinnen.

RÜDIGER SIEBERT

Die kleine Blume

Allimalar ist 14 Jahre alt, eine der Teepflückerinnen auf der staatlichen Pflanzung Leangawela nahe Bandarawela. Allimalar ist ein tamilischer Mädchenname. „Kleine Blume" bedeutet er. Ihr Tag beginnt früh um fünf. Es dämmert über den Teehügeln im Hochland von Sri Lanka, dessen früherer Name Ceylon als Gütezeichen für exzellenten Tee gilt. Noch ist es kalt, sehr kalt in fast 2000 Metern Höhe. Die Menschen in der Barackensiedlung wickeln sich aus ihren Säcken und zerschlissenen Decken. Die Nachbarfamilie in der mit Wellblech gedeckten Behausung besitzt ein Holzbett; die meisten anderen Menschen müssen auf dem Zementboden schlafen, zusammengerollt wie die Hunde. Es gibt keine Elektrizität. Wenn die Rohre in Ordnung sind, spendet ein Gemeinschaftshahn fließendes Wasser. Erkältungen, Asthma und Lungenentzündungen gehören zu den alltäglichen Plagen. Zum Sanitäter in die Ambulanz nahe der Teefabrik zu laufen, hat wenig Zweck. Der Gang kostet Zeit, in der kein Tee gepflückt wird und keine Rupie verdient werden kann. Der Sanitäter hat ohnehin kaum Medikamente. Nur bei lebensgefährlichen Fällen kann er die Einweisung ins Hospital veranlassen.

Allimalar ist noch jung und kräftig. Zusammen mit den anderen Frauen und Kindern der Barackensiedlung mitten in der Pflanzung zieht das Mädchen aus, um die zarten Teeblattspitzen zu pflücken. Nur die Knospe und die beiden jüngsten Blätter sind gefragt: „Two leaves and the bud." Alles andere würde der Aufseher mittags bei der Abgabe der Körbe zurückweisen. Drei solcher Körbe voll, auf dem Rücken getragen, von einem Stirnband gehalten, sind eine gute Tagesleistung. Tageslohn: bestenfalls zehn Rupien, der Preis für eine Flasche Bier.

Mit steigender Sonne wird die Hitze lastende Qual. Der Aufseher treibt die Frauen an. Sein Geschrei tönt über den grünen Teppich der Teesträucher. Nur an 200 Tagen im Jahr kann gepflückt werden. In der restlichen Zeit aber kommt keine Rupie in die vom Teeblatt geschwärzten Finger der Frauen. Dann muß das Einkommen der Männer reichen, die bei Neupflanzungen und bei der Pflege der alten Sträucher helfen oder in den Teefabriken arbeiten. Im Gegensatz zu den ebenfalls verarmten einheimischen singhalesischen Bauern verfügen die meisten aus Südindien stammenden tamilischen Teepflücker über kein eigenes Land, können zum täglichen Nahrungsbedarf nichts anbauen, sondern sind abhängig von den Estate-Läden, in die der größte Teil ihrer Löhne fließt.

„Anytime is teatime" — noch immer verkünden auf der Insel Sri Lanka viele Werbetafeln diese Maxime aus der britischen Kolonialepoche. Daß jederzeit Teezeit ist, war einst Ausdruck angelsächsischer Gelassenheit. Für die tamilischen Teepflücker wurde Tee zum Schicksal. Ihr ganzes Leben ist Tee-Zeit. Allimalar, die kleine Blume, hat nie eine Schule besucht. Der Weg ist vorgezeichnet. Mit 18 wird Allimalar heiraten, mit 20 spätestens das erste Kind haben und von Niederkunft zu Niederkunft in den Teebergen schuften. Genauso wie die anderen Frauen, die in ihrer Gruppe durch die hüfthohen Pflanzungen wandern, Blatt für Blatt über die Schulter in die Körbe werfend.

SUN-UOUN HUANG

Der Regenschauer

Kaum hatte der Junge das Mädchen am Bach gesehen, als er auch sogleich erkannte, daß sie die Urenkelin von *Tschoshi* Yun sein müsse. Sie planschte mit der Hand im Wasser herum; in Seoul hatte sie wohl noch nie einen fließenden Bach vor Augen bekommen.

Seit einigen Tagen schon, immer auf dem Weg von der Schule nach Hause, hatte sie am Bach gespielt. Bis gestern hatte sie neben dem Bach gesessen, heute jedoch hockte sie mitten auf dem Steg und planschte.

Der Junge saß an der Böschung und wartete, daß sie fortginge.

Glücklicherweise wollte jemand über den Steg hinüber, und ihm mußte das Mädchen Platz machen.

Der Junge kam am nächsten Tag etwas später zum Bach.

Da kauerte das Mädchen mitten auf dem Steg und wusch sich das Gesicht. Sie hatte die Ärmel hochgekrempelt, ihre Hände und der Hals sahen schneeweiß aus.
Nachdem sie sich lange gewaschen hatte, blickte sie auf einmal unverwandt ins Wasser. Der Junge meinte, sie wolle ihr Spiegelbild im Wasser erkennen; aber plötzlich hob sie einen im Wasser liegenden Stein hoch, als habe sie kleine Fische um ihn schwimmen sehen.
Sie tat, als bemerke sie den Jungen an der Böschung nicht, und schöpfte mehrmals und schnell mit der hohlen Hand Wasser, aber jedesmal umsonst. Dennoch mochte ihr das Spiel Freude bereiten. Sie schien ihm, wie gestern, erst Platz machen zu wollen, wenn jemand vorbeikommen würde.
Schließlich holte sie etwas aus dem Wasser heraus, einen weißen Kieselstein, und dann stand sie flugs auf und hüpfte über den Steg. Sie hatte ihn beinahe überquert, als sie sich schnell umdrehte: „Du Dummer!"
Der Kieselstein flog zu ihm herüber.
Unwillkürlich schnellte der Junge hoch.
Das Mädchen sauste davon, die Haare ihres Bubikopfs wehten. Sie lief auf den Pfad zu, der durch das Schilf führte. Hinter ihr sah man nur die im klaren Herbstlicht schimmernden hohen Halme zusammenschlagen.
Sie würde am anderen Ende des Schilfdickichts wieder erscheinen. Eigentlich, so überlegte der Junge, war schon genug Zeit verstrichen. Aber sie tauchte noch nicht auf. Er stampfte mit dem Fuß auf. Ihm war, als warte er schon unendlich lange.
Drüben im Dickicht bewegte sich ein Bündel Schilfblüten. Das Mädchen hielt sie mit beiden Armen umfaßt und ging ganz langsam. Ihr Kopf, der aus den Blüten herausragte, leuchtete im hellen Sonnenschein. Es sah aus, als gingen die Blüten den Pfad entlang und nicht das Mädchen.
Der Junge stand wie gebannt, bis sie außer Sichtweite war. Zufällig sah er den Kieselstein daliegen, den das Mädchen geworfen hatte. Der war längst getrocknet. Er steckte ihn in die Tasche.
Am folgenden Tag ging der Junge wieder zum Bach. Das Mädchen war nicht zu sehen. Er verspürte eine große Erleichterung.
Aber etwas kam ihm seltsam vor. Je länger er das Mädchen nicht wiedersah, desto stärker fühlte er sich vereinsamt. Er nahm die Gewohnheit an, mit Kieselsteinen in seiner Tasche zu spielen.
Eines Tages versuchte auch der Junge, sich mitten auf den Steg zu setzen, dort, wo das Mädchen geplanscht hatte. Er tauchte eine Hand ins Wasser, er wusch sich das Gesicht, er blickte ebenfalls in den Bach. Sein sonnenverbranntes dunkles Gesicht spiegelte sich darin wider. Das gefiel ihm gar nicht.
Der Junge spielte, schöpfte sein Gesicht aus dem Wasser, wiederholt tat der das. Ganz erstaunt stand er auf einmal auf, denn das Mädchen kam über den Steg.
Sie hatte sich sicher versteckt und hat mich beobachtet! Er begann davonzulaufen, trat fehl, kam mit einem Bein im Wasser zu stehen. Noch schneller lief er dann weiter.
Gäbe es nur ein Versteck in der Nähe. Auf dieser Seite gab es aber kein Dickicht, nur ein Weizenfeld. Ihm schien, als vertrüge er den Weizengeruch, im Gegensatz zu früher, jetzt nicht mehr. Es prickelte ihm in den Schläfen. Eine laue breiige Flüssigkeit rann ihm auf die Lippen, ihm blutete die Nase.

Der Junge lief weiter, versuchte, mit dem Handrücken das Blut abzuwischen. Ihm war, als folge ihm eine Stimme: „Du Dummer, du Dummer!"
Es war Sonnabend.
Als der Junge am Steg anlangte, planschte das Mädchen, das er einige Tage lang nicht gesehen hatte, auf der anderen Seite des Baches.
Er tat so, als sehe er sie nicht, und begann den Steg zu überqueren. Obgleich er mit dem Steg vertraut war, ging er vorsichtig hinüber, denn vor kurzem war er ja einmal vor ihren Augen fehlgetreten.
„Du!"
Er tat, als habe er nicht gehört. Er ging die Böschung hinauf.
„Du, weißt du, wie diese Muschel heißt?"
Er wandte sich um. Sein Blick begegnete den glänzend schwarzen Augen des Mädchens. Schnell schaute er auf ihre ausgestreckte Hand.
„Das ist eine Seidenmuschel."
„Oh, ein sehr schöner Name!"
Sie kamen an den Scheideweg. Von hier aus mußte das Mädchen noch etwa einen Kilometer weiter talwärts und der Junge beinahe vier Kilometer laufen.
Das Mädchen blieb stehen.
„Warst du schon einmal drüben überm Berg?"
Sie zeigte über das Feld hin in die Ferne.
„Nein."
„Wollen wir mal hin? Ich bin allein aufs Land gekommen, und ich finde die Langeweile unerträglich."
„Das sieht nah aus, ist aber doch weit."
„Möglich, doch sicher nicht so weit. In Seoul habe ich oft weite Ausflüge gemacht."
Er sah es ihren Augen an, daß sie nahe daran war, „Du Dummer, du Dummer" zu ihm zu sagen. Sie gingen an den Äckern entlang und vorbei an den Leuten, die bei der Ernte waren.
Da stand eine Vogelscheuche. Der Junge zog am ausgespannten Strohseil. Einige Sperlinge flogen auf. Ihm fiel ein, daß er heute zeitig heimgehen und Wache halten sollte, um die Vögel zu vertreiben.
„Das macht Spaß."
Das Mädchen zog auch am Seil. Die Vogelscheuche hüpfte auf und nieder. Auf der linken Wange des Mädchens deutete sich ein leichtes Grübchen an.
Dort hing auch eine Vogelscheuche. Das Mädchen lief hin. Der Junge ihr nach. Er hatte schon vergessen, daß er heute frühzeitig heimkommen und bei der Arbeit helfen sollte.
Er lief an ihr vorbei. Heuschrecken flogen ihm ins Gesicht. Das helle Blau des Himmels schwankte vor seinen Augen, ihm wurde schwindlig. Der Adler ist schuld, dessen kreisendem Flug ich nachschaute, dachte er bei sich.
Sich umwendend sah er, wie sie die Vogelscheuche tanzen ließ. Diese hüpfte noch heftiger als die vorige.
Am Ende des Reisfeldes gab es einen Wassergraben. Das Mädchen sprang vor ihm hinüber.
Von da an breitete sich ein Getreidefeld bis an den Fuß des Berges. Sie gingen das Feld entlang, wo Bündel von Hirse aufgeschichtet waren.
„Was ist das?"

Reiche Familie in Dakar/Senegal. ▷

Neger in Juba (Dika-Stamm).

Unten:
Dorfschule in der Nähe von Bujumura, Burundi/Zentralafrika.

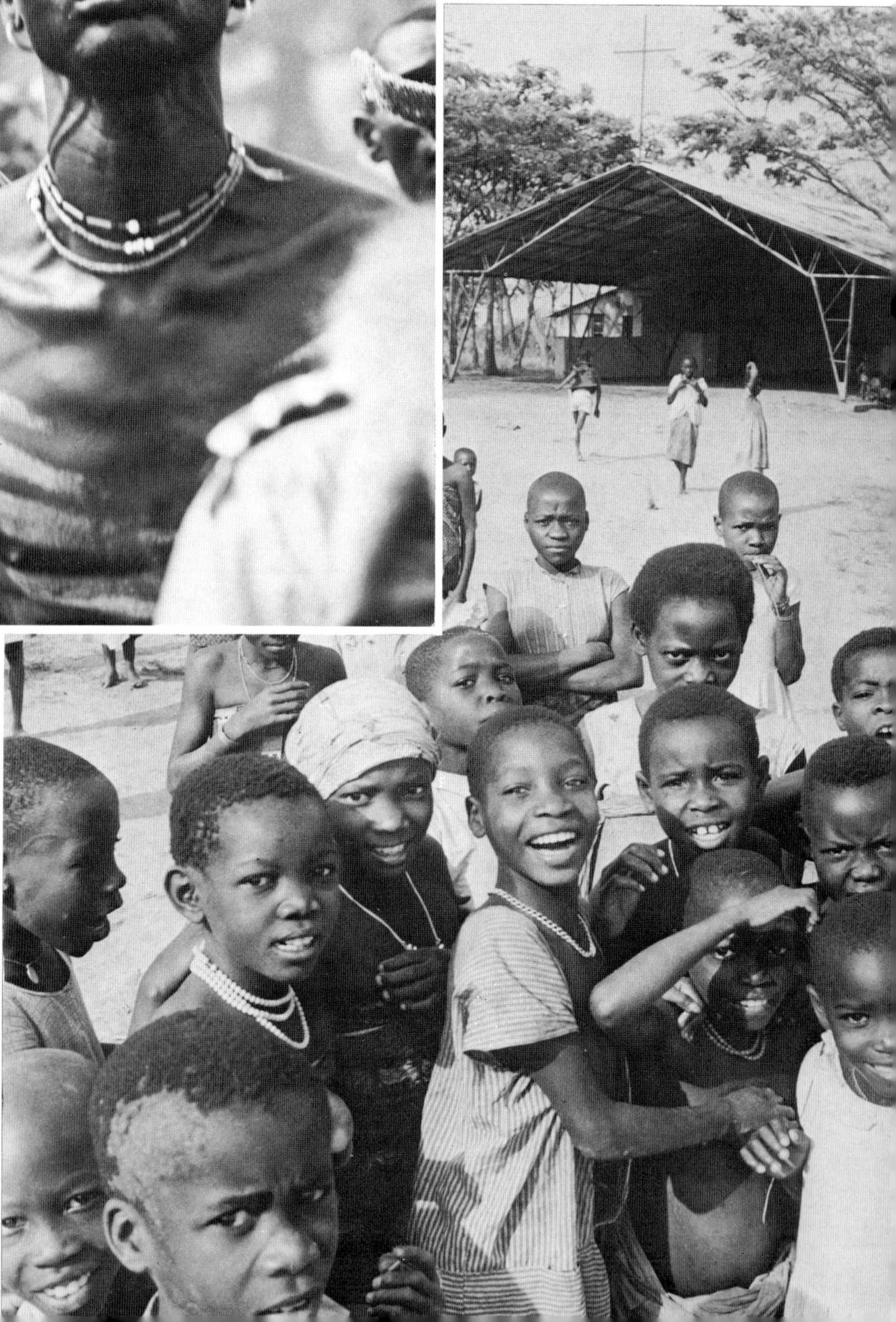

„Das ist eine Wachhütte."
„Schmecken Melonen?"
„Ja, Melonen schmecken gut, aber Wassermelonen schmecken wunderbar."
„Ich möchte gern ein Stück."
Der Junge begab sich ins Rettichfeld, auf dem zuvor Melonen geerntet worden waren, und zog zwei Rettiche heraus. Die waren noch nicht ausgewachsen. Nachdem er die Blätter abgedreht und weggeworfen hatte, gab er einen dem Mädchen. Und als ob man Rettiche so essen müsse, biß er zuerst den oberen Teil ab und spuckte ihn wieder aus, dann kratzte er mit den Fingernägeln an ihm herum und biß wiederum fest hinein.
Das Mädchen ahmte ihn nach, aber sie hatte kaum dreimal gekaut, als sie den Rettich fortwarf. „Oh, scharf — und schmeckt gar nicht."
„Ja, wirklich, er schmeckt nicht, kann man nicht essen." Der Junge warf seinen Rettich noch weiter fort.
Der Hügel war nahe herangerückt.
Die herbstlichen Laubfarben blendeten ihre Augen.
„Sehr schön."
Das Mädchen lief auf den Hügel zu. Der Junge lief ihr diesmal nicht nach. Er pflückte noch mehr Blumen als sie.
„Das ist Kamille, das ist Klee, das sind Glockenblumen."
„Ich wußte nicht, daß Glockenblumen so schön sind. Ich mag die rote Farbe. Du, wie heißt diese Blume? Die sieht wie ein Regenschirm aus."
„Das ist eine Skabiose."
Das Mädchen hielt die Skabiose hoch, wie man einen Regenschirm über sich hält. Dabei bildeten sich auf ihren ein wenig erhitzten Wangen kleine Grübchen.
Der Junge hatte einen Blumenstrauß gepflückt. Er wählte die frischesten Blumen aus und reichte sie dem Mädchen. Aber sie sagte: „Behalt sie bei dir und wirf keine fort."
Sie hatten den Hügel schon erklommen.
Vor ihnen im Tal standen aneinandergedrängt einige strohgedeckte Häuser.
Sie setzten sich nebeneinander auf einen Felsen, als hätten sie es im stillen so vereinbart.
Die Landschaft schien im tiefen Frieden dazuliegen.
Unter den Strahlen der Herbstsonne lag der Duft von Heu in der Luft.
„Was für eine Blume ist denn das?"
An einer ziemlich steilen Stelle rankte sich die Pfeilwurzel.
„Die sehen genau wie Glyzinien aus. In meiner Schule in Seoul gab es die. Wenn ich diese Blume hier sehe, erinnere ich mich an die Spiele mit meinen Freundinnen unter den Glyzinienranken."
Das Mädchen stand behutsam auf und ging in Richtung der steilen Stelle. Sie kroch bäuchlings hinunter und begann an dem viele Blüten tragenden Stengel zu ziehen. Aber es war nicht leicht, ihn zu pflücken. Ihre ganze Kraft aufbietend, glitt sie hinunter. Sie hielt sich an der Pflanze fest.
Der Junge lief erschreckt hin. Das Mädchen streckte die Hand aus. Er zog sie herauf und bereute seinen Fehler. Er hätte für sie die Blumen pflücken sollen.
Das linke Knie des Mädchens blutete. Ohne zu überlegen, begann der Junge die Wunde auszusaugen. Plötzlich fiel ihm etwas ein, er stand auf und lief fort. Nach einer kurzen Weile kam er, ganz außer Atem, zurück.
„Damit wird es zuheilen."

Er strich ihr Harz auf die verletzte Stelle. Danach stieg er zu den Pfeilwurzeln hinunter, biß einige der blütenreichen Stengel ab und kam wieder heraufgeklettert.
„Da ist ein Kalb. Gehen wir mal hin."
Es war ein rotbraunes Kalb, dem noch kein Ring durch die Nüstern gezogen war.
Der Junge nahm den Strick fest in die Hand und sprang, das Kalb tätschelnd, auf dessen Rücken. Das Kalb sprang im Kreis herum.
Das weiße Gesicht des Mädchens, ihre rote Jacke und ihr dunkelblauer Rock wirbelten zusammen mit den Blumen bunt durcheinander. Ihn schwindelte, aber er wollte nicht absteigen. Er war stolz. Dies war eine Kunst, die das Mädchen ihm nicht nachmachen konnte.
„Was macht ihr da?"
Der Bauer kam hinter einem rotblühenden Busch hervor.
Der Junge sprang schnell vom Kalb. Er dachte, der Bauer würde ihm Vorwürfe machen, daß er auf ein so junges Tier gestiegen war, dessen Rücken dabei hätte brechen können.
Aber der Alte mit dem langen Bart musterte nur das Mädchen und sagte, den Strick des Kalbes losbindend: „Geht schnell nach Hause, es wird ein Schauer kommen."
Plötzlich hörte man ringsum alle möglichen Geräusche. Ein heftiger Wind war aufgekommen. Die Landschaft veränderte sich augenblicklich, ein violetter Schimmer lag über ihr.
Als sie den Hügel hinuntergingen, fielen schon große Regentropfen. Ein jäher Guß verfinsterte auf einmal alles. Wie durch einen Nebel sahen sie die Wachhütte stehen. Dort wollten sie den Regen abwarten.
Aber die Stützen der Hütte waren morsch und schief, und das Dach war stark durchlöchert. Der Junge überließ dem Mädchen eine Stelle, wo es, obgleich es auch dort tropfte, weniger durchregnete.
Die Lippen des Mädchens liefen bläulich an, und ihre Schultern bebten vor Kälte.
Der Junge zog seine gefütterte Jacke aus und hängte sie dem Mädchen über. Der Regen war ihr in die Augen gelaufen, sie blickte ihn an und ließ ihn schweigend gewähren. Aus dem Strauß, den sie im Arm hielt, suchte sie die geknickten und verregneten Blüten heraus und warf sie auf die Erde.
Wo sie stand, begann es jetzt gleichfalls stärker durchzuregnen. Dort konnte sie nicht bleiben, bis der Regen aufhörte.
Der Junge sah zur Hütte hinaus und lief dann, von irgendeinem Gedanken getrieben, auf das Hirsefeld. Er wühlte ein Hirsebündel aus, stellte ein anderes Bündel hinzu, zupfte das Innere aus und winkte dem Mädchen, herüberzukommen.
Da hinein traf der Regen nicht. Nachteilig war nur der dunkle enge Raum. Der Junge blieb vorn sitzen und wurde weiter vom Regen durchnäßt. Leichter Dampf stieg von seinen Schultern auf.
Das Mädchen flüsterte ihm zu, er solle hereinkommen und drinnen bleiben. Es ginge schon, antwortete er darauf. Wieder schlug sie ihm vor, drinnen Platz zu nehmen. Notgedrungen schob sich der Junge rücklings hinein. Dabei wurde der Strauß im Arm des Mädchens zerdrückt. Aber sie fand das keiner Rede wert. Es roch nach seinem Körper, er war bis auf die Haut naß geworden. Sie wandte den Kopf nicht ab, vielmehr fühlte sie, wie sie von ihm sanft erwärmt wurde.
Das Rauschen auf den Hirseblättern, die sich auch nicht mehr bewegten, hatte plötzlich aufgehört. Draußen klarte es schon auf.

Sie kamen aus ihrem Versteck hervor. Nicht weit von ihnen goß die Sonne wieder ihre blendenden Strahlen aus.
Am Bewässerungsgraben angelangt, sahen sie, daß das Wasser eine bräunliche Farbe angenommen hatte und ungewöhnlich hoch angeschwollen war. Sie konnten nicht hinüberspringen.
Der Junge kehrte dem Mädchen den Rücken zu, und sie ließ sich stillschweigend von ihm tragen. Das Wasser reichte ihm bis zu den Oberschenkeln. Das Mädchen schrie erschrocken auf und umklammerte seinen Hals.
Noch bevor sie auf der anderen Seite waren, wölbte sich wieder ein wolkenloser blauer Himmel über ihnen, der nichts mehr von dem Regenguß zuvor verriet.
Das Mädchen war seitdem nicht mehr zu sehen. Der Junge lief jeden Tag an den Bach, aber er traf sie nicht wieder.
Er suchte sie in der Pause auf dem Schulhof, verstohlen äugte er in die fünfte Mädchenklasse hinein. Aber er konnte sie nicht entdecken.
An diesem Tag ging er, mit dem Kieselstein in seiner Tasche spielend, wieder an den Bach. Saß sie da drüben an der Böschung? Ihm schlug das Herz bis an den Hals.
„Ich bin krank gewesen."
Das Mädchen sah blaß aus.
„Weil du neulich naß geworden bist?"
Sie nickte stumm.
„Bist du jetzt gesund?"
„Noch nicht."
„Dann mußt du im Bett bleiben."
„Ich bin gekommen, weil es mir langweilig ist. — Neulich hat es mir wirklich großen Spaß gemacht. — Schau mal her. Ich habe hier einen Fleck. Er geht nicht heraus."
Das Mädchen deutete auf ihren Pullover. Da war ein Fleck wie von Lehm zu sehen. Mit Grübchen auf den Wangen, fragte sie ihn: „Weißt du, woher der kommt?"
Der Junge blickte auf ihren Pullover.
„Ich habe es herausgefunden. An jenem Tag hast du mich auf deinem Rücken durch den Graben getragen, und da kam der Fleck von deinem Rücken."
Der Junge spürte, wie er errötete.
Am Scheideweg sagte sie: „Sieh mal, heute morgen wurden bei uns Datteln gepflückt, um sie am kommenden Vollmondfest den Vorfahren darzubieten."
Sie reichte ihm eine Handvoll Datteln.
„Versuch mal. Den Dattelbaum soll mein Urgroßvater gepflanzt haben. Sie schmecken sehr süß."
Der Junge streckte seine Hand hin. „So große!"
„Und hör mal her. Unser Haus muß nach dem Vollmondfest geräumt werden."
Der Junge hatte, noch bevor die Familie Yun in diese Gegend gezogen war, aus Gesprächen der Erwachsenen herausgehört, der Vater des Mädchens habe in Seoul Bankrott gemacht und müsse in sein Heimatdorf zurückkehren. Diesmal mußte die Familie anscheinend auch hier ihr Haus an Fremde abtreten.
„Ich weiß nicht, warum, aber ich möchte nicht ausziehen, obgleich das nicht in meiner Macht liegt. Das ist Sache meiner Eltern . . ."
Ein Ausdruck von Verlassenheit, der an ihr unbekannt war, lag in ihren schwarzen Augen.

Als sie sich getrennt hatten, sprach der Junge auf dem Weg nach Hause mehrmals vor sich hin, sie müsse fortziehen. Er hatte keinen Grund zum Kummer. Dennoch war er sich schon gar nicht mehr bewußt, daß die Datteln, die er aß, süß schmeckten.
Am gleichen Abend noch stahl er sich in den Garten von Opa Tokse. Er kletterte auf einen Nußbaum, den er sich schon am Tage ausgesucht hatte, und schlug mit einer Stange an einen bestimmten Ast. Geräuschvoll fielen die Nüsse herunter. Sein Herz begann zu klopfen. Im nächsten Augenblick jedoch schlug er die Stange mit erneuter, ihm selbst unerklärlicher Kraft in den Baum, um viele, viele große Nüsse zu erhalten.
Auf dem Heimweg suchte er möglichst im Schatten zu gehen, den der zunehmende Mond warf, und erst jetzt erkannte er den Wert des Schattens.
Er tastete seine vollen Taschen ab. Es war ihm vollkommen gleichgültig, daß er die Krätze bekommen konnte, weil er die Nüsse mit bloßer Hand berührt hatte. Es war sein höchster Wunsch, das Mädchen so schnell wie möglich von den Nüssen Opa Tokses, die in der ganzen Gegend als besonders schmackhaft galten, kosten zu lassen.
Er hatte einen Fehler gemacht. Er hatte vergessen, sie zu bitten, noch einmal, wenn sie wieder gesund sei, an den Bach zu kommen, bevor sie fortzöge. „Ich war dumm", murmelte er vor sich hin.
Am Tag vor dem Vollmondfest kam er aus der Schule heim und sah, daß sein Vater den Besuchsanzug anhatte und eine Henne im Arm hielt.
Er fragte ihn, wohin er gehe. Der Vater gab ihm keine Antwort, sondern wandte sich, die Henne in der Hand wägend, an die Mutter: „Wird sie als Geschenk ausreichen?"
Darauf die Mutter, ihm einen Korb hinreichend: „Schon seit einigen Tagen gluckste sie herum und suchte einen Platz zum Eierlegen."
Der Junge kehrte sich seiner Mutter zu und fragte, wohin der Vater denn gehen wolle.
„Hm, er geht zur Familie Yun ins Sodang-Tal. Da morgen das Vollmondfest gefeiert wird, möchte er der Familie eine Henne schenken, damit sie sie den Vorfahren darbieten kann . . ."
„Dann sollte er noch ein größeres Huhn nehmen — den bunten Hahn . . ."
Der Vater lachte laut über seinen Vorschlag. „Die hier ist schon gut, mein Junge."
Grundlos entmutigt, warf der Junge seine Schultasche in eine Ecke und ging in den Kuhstall. Er tätschelte dem Ochsen die Flanke, als wollte er die Bremsen verjagen.
Das Wasser im Bach versickerte und wurde immer weniger.
Der Junge ging in die andere Richtung des Scheideweges. Das Dorf im Sodang-Tal kam ihm, stand er jenseits des Schilfdickichts, unter diesem tiefblauen Himmel viel näher vor.
Die Erwachsenen hatten gesagt, die Familie des Mädchens werde morgen nach Yangpyong ziehen und dort ein kleines Geschäft eröffnen.
Der Junge spielte mit den Nüssen in seiner Hosentasche, und mit der anderen Hand knickte er viele, viele Schilfhalme.
Am gleichen Abend, im Bett, beschäftigte ihn nur der eine Gedanke, ob er morgen beim Auszug des Mädchens zugegen sein und sie dann wohl sehen könne.
Dann mochte er ein wenig eingenickt sein. Er hörte die Stimme des Vaters: „Ach, das Schicksal ist unbegreiflich . . ."
Der Vater war also aus dem Tal schon wieder heimgekehrt.
„Die Familie Yun ist ganz erledigt. Sie hat viele Reisfelder verkaufen müssen. Dann mußte sie das alte Grundstück in fremde Hände übergeben, und dazu ist sie nun noch von diesem großen Unglück heimgesucht."

Die Mutter, die unter der Lampe nähte, fragte: „Das Mädchen war die einzige Urenkelin von *Tschoshi* Yun, nicht wahr?"
„Sie hatten noch zwei Jungen, die aber schon in ganz frühem Alter starben."
„Wie kann man nur so ein Unglück mit seinen Kindern haben?"
„Das meine ich auch. Das Mädchen soll sehr lange das Bett gehütet haben; aber die Familie soll nicht in der Lage gewesen sein, ihr genügend Arzneien zu kaufen. So, wie es jetzt steht, ist die Familie am Aussterben. Aber das Mädchen war für ihr Alter ziemlich altklug. Hör mal, meine Liebe: Sie soll vor ihrem Tod gesagt haben, man solle sie unbedingt in den Kleidern beerdigen, die sie gerade anhabe."

Aus dem Koreanischen von Tschang Boum Rhie.

DIETER OSMERS

Die Drahtschere

Eine Erzählung über Papua-Neuguinea

Papua-Neuguinea ist 1975 unabhängig geworden. Bis 1914 war es deutsche Kolonie und hatte den Namen Kaiser-Wilhelms-Land. Von 1914 bis zur Unabhängigkeit wurde es von Australien verwaltet.
Papua-Neuguinea liegt im östlichen Teil der Insel Neuguinea. Sie ist die zweitgrößte Insel der Erde und liegt nördlich von Australien. Im Inneren der Insel ist ein Hochgebirge. Dort lebt der größte Teil der Bevölkerung. Erst kurz vor dem Zweiten Weltkrieg hatten hier Einheimische und Weiße den ersten Kontakt miteinander. Seit der Zeit hat sich das Land verändert.

Immer langsamer bewegte sich der schwerbeladene Lastwagen vorwärts. Es wurde schon dämmerig. Die Steigung nahm kein Ende.
„Hoffentlich lassen uns die verdammten Kids* diesmal in Ruhe", sagte Otto zu seinem Kumpel. Otto war Deutscher und lebte schon seit sieben Jahren in Papua-Neuguinea. Damals in den fünfziger Jahren war er nach Australien ausgewandert. Er hatte dort erst einige Jahre gearbeitet, bis er eine Anstellung als Vorarbeiter bei einer Baufirma bekam, die ihn in die Territories schickte. Jetzt war er Fernfahrer.
„Hope so, mate!" antwortete Mac und beobachtete aufmerksam die steilen Hänge, die dicht an die Straße heranreichten. Von dort war es ein leichtes, bei Dunkelheit auf den Wagen zu springen. Unbemerkt. Das dumpfe Dröhnen des gequälten Motors übertönte alles.
Mac war Australier und hieß eigentlich Ian McGregor. Seine Großeltern kamen aus Schottland.
Otto schaltete noch einen Gang herunter. Er mußte Zwischengas geben, das Getriebe war nicht synchronisiert, der Truck kam fast zum Stehen.

* Am Schluß der Erzählung ist ein Verzeichnis, in dem fremde Wörter erklärt werden.

Zwölf Gänge hatte der 30-Tonnen-Lastzug, mit dem sie Fischkonserven von Lae ins Hochland nach Mt. Hagen brachten. Auf der Rückfahrt fuhren sie Kaffee vom Hochland zur Küste. Lae war der Hafenort. Dreimal in der Woche die gleiche Strecke. Hin und zurück, Lae — Mt. Hagen, Mt. Hagen — Lae, 1100 Kilometer in 32 Stunden.

In unzähligen Kurven wand sich die Straße den Berg hinauf. In jeder Innenkurve mußten sie einen Bach überqueren. Manchmal gab es Brücken, oft nur eine Furt. Häufig mußten sie in den Kurven so dicht an den Hang heranfahren, daß sie befürchteten, überhängende Felsen würden ihnen die Ladung vom Wagen reißen.

„Bis zum Paß, dann bist du dran." Otto steckte sich eine Capstan an, seine Hände blieben am Steuer. Es war dunkel.

Im Kunaigras versteckt, hatten sie ein Feuer angezündet. Es war kalt, und sie fröstelten. Sie waren mit dünnen Hemden und Hosen bekleidet.

„Was glaubst du, kommt er oder nicht?" frage Oki.

Mukaste zuckte mit der Schulter. „Ich weiß nicht, vielleicht. Hat der Junge Angst? Er redet zu viel."

„Aber er weiß, wie man den Draht durchschneidet. Na klar. Das hat er auf der Schule gelernt. Er hat auch Werkzeug. Hoffentlich haben die Lastwagen keine Drahtgitter über der Ladung."

„Das stimmt." Mukaste ärgerte sich, jetzt war schon der dritte Lastwagen im richtigen Abstand vorbeigefahren.

Oki und Mukaste hatten einen Bergrücken ausgewählt, von dem sie die Lichtkegel herankommender Lastwagen schon von weitem sehen konnten. Ihr Feuer war hinter dem Kunaigras versteckt. Sie warteten.

Asai rannte los, sobald er sich genügend weit vom Dorf entfernt hatte. Trotz der Dunkelheit konnte er den Pfad gut erkennen. Neuguineer haben gute Augen. Ihre Hauptnahrung sind Süßkartoffeln, und die haben viel Vitamin A. Vitamin A ist gut für die Augen.

Er hielt die Drahtschere fest in der Hand. Sie war sein wertvollster Besitz. Er hatte sie aus der Schule mitgebracht. Dort hatte er gelernt, wie man aus Brettern, Blech, Draht einfache Gebrauchsartikel herstellt. Gebrauchsartikel, die der weiße Mann nach Neuguinea gebracht hatte. Im Geschäft waren sie teuer. Asai hatte kein Geld dafür. Die meisten Leute im Dorf konnten sie sich nicht leisten. Nur wenn die Kaffeebäume gut trugen und der Preis für Kaffee hoch war, hatten sie Geld. Das meiste Geld gaben sie für Lebensmittel aus. Neue Lebensmittel wie Reis, Fischkonserven, Kondensmilch, Kekse, Brot oder Limonade.

Seine Eltern hatten diese Lebensmittel zunächst nicht gekannt. Sie ernährten sich nur von Süßkartoffeln, Kumu und manchmal Schweinefleisch. Erst mit der Ankunft des weißen Mannes hatten sie die neuen Lebensmittel kennengelernt. Jetzt wollte sie jeder haben, keiner wollte seine Süßkartoffeln ‚nating' essen, d. h. ohne Fisch oder Fleisch aus Konserven.

„Tin pis em i swit moa, em i switim kaukau moa yet", sagten sie, „Fisch schmeckt prima, dadurch schmecken die Süßkartoffeln viel besser."

Der Fisch wird nicht in Papua-Neuguinea gefangen und verarbeitet. Fischkonserven werden aus Japan eingeführt, Fleisch kommt aus Australien. Lae ist der Einfuhrhafen.

Von dort werden die Konserven auf dem Highlands Highway in das Landesinnere transportiert. Mit Lastwagen.
Fischkonserven sind teuer, und sie werden jedes Jahr teurer. Eine Dose Fisch kostet soviel wie 5 kg Kaffeekirschen. Nicht jeder hat Kaffeebäume, um Geld für den Fisch zu verdienen. Gerade in dem Gebirge, wo Asai lebte, hatten viele Familien keine Kaffeebäume. Selbst die kleinen Flächen müssen für den Anbau von Süßkartoffeln genutzt werden. Manchmal müssen sich die Frauen anseilen, damit sie die Felder bestellen können. Der Anbau von Süßkartoffeln ist Frauenarbeit.
Als Asai seine Schulausbildung abgeschlossen hatte, fand er keine Arbeit. Er wollte nicht in die Stadt. Er wollte bei seiner Familie im Dorf bleiben. Seine Eltern hatten nur wenige Kaffeebäume. Sie hatten nicht genügend Grund und Boden, um neue Bäume zu pflanzen.
Asai wollte Geld verdienen. Er wollte sich auch all die Dinge leisten können, die in den Läden verkauft wurden. Er wollte selbst einen kleinen Laden haben und Fisch, Reis, Limonade verkaufen. Und er hatte kein Geld. Woher sollte er es nehmen?
Als er von der Schule zurückgekommen war, hatte Mukaste ihn angesprochen.
„Hast du etwas vom weißen Mann gelernt?“ fragte er.
„Kann sein“, antwortete Asai. Er war unsicher, Mukaste war nicht zur Schule gegangen. Er war im Dorf geblieben. ‚Raun nating‘, wie sie sagten, im Dorf bleiben und nichts tun, d. h. nichts tun, womit man Geld verdienen kann. Jetzt erwarteten sie von ihm, daß er ihnen zeigte, was sie mit dem Wissen des weißen Mannes machen konnten. Aber er hatte kein Geld, und er fand keine Arbeit. Seine Eltern hatten nur wenige Kaffeebäume. Asai hatte nur diese Drahtschere und noch einige andere Werkzeuge.
Jeden Tag saßen Oki, Mukaste und Asai auf dem Bergrücken und beobachteten die Lastwagen, die das Cargo — die Güter des weißen Mannes — ins Hochland brachten. Jeden Tag quälten sich die schwerbeladenen Trucks den Paß hinauf. 3000 m hoch und im Schrittempo wieder herunter. Durch ihr Tal, vorbei an ihrem Dorf.
Die Lastwagen fuhren dicht an ihnen vorbei, und sie konnten die Fahrer erkennen, wie sie konzentriert auf die Piste starrten, die kräftigen Hände am Steuer, kein Blick für die Leute und die Landschaft.
Manchmal konnten sie die Ladung erkennen, doch meistens war sie mit Planen abgedeckt, um sie vor Regen zu schützen. Neuerdings war die Ladung auch durch ein Schutzgitter aus Maschendraht geschützt. Es hatte sich herumgesprochen, daß sich Jugendliche im Gebirge herumtrieben, die nachts auf die Lastwagen sprangen, die Planen zerschnitten und einen Teil der Ladung vom Wagen auf die Straße warfen, wo die anderen die Kartons und Säcke aufsammelten.
„Ich glaube, er kommt“, sagte Mukaste zu Oki.
„Guter Junge, die Schule hat ihn wohl doch nicht verdorben.“
Oki sprang auf, er war aufgeregt. Er war der Kleinste unter ihnen und der Schnellste. Er wollte hinter dem Lastwagen herlaufen und die Ladung aufsammeln und an den Straßenrand werfen.
Mukaste war kräftig, er wollte die Kartons und Säcke vom Laster werfen, nachdem Asai die Plane und das Drahtgitter zerschnitten hatte.
„Wir haben die ganze Zeit gewartet, und jetzt kommst du erst“, schnauzte Mukaste, als Asai kam.
„Ich mußte erst noch meine Schere holen“, sagte Asai. „Alle saßen in der Hütte beim

Feuer. Sie dürfen mich nicht mit der Drahtschere sehen. Papa wird wütend und schlägt mich, wenn er weiß, was ich vorhabe. Ich habe in der Hütte gesessen und gewartet, bis sie schlafen gegangen sind."

Die Drahtschere, der Schlüssel zum Cargo des weißen Mannes, war groß und schwer, einen halben Meter lang, und ihre Metallbacken glänzten ölig. Sie war teuer, nur in Lae oder Mt. Hagen war so eine Schere zu kaufen. 30 Kina. Mukaste hatte noch nie so viel Geld besessen. Er hatte nur ein kräftiges Messer, mit dem er die Planen zerschneiden konnte. Das reichte früher aus, doch heute nicht mehr, seit es die Schutzgitter aus Draht gab.

Sie hockten alle drei am Feuer, in dem einige Süßkartoffeln garten. Oki stocherte unruhig im Feuer herum und holte eine Süßkartoffel heraus. Sie war heiß. Er pustete und warf sie von einer Hand in die andere, bis sie abgekühlt war. Dann pellte er die verkohlte Schale ab und biß hinein.

Mukaste saß ganz ruhig. Er war der Anführer. Er war schon öfter von ihrem Berghang oberhalb der Straße auf die Lastwagen gesprungen. Er kannte auch die Angst. Es war nicht der Sprung. Der war nicht gefährlich. Es war die Angst, ob die Fahrer etwas bemerkten, ob sie anhielten und sie flüchten mußten und alles umsonst war.

Das letzte Mal hatten die Fahrer Kito erwischt. Er war vom Wagen gesprungen und hatte sich den Knöchel verstaucht. Die Fahrer hatten ihn mitgenommen. Sie hatten ihn bei der Polizei in Kundiawa abgeliefert. Jetzt saß er im Kalabus, im Gefängnis.

Asai blickte in die Flammen, die Drahtschere lag auf seinen Oberschenkeln, er hielt sie fest in der Hand. Sein Herz klopfte. Für ihn war es das erste Mal.

„Wenn ich einen kleinen Laden habe, kann ich in unserem Dorf Geld verdienen", dachte er. „Die Leute brauchen dann nicht mehr den Berg herunter bis Wantuat laufen, um einzukaufen. Sie kaufen dann bei mir. Oder wir machen den Laden zusammen? Aber nicht mit Mukaste, mit Oki ist das O. K. Mukaste will mich bestimmt übers Ohr hauen, und dann will er die Lebensmittel umsonst an seine Verwandten verteilen. Dadurch steigt sein Ansehen, aber das bringt keinen Profit."

„Seht euch diesen Laster an, der kommt hier gleich vorbei!" Mukaste sprang auf.

„Schaut seine Lichter an, wie langsam der fährt. Ganz langsam."

Mac hatte das Steuer übernommen und fuhr langsam den Paß hinunter. Im ersten Gang, genauso langsam wie sie heraufgekommen waren.

„Bis jetzt haben wir Glück gehabt", sagte er, „keine Panne, keine Felsbrocken auf der Straße."

„Zum Glück regnet es nicht", sagte Otto, „diese verdammten Erdrutsche."

„Weißt du noch das letzte Mal, als wir die ganze Nacht warten mußten, bis morgens der Raupenschlepper kam und alles wegräumte?"

„Bloody rain", bestätigte Mac. Er konnte sich gut erinnern. Die ganze Nacht hatten sie gewartet, 12 Stunden, ihr Fahrplan war durcheinander gekommen. Bei der Abrechnung hatten sie es später gemerkt. Sie fuhren Akkord. Abgerechnet wurde nach Tonnen, die sie in Mt. Hagen oder in Lae anlieferten.

„Noch 10 Stunden, und wir haben es geschafft. Ich penn' erst einmal."

„O. K."

„Paß auf die Kids auf."

„Bloody Kids."

Mac liebte die Territories, wie er sie noch immer nannte. Damals nach dem Zweiten Weltkrieg, als Australien im Hochland von Neuguinea eine Verwaltung aufbaute, war er mit seinen Eltern hierher gekommen. Sie hatten in Sydney gewohnt. Mitten in der Stadt. Sein Vater war bei einer landwirtschaftlichen Genossenschaft angestellt. Die australische Regierung suchte Fachleute für den Kaffeeanbau. Es hatte sich herausgestellt, daß die klimatischen Bedingungen des Hochlands gut dafür geeignet waren. Sein Vater hatte sich beworben, obwohl er eigentlich Milchfachmann war. Nach einem Vorbereitungskurs in ‚Kaffee' war er nach Kundiawa ins Hochland versetzt worden. Erst für drei Jahre, und dann waren sie geblieben. Mac war in den Territories aufgewachsen. Jetzt hatte sein Vater eine Autowerkstatt. Mac wollte eine Kaffeefabrik kaufen. Mit Otto zusammen, deshalb fuhren sie Tag und Nacht. Lae — Mt. Hagen, Mt. Hagen — Lae. 1100 Kilometer, 32 Stunden — 400 Kina in der Woche.

Ein Leben mit wenig Schlaf und Abwechslung, nur in der Kabine des Lastwagens. Wie lange noch?

Mit Kaffee war Geld zu verdienen. Sie wollten Kaffeekirschen aufkaufen, sie in der Fabrik verarbeiten und dann für den zehnfachen Preis weiterverkaufen. Nur wenige Neuguineer konnten den Kaffee im Dorf so verarbeiten, daß sie diesen Preis erzielten. Wie lange noch?

Plötzlich fing es an zu regnen. Mac fluchte und schaltete die Scheibenwischer ein. Vielleicht schafften sie das Bergland, bevor Felsbrocken oder Erdrutsche die Piste versperrten. Danach war es nicht mehr gefährlich, danach kam die Hochfläche und eine gerade Strecke ohne Kurven und Berge bis Mt. Hagen.

Es regnete stärker, es begann zu schütten. Vom Trommeln des Regens auf dem Dach des Führerhauses wachte Otto auf.

„Das hat uns noch gefehlt", grunzte er. Er brauchte einige Zeit, bis er im grellen Scheinwerferlicht etwas erkennen konnte.

Die ersten Bäche hatten sich an den Berghängen geformt, und das Wasser stürzte herunter. Wo ein Seitengraben war, wurde das Wasser bis zum nächsten Durchlaß abgeleitet. Doch häufig waren die Seitengräben verstopft. Das Wasser suchte sich seinen Weg über die Straße, und innerhalb kurzer Zeit konnte da ein Graben entstehen.

Mac hatte es erwartet. Es ging nie gut. Jedesmal kam etwas dazwischen.

„Watch out!" rief Otto, kurz nachdem sie einen Bergrücken umfahren hatten. Sie sahen den Graben und das Wasser, das quer über die Piste den Abhang hinunterfloß.

Erst vorsichtig, dann immer stärker tippte Mac auf die Bremse. Die Piste war schmierig. Abschüssig. Langsam brachte er die 30 Tonnen zum Stehen. Gerade noch rechtzeitig. Wenn erst die schwere Ladung ins Rutschen kam und der Hänger des Sattelschleppers sich seitlich verschob und entweder gegen den Berghang rutschte oder in den Abgrund ... Der Highlands Highway war mit abgestürzten Lastwagen gesäumt. Selbst das sonst übliche ‚bloody' entfuhr ihm nicht.

„Der Lastwagen will nicht kommen", sagte Oki nach einer Weile. Die drei Jungen hatten sich sprungbereit am äußersten Ende des Bergvorsprungs niedergelassen.

„Ich weiß nicht, was sie jetzt machen. Ist das ein neuer Trick der Weißen?" fragte Mukaste und blickte zu Asai.

„Ich glaub', der Regen", entgegnete er nach einiger Zeit. „Ich glaub', der Regen hat die Straße zerstört. Ich weiß nicht, was machen wir jetzt?"

Der Lastwagen kam nicht, und sie warteten. Sie waren vollständig durchnäßt. Ihre dunkle Haut glänzte von der Nässe. Ihre Kleidung klebte ihnen am Körper. Sie blickten in die Richtung, wo der Lichtkegel der Scheinwerfer auftauchen mußte.
„Immer dieser Regen, ich habe es bald satt", sagte Oki. Er war enttäuscht. Mukaste zeigte seinen Ärger nicht. Asai dachte angestrengt nach.
„Was machen wir jetzt? Wollen wir hier sitzen bleiben oder gehen wir nachschauen?" fragte er.
„Was nachschauen?"
„Ich finde, wir suchen den Lastwagen und schauen, was mit ihm los ist. Vielleicht ist er steckengeblieben."
„Ich habe Angst", sagte Oki.
„Was hast du? Angst?" sagte Mukaste. Er war unsicher, wollte es aber nicht zeigen.
Schließlich kamen sie zu einem Entschluß. Sie sprangen auf die Straße hinunter und machten sich auf den Weg. Hinter jeder Kurve lugten sie vorsichtig hervor. Dann kamen sie an die Stelle, wo der Lastwagen gestoppt worden war. Sie sahen, wie Otto und Mac im Scheinwerferlicht Felsbrocken aus dem Seitengraben herausstemmten. Sie fluchten und arbeiteten, ohne aufzuschauen.
Langsam, zögernd näherten sich die drei, bis Otto sie bemerkte.
„Hallo, Kids", sagte er befehlend, „helft uns!"
Dann erinnerte er sich, daß nur wenige Neuguineer Englisch sprachen, und sagte noch einmal auf Pidgin: „Yupela i kam na helpim mipela!"
Pidgin ist eine Sprache, die sich in Neuguinea durch den Kontakt mit Weißen entwickelt hat. Sie ist eine Mischung aus Englisch, Deutsch und Wörtern aus den unzähligen Stammessprachen. Auch die Neuguineer untereinander verständigen sich mit Pidgin, wenn sie unterschiedliche Stammessprachen sprechen.
Mukaste hielt die Arme verschränkt und reagierte nicht. Oki zuckte zurück und wollte weglaufen. Asai umklammerte seine Drahtschere, die er hinter seinem Rücken verborgen hielt.
Jetzt blickte auch Mac auf. Er war noch mit einem Felsbrocken beschäftigt. Das Wasser rann ihm in die Augen. Zuerst wollte er in Ottos Tonfall fortsetzen. Dann besann er sich. Er ließ ab von dem Felsbrocken, richtete sich auf und blieb in angemessener Entfernung. Ausführlich erklärte er, was passiert war. Er sagte, wer sie waren und wohin sie wollten. Schließlich fragte er, ob sie helfen wollten.
„Wenn ihr uns helft, bekommt jeder 10 Kina", schloß er seine Darstellung.
Otto sah ihn ungläubig an. 10 Kina war der halbe Wochenlohn eines Arbeiters auf einer Kaffeeplantage. Oder ein Karton Fischkonserven. Er wußte jedoch, daß sie es allein nicht schaffen konnten, und er unterdrückte seinen Unmut.
„10 Kina", sagte er noch einmal zur Bestätigung, „für jeden, wenn wir den Wagen wieder flott kriegen." Dabei hielt er seine Faust zweimal hoch. In Neuguinea zählen die gekrümmten Finger einer Hand. Eine Faust war ‚fünf', zweimal die Faust gezeigt ‚zehn'.
„100 Kina", sagte Mukaste düster. Das Wasser schoß weiter den Berg hinunter und floß quer durch die Piste. Der riesige Sattelschlepper stand wie ein Ungetüm im Hintergrund. Seine Scheinwerfer leuchteten. Der Regen glitzerte streifig in ihrem Licht.
Otto wollte aufbrausen, doch Mac hielt ihn zurück.
„Wir haben keine 100 Kina", sagte er einfach. Das entsprach der Wahrheit. Meistens nahmen sie nicht viel Bargeld mit auf ihren Fahrten. Sie blieben auch nie lange in Mt.

Hagen. Höchstens ein paar Stunden, bis der Wagen wieder beladen war, und dann ging's nach Lae.

Oki und Asai reagierten nicht. Sie starrten auf den Bach. Nur Mukaste blickte Mac an. Otto fluchte nur: „Bloody Kids, your are crazy." Zu Mac gewandt, sagte er: „Wir warten auf den nächsten Truck. Es kann nicht mehr lange dauern. Ein paar kommen nachts immer vorbei."

Mac war sich nicht so sicher.

„Bei dem Regen bleiben sie in Goroka oder Kundiawa und fahren nicht über den Paß."

So ist das eben in den Territories, dachte er, man weiß nie, was passiert.

Gelassen ging er zum Führerhaus, holte Zigaretten und gab jedem eine. Sie rauchten schweigend im Regen, die Zigaretten unter den Handflächen geschützt. Das Wasser strömte.

Asai dachte: „Dieser weiße Mann ist in Ordnung. Er wird nicht wütend und schreit herum. Der andere Mann, den mag ich nicht, er braust gleich auf. Aber dieser Mann hat uns auch Zigaretten gegeben. Er ist wirklich in Ordnung. Ich glaube fast, er ist wie einer von uns. Er hat uns auch etwas von seinen Sachen gegeben. Ich habe Mitleid mit ihm. Es ist nicht gut, wenn beide hier im Regen naß werden. Die ganze Nacht. Der große Lastwagen versperrt die Straße. Ich finde, wir sollten den beiden helfen."

Er blickte zu Oki und Mukaste, drehte sich um und legte seine Drahtschere an den Straßenrand. Beide schauten ihm nach.

Otto starrte wütend in den Regen. Mac hatte sich ins Führerhaus verzogen.

Asai fing an zu arbeiten. Er wuchtete die schweren Steine aus dem Seitengraben und rollte sie in die Furche, die die Straße durchquerte. Schließlich faßten alle an. Nach zwei Stunden hatten sie die beiden Dämme aufgeschichtet, über die der Lastwagen rollen konnte.

Mac ließ den Motor an und fuhr los. Langsam, ganz langsam. Die Räder sackten zwar ein, aber das Gewicht der Ladung drückte den Sattelschlepper über das Hindernis. Es hatte geklappt. Sie lachten und schrien im Regen. Oki hüpfte von einem Bein auf das andere, als auch die letzte Achse über den Graben war. Selbst Mukaste freute sich und dachte nicht mehr an die 100 Kina.

„Nun, Jungs, vielen Dank, ihr seid eine große Hilfe gewesen." Otto klopfte Asai auf die Schulter.

„Wollt ihr mitfahren?"

„Ja, bis da vorne zu unserem Dorf."

„Klettert auf den Wagen, im Führerhaus ist kein Platz mehr. Hier euer Geld."

Otto und Mac kramten in ihren Taschen und gaben ihnen, was sie entbehren konnten. Als der Sattelschlepper an ihrem Bergrücken vorbeikam, sprangen sie vom Lastwagen und rannten zurück ins Dorf. Sie sehnten sich nach der Hütte, dem Feuer und den anderen, um alles zu erzählen.

„Mensch, ich habe ja meine Drahtschere vergessen", dachte Asai.

Worterklärung:

Kids — australischer Ausdruck für Kinder, Jugendliche
Kina — Währung in Papua-Neuguinea, 1 Kina = 3 DM
Highlands Highway — Hochlandstraße
Territories — frühere Bezeichnung für Papua und Neuguinea

mate — Kumpel (australisch)
Truck — Lastwagen
Kunai — Steppengras
Kumu — Gemüse

KURT-DIETRICH MROSSKO

Nur der Regen kam nicht pünktlich

Eine Erzählung aus Papua-Neuguinea

Sein Abschied glich eher einem Rausschmiß. Auch andere Male hatte niemand Rührung oder andere große Gefühle gezeigt. Aber als Mol sich diesmal zum Ferienschluß aufmachte, um zu seiner Schule zu kommen, waren alle Leute aus seinem Dorf fast feindselig vor Hunger, gleichgültig durch die Hitze und entnervt durch die wochenlange Trockenheit. Immer wieder hatte es Perioden gegeben, wo der Regen auf sich warten ließ, und kaum etwas war kostbarer als Wasser. Doch ein Jahr wie dieses hatte Mol noch nie erlebt.

Er hatte seinen Abmarsch zur Schule einen um den anderen Tag hinausgeschoben. Der Kalender war ihm durcheinandergeraten. War heute eigentlich schon der 26. oder erst der 25. oder gar erst der 24. August? Das Radio allein hätte genauere Auskunft geben können. Doch das lief schon seit Tagen nicht mehr. Wahrscheinlich waren die Batterien alle. Und neue? Die gab's in diesem abgelegenen Winkel Neuguineas im Augenblick nicht.

Auf jeden Fall hatte er zum 28. August in seiner Schule zu sein. Für den Weg mußte er zwei Tage rechnen, vielleicht auch drei.

Er wäre schon früher los. Bisher hatte er immer drauf gehofft, jemand aus seiner Familie würde ihm eine große Kinanote zustecken wie sonst auch. Als Schulgeld und als Wegzehrung. Aber nichts. Nicht mal eine Toea-Münze.

War alles Geld aufgebraucht für Reis und Büchsenfisch? Wahrscheinlich. Oder für Bier? Wahrscheinlich auch dafür. Und neues Geld würde in dieser Saison wohl nicht reinkommen durch den Kaffee. Mol sah ja selbst, wie die Blätter der dürftigen Kaffeesträucher verbrannt herabhingen, und die Kaffeekirschen waren kaum größer als eine dürftige Sojabohne.

Mol machte sich beim ersten Morgenschimmer auf den Weg zu seiner Schule nach Rintebe. Er frühstückte nicht, sondern steckte sich lediglich zwei faustgroße geröstete Süßkartoffeln in die ausgebeutelte Tragetasche an seiner Seite. Wie lange würden sie reichen müssen? Für einen Tag? Für die gesamte Reise? Er wußte es nicht, aber er wußte, daß er nicht mehr Süßkartoffeln finden würde. Überall herrschte Mangel und Hunger, nicht bloß hier in Apimura. Mehr gab es einfach nicht.

Mol erinnerte sich an gestern abend. Als er seine Familie behutsam um Geld für die Schulgebühren gebeten hatte, brach die Bitterkeit auf.

„Wir haben nichts zum Beißen, und der fragt uns nach Schulgeld!"

„Geh uns mit deiner Schule! Wenn der so viel an dir liegt, soll sie selbst für dich bezahlen!"

„Wir geben den jungen Leuten das Schulgeld, und was haben wir von ihnen? Nichts."

„Geh zum Bezirksältesten. Er mag dir aushelfen!"

So ging es den ganzen Abend. Daraufhin hatte er lange wachgelegen. Kam er zu spät zur Schule, konnte er gleich wegbleiben. Das gehörte zur Schulordnung und war ihnen immer wieder eingeschärft worden. Ob es wirklich so schlimm war mit dieser Drohung, wollte er lieber nicht ausprobieren.

Kam er ohne Schulgeld, konnte er ebensogut daheimbleiben.

Im Augenblick hatte er nichts. Aber vielleicht ließ sich unterwegs noch etwas auftreiben; er dachte an den Bezirksältesten in Raipinka, der einspringen könnte.

Vor allem mußte er versuchen, pünktlich zu sein. Das lag einzig und allein an ihm, und daran sollte es nicht fehlen.

Bis Mittag, so hatte er sich vorgenommen, mußte er in Raipinka sein. Das Schulgeld aufzutreiben und pünktlich in seiner Schule zu sein, diese beiden Gedanken trieben ihn voran, überdeckten seinen Hunger und seine Erschütterung über die Härte seiner Verwandten.

Als die Sonne über den Horizont zu steigen begann, sah Mol von weitem die Hügel, zwischen denen die Stadt Kainantu lag. Dorthin und noch ein Stück weiter mußte er, um nach Raipinka zu kommen. Nachdem er bisher so flott vorangekommen war, sah er kein Problem, das noch vor Mittag zu schaffen, wenn — ja, wenn dazwischen nicht das tief eingeschnittene Tal des Ramu-Flusses wäre. Das würde einen Umweg von wenigstens zwei Stunden nötig machen.

Wenn er nur besser bei Kräften wäre! Er hatte noch nichts gefrühstückt. Die beiden kleinen Süßkartoffeln in seiner Tragtasche verhießen auch kein üppiges Mahl. Trotzdem glaubte er, sein erstes Ziel bis Mittag erreichen zu können. Von seinem Pfad aus sah er rechts die neue staatliche Grundschule. Hätte es die nur seinerzeit schon gegeben, dann wäre ihm dieser morgendliche Gewaltmarsch bestimmt erspart geblieben. Aber als er seinerzeit im Grundschulalter war, brachte ihm lediglich der Evangelist des Dorfes ein wenig Lesen, Rechnen und Schreiben bei. Nicht in Englisch, sondern in Pidgin. Das war heute nicht mehr viel wert. Aber was sollte er machen?

Inzwischen war er auf der Bezirksoberschule der Kirche in Rintebe, weit weg von seinem Heimatdorf. Würde er damit fertig sein, hatte er vielleicht eine kleine Chance, auch außerhalb seines Dorfes ein wenig mit sich anfangen zu können. Zwar nicht so viel wie die beiden aus seinem Dorf, die der Distriktbeamte vor etlichen Jahren mehr oder weniger selbstherrlich ausgesucht und auf eine Englischschule geschickt hatte. Beide ließen sich im Dorf so gut wie nie mehr sehen. Nur die Rechnung fürs Schulgeld, die kam regelmäßig. Deshalb waren Mols Leute so aufgebracht, als auch er welches wollte.

Die beiden hatten wahrscheinlich eine große Karriere vor sich, während auf ihn wohl nicht mehr als ein besserer Hilfsarbeiterjob zukommen würde. Aber selbst für einfache Arbeiten verlangte man jetzt von einem, daß man mit dem Schreibzeug umgehen konnte, und sei's bloß beim Abzeichnen von Listen, und sei's bloß in Pidgin. Als junger Mensch wollte er mal nicht nur in seinem Dorf rumhocken müssen, sondern auch anderes kennenlernen. So frage Mol nicht danach, ob Schule was Gutes sei, und ob er die Schule sehr liebte. Es ging eben auch in diesem Land nichts Rechtes mehr ohne ein paar Jahre Schulbank. Daher richtete er seinen ganzen Eifer darauf, die landesüblichen Schulgebühren aufzutreiben, und darauf, rechtzeitig am Schulort zu sein.

Wenn die Sonne erst einmal über dem Horizont war, begann sie auch gleich zu zeigen, was sie vermochte, hier bloß einige hundert Kilometer vom Äquator weg. Mol spürte von Schritt zu Schritt mehr, wie ihre unbarmherzige Kraft ihm seine eigene Kraft nahm.

Es ging schon gewaltig in den Nachmittag, als Mol in Raipinka ankam. Die Füße schmerzten ihm. Vor allem der Marsch auf der Straße hatte ihn angestrengt. Straßen mochten gut sein für Autos. Für einen, der barfuß läuft, sind sie die reinsten Knochenmühlen. Aber er hoffte auf eine gute Auskunft. Das ließ ihn Schmerzen und Erschöpfung vergessen. Ganz Raipinka lag wie betäubt unter der brütenden Hitze. Mol kannte sich hier aus und ging gleich zum Haus des Kirchenältesten des Bezirks. Auf sein zaghaftes Klopfen hin antwortete eine leise Frauenstimme. Mol traf auf eine ältere Frau. Er kannte sie. Es war die Frau des Kirchenmannes, zu dem er wollte. Er fragte nach ihm.
Die Frau schluchzte auf. Er sei im Krankenhaus. Schwer krank.
„Wer macht die Arbeit für ihn?“ fragte Mol nach einer Weile. Die Frau antwortete ihm nur ungenau. Mol spürte, wie seine Hoffnungen aufs Schulgeld mit einem Male zerrannen.
Er ging zu einem der anderen Häuser in Raipinka. Dort wohnte ein jüngerer Pfarrer. Er kannte ihn, aber er kam nicht besonders gut zurecht mit ihm.
Der gab sich auch gar keine Mühe, seine Verschlafenheit zu verbergen, als Mol auch ihn herausgeklopft hatte. Was — äähh — er denn wolle, wurde er gefragt.
„Ich brauche das Schulgeld für Rintebe. Zwanzig Kina,“ antwortete Mol eingeschüchtert.
„Immer dasselbe! Warum zahlt denn deine Verwandtschaft nicht?“ wollte der Pfarrer wissen. „Ihr habt genug Kaffee.“
„In diesem Jahr nicht. Die Hitze macht alles kaputt. Und“, Mol setzte noch einmal mit Nachdruck an, „ich komme zum erstenmal um Schulgeld zum Bezirk. Sonst hat mein Dorf immer bezahlt.“
„Gut, ich werde deine Bitte der nächsten Ältestenversammlung vortragen. Kann ich dort auch sagen, daß du für uns arbeiten wirst, wenn wir, sagen wir, die Hälfte des Schulgelds bezahlen?“
In Mol überschlugen sich die Gedanken. So viel war klar: Er konnte das Geld nicht gleich mitnehmen. Und dann würde er später dafür in der Kirche arbeiten müssen. In irgendeinem gottverlassenen Nest vielleicht, noch weiter weg von allem als sein eignes Dorf. Als Evangelist oder Lehrer.
Mol schluckte. Eigentlich hatte er sich das Ergebnis seines Schulbesuches anders vorgestellt. Trotzdem nickte er zu den bohrenden Vorhaltungen des Pfarrers. Im Augenblick war er mit allem einverstanden.
Da hielt ein Auto auf der nahen Straße. Zwischen dem Pfarrer und dem Fahrer entwickelte sich ein lebhaftes Gespräch. Mol verstand nichts davon. Es wurde in einer der vielen Sprachen des Landes geführt, die er nicht kannte.
Je länger sich dieser lautstarke Dialog hinzog, desto unbehaglicher wurde es Mol. Sollte er sich nicht lieber verdrücken? Was hatte er schon zu erwarten?
Da packte ihn der Pfarrer bei der Schulter und schob ihn in Richtung Straße: „Beeil dich! Die nehmen dich mit bis Goroka. Da sparst du wenigstens eine Menge Fahrgeld.“
Ohne zu überlegen, sprang Mol auf die Ladefläche des Pritschenwagens. Erst als der mit einem langen Staubschweif im Gefolge losratterte, konnte er seine Gedanken wieder ordnen.
Was half es ihm denn, bis Goroka zu kommen? Goroka war noch längst nicht Rintebe. Wie sollte er von dort weiterkommen? Und was sollte er in dieser Stadt ohne einen Toea Geld? Ihm wurde jetzt schon schlecht mit seinem leeren Magen, der bei der Fahrt über

den waschbrettartigen Straßenbelag andauernd durchgeschüttelt wurde. Lieber als Goroka wäre ihm jetzt eine Süßkartoffel! Und würde sich überhaupt seine Schule mit der unbestimmten Aussicht begnügen, daß sein Bezirk vielleicht die Hälfte seines Schulgeldes bezahlen würde? Je näher er Goroka kam, desto aussichtsloser erschien ihm seine Lage.

Als erste schlimme Neuigkeit erfuhr Mol in Goroka, daß heute bereits der 28. August sei. Wie sollte er da noch pünktlich nach Rintebe kommen? Bis dorthin waren es immerhin noch dreißig Kilometer. Das schaffte auch der beste Fußgänger nicht mehr bis zum Abend.

Halb in Panik, halb in Verzweiflung eilte er so schnell wie möglich zur Stadtausfahrt, wo die Autos in Richtung Rintebe abfuhren. Es gab eine schwache Aussicht, daß das Auto der Schule in Goroka war und ihn mitnehmen würde. Vielleicht ließ ihn auch jemand aus den umliegenden Dörfern umsonst aufsitzen, der ihn als Rintebe-Schüler erkannte und wußte, wie dürftig es bei denen mit dem Geld stand.

Die Nachmittagssonne brannte nicht mehr ganz so heiß. Das war aber nur ein kleiner Trost, da sie auf den nahenden Abend hinwies. Und im Dunkeln nach Rintebe laufen, bei Nacht als Apimura-Mann durch das Bena-Bena-Gebiet? Nein, das war ihm selbst bei Tag ein unheimlicher Weg. Vielleicht dachte kein Bena daran, ihm nur ein Haar zu krümmen. Vielleicht — aber wußte man's sicher?

Da standen dann auch die Lastwagen, die auf ihren Pritschen hauptsächlich Menschen beförderten. Rechts und links am Straßenrand warteten Passagiere auf den Wagen, der für ihre Richtung paßte. Mol wollte sich zunächst zu ihnen stellen. Würde einer mit ihm Erbarmen haben?

Da traf er Karam.

Karam hatte bis zum vergangenen Jahr die Bezirksschule in Onerunka besucht wie Mol auch. Er war ein Komano-Junge, stark und groß gewachsen, ein wenig wortkarg, an der Schule nur mäßig interessiert. Er wollte in erster Linie Geld verdienen, und seine Familie hatte ihn wohl in dieser Absicht bestärkt. Daß er Arbeit im Lager bei Burns Philp bekommen hatte, das wußte Mol. Sonst aber kannte er ihn nicht besser, als man einen Mitschüler unter hundertzwanzig anderen eben kennt.

Mol hastete gerade am Burns-Philp-Lagerhaus vorbei, als er Karam einen 50-kg-Sack Reis zu einem wartenden Laster schleppen sah. Sie begrüßten sich; Karam schien auf eine Pause aus zu sein, drum blieb Mol ein Weilchen stehen.

Karam hörte sich an, daß Mol nach Rintebe wollte. Er hörte sich auch an, daß er dafür kein Geld hatte, und daß heute eigentlich der letzte Anreisetag sei. Er hörte sich das alles an, ohne viel dazu zu sagen.

Er fischte sich umständlich eine Zigarettenschachtel aus der Tasche. „Du willst nach Rintebe?" fragte er dabei, anscheinend bloß, um etwas zu sagen. Mol bestätigte, was er sowieso schon gesagt hatte.

„Kein Geld?" wollte Karam nochmals bestätigt haben, als er sich umständlich eine Zigarette aus der Schachtel pulte und zugleich nach Streichhölzern in den Hosentaschen wühlte. Mol fand es lästig zu wiederholen, was er längst erzählt hatte. Karam hatte die Streichhölzer in seinen Hosentaschen gefunden. Zugleich noch etwas.

Im gleichen Augenblick rief jemand recht nachdrücklich nach ihm aus dem Lagerhaus. Karam machte Anstalten, sich in die Richtung zu bewegen, woher die Stimme ertönte. Ohne sich die Zigarette anzuzünden. Offensichtlich wollte der Chef etwas von ihm.

Bevor er ging, schaute er nochmals in seine Handfläche. Er überlegte ein Weilchen und reichte Mol eine — 2-Kina-Note. Zog sie im letzten Augenblick zurück. Gab Mol dann die andere Geldnote, die er aus seiner Hosentasche geangelt hatte, und verschwand daraufhin ohne ein weiteres Wort seelenruhig im Lagerschuppen.

Mol schaute entgeistert in seine Hand. Fünf Kina.

Mol wußte nicht, wie ihm geschah. Wie sollte er auch? Karam war nicht sein Freund, sie gehörten auf keinen Fall zum gleichen Stamm. Karam war ihm also in keiner Weise verpflichtet. Von dem bißchen gemeinsamer Schulzeit konnte doch seine Großzügigkeit auch nicht kommen.

Für Karam waren fünf Kina sicherlich der Verdienst eines halben Arbeitstags. Wie kam er dazu, so viel wegzugeben? Er arbeitete jetzt wieder im Haus, Mol konnte ihn nicht fragen. Wenn er ehrlich gegen sich war, wollte er auch gar nicht allzu viel fragen.

Mol dachte nicht gern an solchen Dingen herum, wenn es noch wichtigere Fragen gab. Er überlegte. Fünf Kina lösten nicht alle Probleme. Sie bedeuteten nicht eine Mahlzeit *und* die Fahrt nach Rintebe *und* das Schulgeld zugleich. Kaufte er sich eine Packung jener langweiligen, aber soliden Schiffszwiebacke und wartete er überdies auf ein Auto, das ihn mitnahm, dann waren seine fünf Kina fast alle. Es bliebe dann bloß ein Rest, der als Anzahlung fürs Schulgeld allzu lächerlich klein wäre.

Mol überlegte nicht lange. Im Augenblick spürte er weder Hunger noch Müdigkeit. Vor Überraschung, vor Freude, vor Aufregung — das ließ sich nicht so richtig auseinanderteilen. Im Nu machte er sich auf den Weg, die staubige Landstraße entlang. Würde er ein Stück zurückgelegt haben, dann nähme ihn sicherlich ein Wagen mit, ohne viel Geld von ihm zu verlangen. Darauf setzte er jetzt.

Die Schatten wurden immer länger. Aber der Straßenstaub, den die vorbeirasenden Autos aller Art auf der Sandpiste aufwirbelten, biß sich Mol immer lästiger in die Kehle. Doch er hatte sich nicht verrechnet. Noch vor der Höhe von Magahiyufa hielt plötzlich ein Auto neben ihm, eines aus Koropa, nicht weit weg von Rintebe entfernt. Der Fahrer lehnte sich gönnerhaft aus dem Wagenfenster: „Du gehörst doch nach Rintebe?“

„Ja, ich muß heute noch hin. Ich darf nicht zu spät kommen.“

„Warum fährst du nicht mit einem Auto?“ setzte der Bena-Mann das Gespräch leutselig fort.

„Ich habe kein Geld“, erklärte Mol, „ich habe geglaubt, das Auto von unserer Schule holt uns ab.“

„Das Auto steht in der Werkstatt“, bestätigte der Fahrer, „ich habe es heute dort gesehen; ’ist wohl wieder mal kaputt. Steig nur bei uns auf.“
„Ich habe aber kein Geld“, wiederholte Mol.
„Auch nicht fünfzig Toea?“ fragte der Fahrer.
Fünfzig Toea? Das war ein günstiger Preis. Trotzdem entschied sich Mol, den Kopf zu schütteln.
„Dann zahlst du später mal!“
Das hörte sich alles wunderschön an. Trotzdem kletterte Mol nur widerstrebend auf die Ladefläche, die schon voll war von Leuten aus Koropa und den Nachbardörfern, von jungen und alten samt ihrem sperrigen Gepäck. Nicht, daß Mol was gegen diese Leute hatte. Er hatte nur etwas gegen den Fahrer und seinen Mundgeruch. Er stank nach Bier,

und wie! Mol hatte Angst vor diesem alkoholisierten Kerl, und wenn der sich noch so umgänglich gab.

Der tat auch gleich alles, um die schlimmsten Befürchtungen zu rechtfertigen. Er raste mit einem Tempo los, daß hinten auf der Ladefläche alles durcheinanderwirbelte. Merkte der Fahrer denn nicht, daß sie hier auf keiner Autobahn waren, sondern auf einem holprigen Feldweg, ausgewaschen, ausgefahren, voll von Schlaglöchern und mit Fahrrinnen, in denen die Räder mal rechts, mal links bis zur Achse hin verschwanden? Mol war nach ein paar hundert Metern schon wie erschlagen. Wie das nur die Leute rings um ihn schon kilometerweit ertrugen! Still und ergeben ließen sie sich durchschütteln, sich mühsam irgendwo in einen Halt verkrampfend.

Es kam, wie es kommen mußte. Ein heftiges Bremsen. Der Wagen schleuderte, rutschte auf dem glatten Staub auf den linken Rand des Weges zu, wo es einen Hang einige hundert Meter weit hinabging, auf den rechten Rand zu, wo es ebenso aufwärts ging, wieder links, wieder rechts. Die Räder schlugen gegen einen mächtigen Stein. Die Bremsen kreischten, aber griffen nicht. Schließlich bohrte sich die Motorhaube rechts in den weichen Grashügel — von allen schlimmen Möglichkeiten wohl die beste. Mol wußte nicht, wie er sich auf dem schleudernden Fahrzeug hatte halten können. Die Leiber der Männer und der Frauen, der Halbwüchsigen und der Kinder hatten gegeneinandergeschlagen, daß sich alle ihre Beulen hielten. Zwei, drei waren vom Fahrzeug gesprungen und rieben sich jetzt im Staub wimmernd ihre Glieder.

„Da war ein Schwein auf dem Weg! Da war ein Schwein auf dem Weg!" lamentierte der unverletzte Fahrer. „Das konnte ich doch nicht überfahren."

„Da war kein Schwein!" schimpften die andern los, und die hatten wohl recht.

Im ganzen war der Unfall glimpflich verlaufen. Doch die Männer hatten mit einem Male Äxte und Buschmesser in den Händen, palaverten wütend herum, die Weiber schrien kreischend dazwischen, und alle umstanden hilflos das lädierte Fahrzeug. Mol verspürte überhaupt keine Lust dabeizusein. Wer weiß, was sich daraus noch entwickelte! Unauffällig setzte er sich ab. Eine Reihe von Kilometern hatte er immerhin gewonnen. Wenn er sich daranhielt, konnte er auch zu Fuß noch in Rintebe sein, bevor es richtig dunkel war. Mol machte weiter.

Es stand gar nicht fest, daß die Burschen gleich auf Mol aus waren, als sie aus dem Busch auf den Weg heraustraten. Mol war schon über hundert Schritte vor ihnen, da hörte er ihr unbekümmertes Lachen und lautes Gespräch. Er schaute sich gar nicht um und legte einen Schritt zu. Unter Umständen hatten sie ihn noch nicht entdeckt. Dazu lag Rintebe zum Greifen nahe. Wäre er nicht derart abgekämpft, wäre er losgerannt.

Aber was hätte das genützt? Die andern hätten bloß Verdacht geschöpft. Nur welchen Verdacht könnte er überhaupt erwecken? Konnte er nicht ein gutes Gewissen haben? Und vielleicht waren das ganz harmlose Burschen, die überhaupt nichts von ihm wollten? Bloß, daß so eine Ansammlung von Burschen aus einem fremden Stamm immer etwas Unberechenbares an sich hatte, eine Schwingung von Gefahr, eine Brise zuviel an Bedrohung.

Mol erkannte zwischen den sechs bis acht jungen Leuten tonangebend Inepais Stimme. Es bedeutete nichts Gutes, wenn dieses Großmaul, dieser Gewalttyp unter ihnen war. Die andern klangen harmlos — als machten sie sich selber Mut, wenn sie jetzt durch den

immer dämmerigeren Wald auf ihr Dorf zu eilten. Jedoch wollte Mol es nicht darauf ankommen lassen.
Sie rückten näher, so sehr Mol auch loshastete. Er war mit seinen Kräften eben am Ende. Er hatte nichts mehr zuzulegen. Mittlerweile hatten sie ihn auch ausgemacht und riefen ihm nach: „He, Rintebe, was läufst du so?" Es klang eher neckend, keineswegs feindselig. „Wir wollen in die gleiche Richtung. Warte doch!"
Ihr Jagdfieber war geweckt. Was konnte Mol anderes tun als warten? Doch sein Lächeln wirkte gequält, als die lärmende und rufende Gesellschaft näherrückte.
Inepai schlug ihm zur Begrüßung auf die Schulter, daß er fast in die Knie ging. Da spürte er nicht viel Freundlichkeit heraus. Mol mußte gute Miene zu diesem Spiel machen.
„Bei euch scheint es ja noch genug zu essen zu geben, wenn ihr noch die Kraft zu so weiten Spaziergängen habt", ulkte jetzt Mol und sah zugleich darauf, daß die Gruppe in Bewegung blieb. Jeder Schritt mehr führte sie näher an Rintebe heran. Da würde er auf alle Fälle seine Ruhe vor ihnen haben.
„Hast du eine Ahnung!" antwortete ihm Inepai. „Seit Wochen kein Regen. Fische wollten wir fangen im Fluß. Aber was haben wir erwischt? Nur ein paar stinkende Kröten! Dagegen scheinst du mir ganz gut beieinander. Du hast wohl noch genug Geld für Büchsenfisch und Schiffszwieback, was?"
„Keinen Toea!" entfuhr es Mol eine Idee zu schnell.
„Hört ihr", rief jetzt Inepai, weiterhin in seinem höhnischen und stänkernden Tonfall, „keinen Toea! Er kehrt nach Rintebe zurück ohne einen Toea. Glaubt ihr das?"
„Doch, Rintebe gehört der Kirche. Da dürfen die Schüler nicht lügen!" gab einer der Jungen zurück, ohne daß nur einer das Tempo verlangsamte. Mols Füße schmerzten. Der Weg führte wieder mal bergan, was seine Lungen überanstrengte.
Er atmete in heftigen Stößen. Wäre er, wären sie alle nur anderthalb Kilometer weiter!
„Gut, Rintebe-Schüler dürfen nicht lügen! Oben auf dem Berg haben wir unseren Laden. Der wird noch offen sein. Da machen wir Rast. Und laden den armen Mol ein zu Büchsenfisch und Schiffszwieback, und zwar von all dem Geld, das wir bei uns haben."
Dieser hämische Vorschlag kam von Inepai, und alle schüttelten sich vor Lachen darüber. Jeder Bena-Bursche wußte doch von sich und den andern, daß sie auch nicht die kleinste Münze bei sich hatten.
„Niemand soll meinen", reizte Inepai weiter, obwohl alles, was er sagte, honigsüß klang, „wir wüßten nicht, wie man mit Leuten umzugehen hat, die in unserer Gegend zu Gast sind."
Das Gelächter der Bena-Jungen klang ein wenig verlegen, doch Inepai tönte weiter: „Wir werden alle ehrlich unsere Taschen leeren. Und wenn dabei nichts herauskommt, wird uns das sehr, sehr leid tun."
Mol hatte längst den Sinn dieser raffinierten Redereien begriffen. Ebenso wie sie *ihn* einluden, würde er seine eignen Taschen zu leeren haben, um *sie* einzuladen. Und da würde eben zum Vorschein kommen, daß er fünf Kina besaß. Schlimm, schlimm in doppelter Hinsicht! Da hatte er doch gelogen und schämte sich nachträglich darüber. Zumal die Lüge jetzt nichts einbrachte, denn das Geld war verloren, daran ließ sich nichts mehr ändern. Gewalt würde man es nicht mal nennen können, durch die er es loswürde, kein Raub oder so etwas. Wie auch immer: los sein bedeutet eben los sein.
Jetzt waren sie vor der armseligen Baracke angelangt, die sich „Laden" nannte. Alle Bena-Burschen umringten Mol dicht an dicht. Sie stülpten grinsend ihre Hosentaschen

um. Natürlich waren sie leer. Kein Geld war darin, bei allen nicht die kleinste Münze. Mol mußte das Theater mitspielen. Tottraurig sah er die Fünf-Kina-Note ins zusammengetretene Gras fallen und tat überrascht, daß da Geld zum Vorschein kam. Ein bißchen wehrte er sich noch. Aber immer mehr Leute traten hinzu, lauter Bena-Leute umringten sie. Da wurde keine Drohung laut, kein Vorwurf oder so. Sie hatten nicht einmal ihre Beile oder Buschmesser bei sich, ohne die sie sich sonst nie sehen ließen, und kaum einer trug Pfeil und Bogen. Sie schauten bloß zu voll lauernder Neugier. Und dann waren sie so viele, Mol dagegen war ganz allein. Was blieb ihm schließlich zu tun übrig als das, was er von vornherein auf sich hatte zukommen sehen? Er überließ ihnen das Geld. Die Burschen johlten triumphierend auf und hatten nichts Eiligeres zu tun, als ihre Beute in irgend etwas Eßbares umzusetzen. Um Mol kümmerte sich keiner mehr. Wenigstens blieb er auf diese Weise beim letzten Kilometer ohne lästige Begleitung. Hungrig, durstig und kraftlos, dazu ohne Schulgeld — so traf er in Rintebe ein. Nur pünktlich — pünktlich war er.

Der Generator lief bereits. Einige Lampen machten auch im dichter werdenden Dunkel deutlich, wo es auf dem großen Schulgelände entlangging. In seiner Erschöpfung merkte Mol allerdings nicht, wie merkwürdig still es in der Schulstation war.

Ohne sich zuerst zu waschen, auszuruhen oder um etwas Essen zu bemühen, riß er sich zusammen und ging sogleich zum Haus des Schulleiters. Er klopfte behutsam an, um sich zurückzumelden. Der Schulleiter erschien in der Türöffnung. Er musterte Mol fast bestürzt.

„Bin ich etwa nicht pünktlich?“ fragte Mol, mit einem Male verunsichert.

„Doch, doch, *du* schon. Hat dir denn keiner die Nachricht ausgerichtet?“

„Welche Nachricht?“

„Wir haben sie doch mit Funk überallhin durchgegeben.“

„Ich habe nichts erfahren“, gab Mol kraftlos zurück.

„Nun, *du* bist wohl pünktlich, aber der Regen ist es nicht. Wir können mit dem Unterricht erst in vier Wochen beginnen. Bestenfalls! In den Gärten vertrocknet die ganze Ernte. Wir haben nichts zu essen.“

„Muß ich wieder zurück in mein Dorf?“ fragte Mol mit belegter Stimme. Ihm war unklar, ob es für ihn ein Trost sein konnte, als sein Schulleiter meinte: „Heute abend nicht mehr.“

HAMILTON PEREIRO SILVA

Die Hoffnung lebt ...

Ich werde den Boden von morgen bebauen,
mit diesen Händen,
die noch Fesseln tragen.
Es macht nichts, wenn die Ernte
des Lichts noch auf sich warten läßt.
Es macht nichts, wenn die Nacht
noch lebt.
Es macht nichts, daß er Auftritt
des Feindes Trümmer hinterläßt.
Ich werde den Boden von morgen bebauen,
auch wenn ich erst noch zusammenfügen
muß den Körper meines Bruders,
der zerstückelt wurde.
Es macht nichts, wenn die Ernte
des Lichts noch auf sich warten läßt.
Ich werde den Boden von morgen bebauen,
denn die Hoffnung lebt.

GABRIEL GARCÍA MÁRQUEZ

Caracas ohne Wasser

Nachdem er die 7-Uhr-Morgennachrichten gehört hatte, begab sich Samuel Burkart, ein deutscher Ingenieur, der allein in einem Penthouse der Avenida Caracas im Stadtteil San Bernardino wohnte, zum Lebensmittelladen an der Ecke, um sich eine Flasche Mineralwasser zum Rasieren zu kaufen. Der Tag war der 6. Juni 1958. An diesem Morgen erschien Samuel Burkart, der vor zehn Jahren nach Caracas gekommen war, die Stadt anders als gewohnt und wie ausgestorben. Die üblichen Geräusche fahrender Autos und das Knattern der Motorroller von der nahen Avenida Urdaneta waren nicht zu vernehmen. Caracas glich einer Geisterstadt. Die sengende Hitze der letzten Tage hatte ein wenig nachgelassen, aber am tiefblauen Himmel regte sich keine Wolke. Die Sträucher in den Villengärten und auf dem Rondell der Plaza de la Estrella standen verdorrt. Die Bäume an den Straßen, die sonst um diese Jahreszeit mit roten und gelben Blüten übersät waren, streckten ihre Äste kahl in den Himmel.
Im Lebensmittelladen mußte Samuel Burkart anstehen. Die beiden portugiesischen Ladenbesitzer und die Kunden redeten nur über das einzige Thema der letzten 40 Tage, das zudem heute morgen mit explosionsartiger Dramatik in Rundfunk und Zeitung gebracht worden war: „In Caracas ist das Wasser ausgegangen.“ Noch am Vorabend

waren die drastischen Maßnahmen bekanntgegeben worden, mit denen die INOS die letzten 100 000 Kubikmeter, die noch im Wasserreservoir „La Mariposa" — („Der Schmetterling") — gespeichert waren, rationierte. Als Folge des trockensten Sommers, den Caracas seit 70 Jahren erlebte, würde vom heutigen Tag an die Wasserausgabe bis auf weiteres eingestellt. Die letzten Reserven sollten ausschließlich den dringlichsten Bedürfnissen vorbehalten werden. Seit 24 Stunden traf die Regierung Notmaßnahmen, um die Gefahr einer Durstkatastrophe abzuwenden. Die Bürgerbrigade, die aus Studenten und Berufstätigen bestand, wurde mit der Durchführung der Ausnahmeverordnungen beauftragt, mit denen die öffentliche Ordnung aufrechterhalten und eine Durstkatastrophe verhindert werden sollte. Aufgabe der auf vier Seiten geschrumpften Tageszeitungen war es, der Bevölkerung die offiziellen Instruktionen bekanntzugeben, wie die Krise überwunden und eine mögliche Panik verhindert werden sollte.

Burkart war eines noch gar nicht klar geworden: seine Nachbarn mußten ihren Kaffee nun mit Mineralwasser kochen, und auch der Verkauf von Obstsäften und Limonaden war auf Anweisung der Regierung rationiert worden. Jeder Kunde hatte bis auf weiteres Anrecht auf täglich eine Dose Obstsaft und eine Flasche Limonade. Burkart kaufte eine Dose Orangensaft und entschied sich für eine Flasche Limonade zum Rasieren. Erst als er sich später daran machte, entdeckte er, daß Limonade die Seife zum Gerinnen bringt und den Schaum zerstört. Und da erklärte er auch für sich endgültig den Ausnahmezustand und rasierte sich mit Pfirsichsaft.

Erste Vorboten der Katastrophe: Eine Dame gießt die Blumen im Garten.

Mit seinem deutschen, mathematisch gerasterten Hirn und seiner Kriegserfahrung verstand Samuel Burkart mit der gebotenen Voraussicht die Tragweite bestimmter Meldungen abzuschätzen. Genau das hatte er getan, als er vor drei Monaten am 26. März in der Zeitung folgende Information gelesen hatte: „Das Wasser in der Mariposa reicht noch für 16 Tage."

Die Stauanlage Mariposa, aus der Caracas mit Wasser versorgt wird, faßt normalerweise 9 500 000 Kubikmeter. Trotz der wiederholten Aufrufe der INOS zur Sparsamkeit waren zu diesem Zeitpunkt die Reserven auf 5 221 854 Kubikmeter zurückgegangen. Ein Meteorologe erklärte der Presse in einem offiziellen Interview, es werde nicht vor Juni regnen. Wenige Wochen später wurde die Wasserzuteilungsquote bereits auf beunruhigende 130 000 Kubikmeter täglich reduziert. Die Bevölkerung jedoch maß dem noch immer keine Bedeutung bei.

Samuel Burkart ging zur Arbeit und begrüßte im Vorbeigehen eine Nachbarin, die seit 8 Uhr früh in ihrem Garten saß und die Pflanzen sprengte. Früher einmal hatte er mit ihr über die Notwendigkeit, Wasser zu sparen, gesprochen. Sie aber hatte unter ihrem stramm sitzenden seidenen Morgenrock mit dem roten Blumenmuster nur die Schultern gehoben und erwidert: „Das sind Lügen der Zeitungen, die wollen uns nur Angst machen. Solange Wasser da ist, gieß ich meine Blumen." Der Deutsche überlegte, ob er die Polizei benachrichtigen solle, wie er es in seinem Land getan hätte, aber er wagte es nicht, denn er dachte daran, wie sehr sich die Mentalität der Venezolaner von der seinigen unterschied. Es war ihm schon früher aufgefallen, daß Venezuela die einzigen Münzen hat, auf denen kein Wert angegeben ist. Nun dachte er, daß alledem eine Logik zugrundeliegen müsse, die einem Deutschen unzugänglich sei. Zu dieser Überzeugung gelangte er endgültig, als er sah, daß einige, wenn auch nur die wichtigsten, öffentlichen Brunnen weiter in Betrieb waren, obwohl die Zeitungen im April gemeldet hatten, daß sich die Wasservorräte um 150 000 Kubikmeter pro Tag verringerten. Eine Woche danach wurde bekanntgegeben, man habe künstliche Regengüsse in den Hügeln um den Tuy — der wichtigsten Quelle von Caracas — herbeigeführt und damit in Regierungskreisen einen gewissen Optimismus ausgelöst. Aber Ende April hatte es noch immer nicht geregnet. In den armen Stadtvierteln fiel die Wasserversorgung gänzlich aus. In den besseren Wohngegenden wurde der Wasserverbrauch auf eine Stunde täglich eingeschränkt. In seinem Büro stellte Samuel Burkart, der nichts zu tun hatte, mit Hilfe seines Rechenschiebers fest, daß das Wasser, wenn es so weiterging, nur bis zum 22. Mai reichen würde. Er täuschte sich, aber das lag womöglich an der Ungenauigkeit der veröffentlichten Daten. Ende Mai war das Wasser rationiert, und doch bestanden noch immer einige Hausfrauen darauf, ihre Stauden zu gießen. In einem Garten sah er obendrein zwischen Sträuchern verborgen einen winzigen Springbrunnen, der zur Stunde der Wasserzuteilung sprudelte, und eine Frau, die in seinem Haus wohnte, brüstete sich damit, nicht ein einziges Mal auf ihr tägliches Bad verzichtet zu haben. Dazu holte sie jeden Morgen Wasser in allen Töpfen, die sie besaß. Nun aber erschien auf den Titelseiten aller Zeitungen eine Nachricht, die offensichtlich wie eine Bombe einschlug, obwohl sie seit langem angekündigt worden war:

Die Wasservorräte in La Mariposa reichen noch für 24 Stunden.

Burkart, der die Phobie hatte, sich täglich rasieren zu müssen, konnte sich nicht einmal mehr die Zähne putzen. Auf dem Weg zum Büro wurde ihm klar, daß er sich noch nie so sehr vor dem Verdursten gefürchtet hatte wie jetzt, nicht während des ganzen Krieges und auch nicht, als er mitten in der Wüste am Rückzug des Afrikakorps teilnahm.

Auf den Straßen sterben die Ratten vor Durst: Die Regierung bittet um Gelassenheit.

Zum erstenmal seit zehn Jahren machte sich Burkart zu Fuß in sein Büro auf, das wenige Schritte vom Verkehrsministerium entfernt lag. Er wagte nicht, sein Auto zu benutzen, aus Angst, es könne sich überhitzen. Nicht alle Bewohner von Caracas waren so weitblickend gewesen. An der ersten Tankstelle, an der er vorbeikam, wartete eine Autoschlange, und eine Gruppe von zeternden Autofahrern stritt sich mit dem Tankwart. Sie hatten Benzin getankt und erwarteten nun, daß man wie zu normalen Zeiten auch Wasser nachfüllen würde. Aber da war nichts zu machen. Es gab für Autos ganz einfach kein Wasser. Die Avenida war nicht wiederzuerkennen, höchstens zehn Fahrzeuge um 9 Uhr morgens. Mitten auf der Fahrbahn standen mehrere Autos, die die Besitzer im Stich gelassen hatten, weil sie heißgelaufen waren. Keine Bar und kein Restaurant war in Betrieb. Statt dessen hingen Schilder auf den Rolläden: „Wegen Wassermangels geschlossen." An diesem Morgen war bekanntgegeben worden, daß die Busse in den Stoßzeiten normal verkehren würden. An den Haltestellen bildeten sich seit 7 Uhr morgens Schlangen von der Länge eines Häuserblocks. Der Rest der Avenida wirkte mit seinen Gehsteigen wie immer, aber in den Gebäuden wurde nicht gearbeitet: alle Leute standen an den Fenstern. Burkart fragte einen Arbeitskollegen, einen Venezolaner, was all die Menschen an den Fenstern wollten, und der antwortete ihm:

„Sie betrachten den Wassermangel."

Um 12 Uhr senkte sich die Hitze schwer über Caracas. Erst jetzt machte sich Unruhe breit. Den ganzen Vormittag hatten Tankwagen der INOS mit einem Fassungsvermögen bis zu 20 000 Liter Wasser in den besseren Wohngegenden verteilt. Man hatte Tankwagen der Ölgesellschaft beschafft und verfügte nun über 300 Fahrzeuge, die Wasser in die Hauptstadt transportierten. Jedes einzelne sollte nach offiziellen Berechnungen zu täglich sieben Fahrten eingesetzt werden, aber ein unvorhergesehener Zwischenfall blockierte dieses Vorhaben: die Zufahrtsstraßen waren seit 10 Uhr morgens verstopft. Die durstleidende Bevölkerung stürzte sich vor allem in den Armenvierteln auf die „vehiculos cisternas“, die Tankwagen, und die Polizei mußte eingreifen, um die Ordnung wiederherzustellen. Die Bewohner der Hügel waren verzweifelt, weil sie fürchteten, die Versorgungsfahrzeuge könnten nicht bis zu ihren Häusern hinaufgelangen, und kamen auf der Suche nach Wasser in die tiefergelegenen Stadtteile herunter. Die Kleinbusse der Universitätsbrigaden mit ihren Lautsprechern schafften den Wassertransportern Platz. Um 12.30 Uhr bat der Präsident der regierenden Junta die Bevölkerung über Radio Nacional, dem einzigen Programm, dessen Sendezeit nicht eingeschränkt worden war, in einer vierminütigen Ansprache um Gelassenheit. Es folgten weitere sehr kurze Stellungnahmen der politischen Führer, des Repräsentanten der Frente Universitária und des Präsidenten der Junta Patriótica. Burkart hatte während der Revolution gegen Pérez Jiménez eine Erfahrung gemacht: Caracas ist bemerkenswert diszipliniert. Vor allem ist die Bevölkerung für die koordinierten Aktionen des Rundfunks, der Presse, des Fernsehens und der Flugblätter auffallend zugänglich. Er zweifelte keinen Augenblick daran, daß das Volk von Caracas auch dieser Notlage gewachsen war. Das einzige, was ihn im Augenblick beunruhigte, war sein eigener Durst.

Als er die Treppe des alten Hauses herunterkam, in dem sich sein Büro befand, entdeckte er auf dem Treppenabsatz eine tote Ratte. Er maß der Sache keine große Bedeutung bei. Am Nachmittag trat er auf den Balkon seines Hauses hinaus, um Kühlung zu suchen, nachdem er den Liter Wasser getrunken hatte, den ihm der Tankwagen, der um 2 Uhr an seinem Haus vorbeikam, zugeteilt hatte. Da bemerkte er auf der Plaza de la Estrella einen Volksauflauf. Den Zuschauern bot sich ein grauenvolles Schauspiel: Alle möglichen Tiere, die vor Durst irrsinnig geworden waren, stürzten aus all den Häusern. Katzen, Hunde, Mäuse rannten auf der Suche nach Linderung für ihre ausgetrockneten Kehlen auf die Straße.

Am Abend wurde um 10 Uhr Ausgangssperre verhängt. In der Stille dieser glühenden Nacht hörte man nur den Lärm der Straßenreinigungsfahrzeuge, die eine außergewöhnliche Aufgabe zu erfüllen hatten: sie sammelten zuerst auf den Straßen und später in den Häusern die Kadaver verdursteter Tiere ein.

Auf der Flucht nach Los Teques sterben ganze Volksmassen am Sonnenstich.

48 Stunden nachdem die Wasserversorgungskrise ihren Höhepunkt erreicht hatte, war die Stadt noch immer gelähmt. Die Regierung der Vereinigten Staaten schickte aus Panama Flugzeuge, die mit Wasserfässern beladen waren. Die venezolanischen Luftstreitkräfte und private Transportgesellschaften stellten ihre normale Tätigkeit ein, um sich ausschließlich der Wasserversorgung zu widmen. Die Flughäfen Maiquetía und La Carlota wurden für den internationalen Flugverkehr gesperrt und für die Notaktion reserviert. Aber auch nachdem es endlich gelang, die Wasserverteilung in der Stadt zu organisieren, waren aufgrund der sengenden Hitze bereits 30 % des Wassers verdunstet.

Auf den Märkten und in Sabana Grande beschlagnahmte die Polizei in der Nacht des 7. Juni mehrere „Piratenlastwagen", die den Liter Wasser illegal für Preise bis zu 20 Bolivares verkauften. In San Augustín del Sul entlarvten die Leute weitere „Piratenlastwagen" und man verteilte ihre Ladung in beispielhafter Ordnung an die Kinder des Ortes. Dank der Disziplin und dem Gemeinsinn der Bevölkerung wurde in der Nacht des 8. Juni kein einziges Opfer des Durstes registriert. Gegen Abend aber durchströmte ein penetranter Geruch die Straßen der Stadt. Bei Eintritt der Dunkelheit hatte sich der Gestank ins Unerträgliche gesteigert. Samuel Burkart ging um 8 Uhr mit einer leeren Flasche hinunter an die Hausecke und wartete, ordentlich eingereiht, eine halbe Stunde in der Schlange, um seinen Liter Wasser von einem Tankwagen entgegenzunehmen, der von Boyscouts gefahren wurde. Dabei beobachtete er etwas: Nachbarn, die bis dahin alles auf die leichte Schulter genommen und versucht hatten, die Krise in eine Art Karneval zu verwandeln, fingen nun an, sich ernsthaft Sorgen zu machen. Daran waren hauptsächlich die umlaufenden Gerüchte schuld. Seit dem Mittag, als der üble Geruch begann, hatte eine Welle beunruhigender Gerüchte die Gegend überschwemmt. Es hieß, die benachbarten Hügel und die Parkanlagen von Caracas fingen wegen der fürchterlichen Trockenheit an zu brennen. Nichts könne gegen eine Feuersbrunst unternommen werden, denn die Feuerwehr verfüge über keinerlei Mittel, sie zu bekämpfen.

Am folgenden Tag, so teilte Radio Nacional mit, würden keine Zeitungen erscheinen. Da die Radiostationen ihre Sendungen eingestellt hatten und nur noch dreimal täglich die Nachrichten des Radio Nacional gehört werden konnten, war die Stadt nun gewissermaßen den Gerüchten völlig ausgeliefert. Sie verbreiteten sich über das Telefon und waren meist anonymen Ursprungs.

Burkart hatte an diesem Nachmittag sagen hören, daß ganze Familien Caracas verließen. Da es keine Transportmittel mehr gab, machten sich Menschen zu Fuß auf den Weg, hauptsächlich in Richtung Maracay. In einem Gerücht wurde behauptet, am Nachmittag wäre eine vom Entsetzen gepackte Menschenmenge auf der alten Straße nach Los Teques beim Versuch, aus Caracas zu fliehen, vom Sonnenstich dahingerafft worden. Die Leichen, die unter freiem Himmel verwesten, wären der Grund, so hieß es, für den Gestank. Burkart fand diese Geschichte übertrieben, bemerkte aber, daß zumindest in seinem Viertel sich Anzeichen einer kommenden Panik regten.

Ein Kleinbus der Studentenfront hielt neben einem Tankwagen an. Die Neugierigen stürzten hinzu, begierig, etwas über die Gerüchte zu erfahren. Ein Student kletterte auf die Motorhaube und erbot sich, alle Fragen, eine nach der anderen, zu beantworten. Seiner Aussage nach war die Nachricht, daß viele Leute auf der Straße nach Los Teques umgekommen seien, eine glatte Lüge. Es wäre absurd, sagte er, dort die Ursache für die üblen Gerüche zu suchen. Die Leichen hätten in vier bis fünf Stunden gar nicht bis zu diesem Grad in Verwesung übergehen können. Es wurde weiterhin versichert, daß die Wälder und Parkanlagen der Hitze heldenhaft standhielten und daß in wenigen Stunden genügend Wasser aus dem ganzen Land eintreffen werde, um hygienische Bedingungen in der Stadt zu sichern. Man bat darum, diese Mitteilungen telefonisch weiterzuleiten, mit dem Hinweis, die beunruhigenden Gerüchte seien von Anhängern Perez Jiménez ausgestreut worden.

Völliges Schweigen — es fehlt nur noch eine Minute bis zur Stunde Null.

Samuel Burkart kehrte mit seinem Liter Wasser um 6.45 Uhr nach Hause zurück, denn er wollte die 7-Uhr-Nachrichten im Radio Nacional hören. Auf dem Weg traf er jene Nachbarin, die noch im April die Blumen in ihrem Garten gesprengt hatte. Sie war verärgert, weil die INOS nicht für diese Situation vorgesorgt hatte. Burkart fand die Verantwortungslosigkeit seiner Nachbarin grenzenlos.

— „Die Schuld liegt bei den Leuten Ihresgleichen", sagte er empört. „Die INOS hat rechtzeitig darum gebeten, Wasser zu sparen. Sie haben sich nicht darum gekehrt, und jetzt müssen wir alle die Folgen tragen."

Die Nachrichten im Radio Nacional beschränkten sich darauf, die von den Studenten gelieferten Informationen zu bestätigen. Burkart begriff, daß die Situation sich nunmehr dem kritischen Punkt näherte. Obgleich die Regierung versuchte, eine Demoralisierung der Bevölkerung zu verhindern, wurde deutlich, daß die Lage keineswegs so beruhigend war, wie die Behörden sie darstellten. Ein wichtiger Aspekt war nicht bedacht worden: Die gesamte Wirtschaft war am Zusammenbrechen. Die Stadt war völlig gelähmt, die Versorgung sehr eingeschränkt, und in den nächsten Stunden würden die Nahrungsmittel ausgegangen sein. Die von der Krise überraschte Bevölkerung hatte nicht genügend Bargeld. Die Supermärkte, die Betriebe, die Banken waren geschlossen. Die Krämerläden der Viertel fingen auch schon an, wegen Wassermangels zu schließen: alle Vorräte waren erschöpft. Als Burkart das Radio abschaltete, wußte er, daß Caracas sich der Stunde Null näherte.

In der Totenstille um 9 Uhr abends stieg die Hitze ins Unerträgliche. Burkart öffnete Türen und Fenster, aber die Trockenheit der Luft und der immer penetranter werdende Geruch waren zum Ersticken. Er teilte seinen Liter Wasser aufs sorgsamste ein und reservierte 5 Kubikzentimeter für die Rasur am nächsten Morgen. Die tägliche Rasur war sein Hauptproblem. Der Durst, den die trockenen Nahrungsmittel verursacht hatten, begann in seinem Körper zu wüten. Er hatte auf Anraten des Radio Nacional gesalzene Speisen vermieden, aber er wußte genau, daß sein Organismus bald Mangelerscheinungen zeigen würde. Er entkleidete sich völlig, nahm einen Schluck Wasser und legte sich bäuchlings auf das glühendheiße Bett; in seinen Ohren fühlte er den tiefen Pulsschlag der Stille. Manchmal, ganz fern, zerriß die Sirene einer Ambulanz die drückende Stille der Ausgangssperre. Burkart schloß die Augen und träumte. Er fuhr im Hamburger Hafen ein, in einem schwarzen Boot, dessen Flanke mit einem leuchtenden weißen Streifen bemalt war. Als das Boot anlegte, vernahm er von fern das Stimmengewirr und Getümmel der Mole. Er erwachte ruckartig. Er hörte aus allen Stockwerken des Hauses die hastigen Schritte von Menschen, die auf die Straße hinuntereilten. Ein Windstoß, der schwer war von Feuchtigkeit, lau und rein, kam durchs offene Fenster. Burkart brauchte ein paar Sekunden, um zu begreifen, was geschah: es regnete in Strömen.

Übersetzt von Keto von Waberer.

PABLO NERUDA

Der Flüchtling

Durch die große Nacht, durch das ganze
Leben,
von Tränen schreibend, ein Gewand mit dem anderen wechselnd,
zog ich in jenen bedrückenden Tagen dahin.
Ein Flüchtling war ich der Polizei:
und in kristallener Stunde, im Dickicht
einsamer Sterne
kreuzte ich Städte, Wälder,
Äcker, Häfen,
von der Tür eines Menschenwesens zur andern,
von eines Menschen Hand zu einem andern Menschen, zu einem andern.

Schwer ist zu ertragen die Nacht, doch der Mensch
hat seine Zeichen errichtet, die brüderlichen,
und blindlings durch Dunkel und Wege
erreichte ich die erhellte Tür, den kleinen
Sternenpunkt, der mein war,
das Stückchen Brot, das die Wölfe im Wald
nicht verschlungen.

Einmal kam ich im Flachland
nachts in ein Haus, keinen der Bewohner
hatte ich je vor jener Nacht gesehen,
noch solche Existenzen vermutet.

Was sie auch taten, ihre Augenblicke
waren neu für mein Bewußtsein.
Ich trat ein, fünf Familienmitglieder waren da,
alle aus ihren Betten aufgestanden
wie in der Nacht einer Feuersbrunst.
Ich drückte eine Hand nach der anderen,
sah ein Gesicht und immer wieder ein Gesicht,
die nichts mir sagten: da waren Türen,
die ich zuvor auf der Straße nie gesehn,
Augen, die mein Gesicht nicht kannten,
und in tiefer Nacht, kaum
aufgenommen, legte ich mich vor Ermatten nieder,
den Kummer zu verschlafen meines Vaterlands.

Und während nun der Schlaf kam,
unzählbar das Echo der Erde
mit heiserem Bellen und Fäden
der Einsamkeit, dauerte an die Nacht,
und ich dachte: „Wo bin ich? Wer
sind sie? Warum beschützen sie mich heut?
Warum öffnen sie, die bis zu diesem Tag mich nicht sahn,
mir ihre Türen und verteidigen meinen Gesang?"
Und niemand gab Antwort als ein Raunen
entblätterter Nacht,
ein Geweb der Grillen, das sich wirkte:
die ganze unberührte Nacht schien
kaum zu zittern im Laub.

Nächtliche Erde, du kamst
an mein Fenster mit deinen Lippen,
daß ich süß entschlummre
wie auf tausend Blätter sinkend
von Ort zu Ort, von Nest zu Nest,
von Zweig zu Zweig, um plötzlich
wie ein Toter zu ruhen zwischen deinen Wurzeln.

V. *Tut niemand Gewalt noch Unrecht.*

(Luk. 3/14)

Leiste gewaltlosen Widerstand gegen jede Ungerechtigkeit.

PETER COULMAS

Mahatma Gandhi

Der Prophet des gewaltlosen Widerstands

Als Gandhi starb, niedergestreckt von drei Schüssen, die ein rechtsradikaler Fanatiker aus nächster Nähe auf ihn abfeuerte, verneigten sich die Großen der Welt vor einem, den sie als größer empfanden. Man verglich ihn mit Sokrates, mit Jesus, nannte seine Ermordung eine „zweite Kreuzigung".

Albert Einstein, der Entdecker der Relativitätstheorie, schrieb:

„Gandhi hat bewiesen, daß eine machtvolle menschliche Gefolgschaft nicht nur durch das Ränkespiel der üblichen politischen Machenschaften und Gaunereien zusammengebracht werden kann, sondern durch das zwingende Beispiel einer moralisch überlegenen Lebensführung."

Auf dem UNO-Glaspalast in New York wurden die Fahnen auf Halbmast gesetzt — das erste und einzige Mal wohl für einen Privatmann ohne Amt, ohne Titel, ohne Rang.

Fast 22 Jahre sind seit seinem Tode vergangen, der ihn 79jährig traf.

Wir können heute fragen: Welche historische Rolle hat er gespielt? Was hat er in Bewegung gesetzt? Was ist geblieben von seinem Werk und seinem Weg?

30, 40 Jahre sind es her, seitdem Churchill, Ghandis großer Widersacher, immer wieder verächtlich erklärte:

„Die indischen Politiker um diesen halbnackten, aufrührerischen Fakir werden nie im Leben erreichen, daß Indien den Dominion-Status erhält."

Nach dem Zweiten Weltkrieg aber erhielt Indien von der englischen Labour-Regierung unter Churchills Nachfolger Clement Attlee die Unabhängigkeit übertragen, und es wählte aus freien Stücken darüber hinaus den Verbleib im Commonwealth, das heißt den Dominion-Status. Gandhi hatte gesiegt — allerdings um den Preis der Teilung seines Landes, der Abspaltung von Pakistan.

Gandhi hat sich für das Schicksal der Unterdrückten und Benachteiligten eingesetzt, so der indischen Arbeiter in Südafrika.

In Südafrika herrscht aber heute noch immer und strenger denn je das Regime der Apartheid. Gandhi hat insofern umsonst gekämpft.

Gandhi kämpfte aber auch und vor allem für die Parias, die Unberührbaren in seinem Vaterland. Gandhi:

„Die Unberührbarkeit ist nach meiner Ansicht ein abscheuliches Verbrechen der Menschheit."

Heute bemüht sich zwar die indische Regierung — wie es schon die Engländer getan haben —, das Schicksal der Parias zu mildern und den demokratischen Verfassungsauftrag der Gleichheit aller Bürger zu erfüllen. Von diesem Ziel aber ist man noch weit entfernt. In weiten Teilen des 400-Millionen-Reiches würde ein Kastenangehöriger lieber verdursten, als aus einem Brunnen der Unberührbaren zu trinken; und selbst ein Parlamentsabgeordneter, der aus dem Stand der Parias stammt, hat es im Neu-Delhi des Jahres 1969 schwer, wenn es überhaupt möglich ist, sich in die Gesellschaft der Höhergeborenen zu mischen.

Auch in dieser Hinsicht vermochte sich Gandhi also nicht durchzusetzen. Was ist also

◁ *Joan Baez.*

geblieben? Sind die Politiker Gandhis Beispiel gefolgt und haben gelernt, Politik ohne Gewalt zu führen? Nun, diese Frage stellen heißt sie verneinen. Die Gewalt ist aus dem zwischenstaatlichen Leben nicht geschwunden.
Insoweit hat Gandhi die Welt nicht verändert, wohl kaum beeinflußt.
Andere meinen jedoch, Gandhi habe, wenn nicht als Lehrmeister einer neuen Politik, so doch einer eigenen Technik im politischen Kampf gewirkt, der Technik des zivilen Ungehorsams und der Non-Cooperation. Angehörige der APO beispielsweise bezeichnen den von ihnen propagierten „langen Marsch" durch die Institutionen als eine von Gandhi inspirierte Kampfweise: Man wolle die bestehende Verwaltung funktionsunfähig machen — die Hochschulen besetzen, die Gerichte durch Mißachtung ihres Zeremoniells, das Militär durch Wehrdienstverweigerung. Gewalt gegen Sachen, aber nicht gegen Personen: das sei in Gandhis Sinne gehandelt. Wenn er vor 40 Jahren den Steuerstreik gegen die Engländer befahl, dann sei das das gleiche, was auch heute geschähe. Vergleiche lassen sich immer ziehen; denn es bestehen immer Ähnlichkeiten. Aber zu Gandhis ganz einmaliger politischer Technik gehört, daß er aus moralischen und religiösen, nicht aus politischen Antrieben handelte, daß er stets selbst und zuerst Leiden mit auf sich nahm, und daß er tolerant und jedem Fanatismus abhold war.
Gandhi, den Toynbee den bemerkenswertesten Mensch unseres Jahrhunderts nannte, läßt sich mit den Revolutionären unserer Tage darum nicht vergleichen. Dazu sind nicht nur die Personen, dazu ist auch die Situation zu verschieden. Gandhi begann zwar als Vorkämpfer der Unterdrückten in Südafrika, erlangte aber seine Größe und historische Bedeutung erst innerhalb des weltweiten Prozesses der Dekolonisation.
In diesem Zusammenhang muß sein Leben gesehen werden.
Gandhi war 24, er hatte in England Rechte studiert, als er nach Südafrika zog, um, wie er sagte, seinen Lebensunterhalt auf anständige Weise zu verdienen. Man schrieb das Jahr 1893. Es war die große Zeit des Imperialismus.
Eines Tages unternahm Gandhi eine Reise mit der Eisenbahn von Durban nach der heutigen Hauptstadt Pretoria.
Er fuhr in einem Abteil 1. Klasse. Unterwegs in Maritzburg stieg ein Weißer zu, bemerkte den „coloured man", den Farbigen, und holte einen Beamten. Der forderte Gandhi auf, sich in den Gepäckwagen zu begeben. Gandhi weigerte sich mit Hinweis auf sein Billett 1. Klasse. Es kam zu einem Wortwechsel, ein Polizist wurde geholt.
„Er nahm mich beim Arm und stieß mich hinaus. Mein Gepäck wurde auch herausgenommen. Ich weigerte mich, in das andere Abteil einzusteigen, und der Zug dampfte ab. Es war Winter. Es herrschte eine empfindliche Kälte. Mein Mantel war im anderen Gepäck, aber ich wagte nicht, darum zu bitten, um nicht nochmals insultiert zu werden. So saß ich denn da und fröstelte. Ich fing an, darüber nachzudenken, was ich zu tun hätte. Sollte ich für mein Recht kämpfen oder nach Indien zurückkehren; oder sollte ich nach Pretoria weiterfahren, ohne mich um den Schimpf zu kümmern, und erst nach Indien zurückkehren, wenn ich meinen Auftrag ausgeführt hatte? Es wäre Feigheit gewesen, unverrichteter Sache nach Indien zurückzufahren. Die Belästigungen, die ich persönlich hier zu dulden hatte, waren nur oberflächlicher Art. Sie waren nur ein Symptom der tieferliegenden Krankheit des Rassenvorurteils. Ich mußte, wenn möglich, versuchen, diese Krankheit auszurotten, und die Leiden auf mich nehmen, die daraus entstehen würden. Nach Entschädigung für erlittenes Ungemach durfte ich nur trachten, soweit es um der Sache willen unbedingt notwendig war."

Gandhi hatte bald Gelegenheit, sich nach dieser Maxime zu verhalten. Denn er konnte mal für mal Erfahrungen ähnlicher Art sammeln. Rüde Kutscher stießen ihn aus dem Postwagen.
„Ich saß da, ohne ein Wort herauszubringen, und betete zu Gott, daß er mir helfen möge."
Im Hotel wird ihm kein Zimmer gegeben, vor Gericht darf er den Turban nicht tragen, auf offener Straße traktiert ihn ein Wachsoldat mit Fußtritten, weil er auf der falschen Seite gegangen ist.
Ein Passant erbietet sich, als Zeuge für ihn auszusagen, falls er den Soldat verklagen wollte — es gab auch solche Weiße in Johannisburg! —, aber Gandhi meinte, treu seiner Überzeugung, sich gegen erlittenes Ungemach nur um der Sache willen zu wehren:
„Was weiß der arme Kerl? Er hat es so gelernt. Ich habe ihm schon verziehen. Das ist für mich eine religiöse Frage."
Gandhi schreibt dann weiter:
„Ich gewann die Überzeugung, daß Sittenreinheit die Grundlage der Dinge und daß Wahrheit der Kern aller Sittenreinheit ist. Wahrheit wurde nun mein ganzes Bestreben. Wahrheit begann zu wachsen an Bedeutung von Tag zu Tag. Und immer mehr und mehr hat meine Auffassung von Wahrheit sich seither geweitet. Die Vorschrift einer Gjarati, Böses mit Gutem zu vergelten, wurde mein Leitstern. Das wurde zur Leidenschaft in mir, daß ich zahlreiche praktische Versuche damit anstellte."
Er kämpfte für die indischen Kontraktarbeiter, die nach Südafrika angeworben und dort fast wie Sklavenarbeiter gehalten wurden; er organisierte Demonstrationen, Streiks, forderte Behörden und Arbeitgeber heraus, ließ die Frauen mitmarschieren — Ende des vorigen Jahrhunderts! —, lenkte die Aufmerksamkeit der Öffentlichkeit, vor allem der britischen, auf seine Sache, auf die Leiden, die er und die Seinen auf sich nahmen, aber verfiel doch bei aller Entschiedenheit seiner Zielsetzung nie in blinden Fanatismus, nie in sinnlose Radikalität. Gandhi kritisiert die Engländer. Er wirft ihnen Säumigkeit und Ungerechtigkeit, Gleichgültigkeit und gelegentlich auch Brutalität vor. Aber er bleibt immer bei seinem Leitstern Wahrheit und stellt darum fest, daß das indische Elend nicht die Folge britischer Willkür, sondern vornehmlich eigener Lethargie ist.
„Ich mache die Regierung für vieles verantwortlich, aber ich weiß, daß die britischen Beamten z. B. an unserem Mangel an Reinlichkeit keine Schuld tragen. Im Gegenteil: würden wir ihnen freie Hand lassen, so würden sie unsere Gewohnheiten gründlich bessern."
Sein Kampf gegen die britischen Versäumnisse ist darum zugleich immer ein Kampf gegen das indische Nationallaster der Untätigkeit und Passivität.
Das gilt für das Kastenelend wie für die untergeordnete Stellung der Frau in der Gesellschaft oder die Kinderheirat. Gandhi selbst wurde mit 13 verheiratet und hat das bitter beklagt.
Gandhi weist immer wieder darauf hin, daß Indien nur gesunden kann, wenn es diese Unsitten aus eigener Kraft überwindet und nicht alle Schuld den Engländern zuschiebt. Die Engländer und die anderen Kolonialherren haben ihre Erschließungsaufgabe — wenn auch gewiß nicht aus rein altruistischen Motiven, aber doch gleichsam als Treuhänder der Geschichte, und wenn auch gewiß nicht vollkommen und an allen Stellen, aber doch einigermaßen und soweit es ihnen in ihren Grenzen möglich war — erfüllt.

Gandhi erkennt das an — nicht nur mit Worten, auch mit Taten. Im Jahre 1899 — zu Beginn des Burenkrieges — nahm er trotz der südafrikanischen Kämpfe klar für die Engländer Partei. In offenen Versammlungen erklärte er:

„Unsere Existenz in Südafrika beruht nur auf unserer Stellung als britische Untertanen. In jeder Bittschrift, die wir eingereicht haben, berufen wir uns auf unsere Rechte als britische Untertanen. Es wäre unvereinbar mit unserer Würde als Nation, mit den Händen im Schoß zuzuschauen in einem Augenblick, in dem die Briten sowohl wie wir selber bedroht sind, bloß weil sie uns hier in Südafrika schlecht behandeln. Wenn wir uns Freiheit erringen wollen, so bietet sich uns hier eine vortreffliche Gelegenheit, dies zu erreichen, indem wir den Briten mit allen uns zur Verfügung stehenden Mitteln im Krieg helfen."

Gandhi bot der britischen Regierung darum die Aufstellung eines Sanitätskorps an. Mit über 1000 Indern zog er an die Front und erwarb sich die warme Dankbarkeit der kämpfenden Truppen — beider Seiten. Die gleiche Haltung nahm Gandhi im Ersten Weltkrieg ein. Er forderte die in England lebenden Inder auf, sich freiwillig zum Heeresdienst zu melden, und kehrte anschließend nach Indien zurück, um für die britische Armee indische Truppen zu werben. Der Erfolg war beträchtlich. Denn der Ausbruch des Ersten Weltkrieges erzeugte bei den Indern ein Gefühl enthusiastischer Loyalität, das uns heute ganz unverständlich erscheint. Die Anziehungskraft, die das Empire ausstrahlte, war so gewaltig, daß die Führer der Kolonialvölker auch nicht einmal den Gedanken faßten, sich außerhalb zu stellen. Gandhi hatte zwar viel an der britischen Herrschaftsweise auszusetzen, aber er glaubte, „daß es sich dabei nur um Auswüchse an einem System handelte, das innerlich und seinem Wesen nach gut war".

Wenn zwischen Engländern und Indern keine Gleichheit bestand, wie es eigentlich hätte sein sollen, so war er überzeugt, daß die Schuld mehr an den einzelnen Beamten als an dem britischen System läge, und daß sie sie durch Liebe bekehren könnten. Gandhi ist stolz, Inder zu sein, aber er ist ebenso stolz darauf, britischer Untertan zu sein; die beiden Zugehörigkeiten schließen sich nicht aus, sie bedingen einander vielmehr. Aus dieser Erwägung heraus arbeitete er darauf hin, den Status voller Gleichberechtigung für seine Landsleute im Empire zu erreichen. Er wolle das Wort „civis Britannicus sum" mit dem gleichen Selbstbewußtsein und der gleichen Bedeutung aussprechen können wie jeder Engländer. Denn es war seine Überzeugung, daß „das britische Empire zum Wohlergehen der Welt existiere"; er war ihm darum, wie er sagte, „treu ergeben".

Gandhi hoffte, daß die Engländer die Hilfe Indiens honorieren, ihre Versprechungen oder Quasiversprechungen einhalten und der Kronkolonie, wenn nicht sofort die Unabhängigkeit, so doch die innere Autonomie — home rule — gewähren würden.

Das dauerte aber noch Jahrzehnte. Denn in London hielt man sich an Churchills Spruch „we have it, we hold it", wir haben Indien, wir behalten es. Dagegen kämpfte Gandhi, „der halbnackte Fakir", zäh, entschlossen, konsequent. Er mobilisierte die Millionen, ermahnte seine Anhänger, nur gewaltlos Widerstand zu leisten, sich in Geduld zu üben, nicht von der Gerechtigkeit ihrer Forderungen abzulassen. Er organisierte ein ganzes Programm von Aktionen des „bürgerlichen Ungehorsams" (civil disobedience).

„Wir beschlossen, nur gegen solche Gesetze Widerstand zu leisten, die Anlaß zu Massenübertretungen boten. Die Salzsteuer zum Beispiel war äußerst unbeliebt, und eine mächtige Bewegung war vor einiger Zeit im Gange gewesen, um ihre Aufhebung zu

erwirken. Ich schlug deshalb vor, die Bevölkerung möge dazu schreiten, in ihren eigenen Häusern Salz aus Meerwasser zu gewinnen unter Mißachtung der Salzgesetze."
Es dauert nicht lange, und die Polizei schreitet ein mit Verboten, Verhaftungen, Gewaltmaßnahmen. Die Massen lassen sich nicht einschüchtern. Gandhi wirkt als Vorbild. Er kämpft gegen die Willkür der Behörden mit dem Mittel des Fastens, gelegentlich mit der Androhung „Fasten bis zum Tod". Die Engländer beugen sich jedesmal. Bertrand Russel, der Philosoph, sagte dazu:
„Gegen Nazis oder russische Kommunisten hätte diese Methode freilich keinen Erfolg gebracht. Wenn die Behörden brutal genug vorgehen, können sie gewaltlose Widerständler vernichten — und das, ohne jenen moralischen Abscheu vor ihren eigenen Taten zu empfinden, der schließlich die Briten in Indien gelähmt hat. Während des Zweiten Weltkrieges haben sich Gandhis Anhänger beispielsweise auf die Eisenbahnschienen gelegt und weigerten sich, aufzustehen. Ich kann mir nicht vorstellen, daß die Sache ebenso ausgegangen wäre, wenn die Eisenbahnfahrer Nazis und die Menschen auf den Schienen Juden gewesen wären."
Nun, die Engländer waren keine Nazis. Gandhi hatte Erfolg. Gelegentlich kam es dennoch zu Gewaltmaßnahmen. In Amritsar war z. B. der Belagerungszustand verkündet worden; die protestierende Bevölkerung ignorierte jedoch die Verbote. Der unrühmlich bekannte General Dyer, der einmal eine Geßler-Hut-Strafaktion verhängt hatte — Inder mußten an einer Stelle, wo eine Europäerin ermordet worden war, auf allen vieren vorbeikriechen —, Dyer also ließ das Feuer eröffnen. Es gab viele Tote; darauf folgte ein wildes Morden auf beiden Seiten.
Das war das berüchtigte Blutbad von Amritsar. Aus dem friedlichen Widerstand war Gewalt geworden. Gandhi erkannte die Grenzen seiner Macht. Er schrieb darüber in seiner Autobiographie:
„Nur wenn ein Mensch den Gesetzen der Gesellschaft zunächst einmal getreulich gehorcht hat, vermag er zu beurteilen, welche Verordnungen im einzelnen gut und gerecht und welche ungerecht und schlecht sind. Nur dann steht ihm das Recht zu, friedlichen Widerstand gegen gewisse Gesetze anzuwenden, in genau bestimmten Grenzen. Mein Fehler beruhte darauf, daß ich diese Vorbedingung außer acht ließ. Ich hatte die Bevölkerung zu friedlichem Widerstand aufgerufen, ehe sie selber noch dazu reif war; und dieser mein Fehler erschien mit ebenso riesengroß wie der Himalaja."
So verschärfte sich der Kampf gegen die Engländer. Gandhi forderte die Bestrafung der Schuldigen. Die Engländer lassen sich jedoch zu keiner Konzession herbei. So beschließt Gandhi einen neuen Schlag. Er organisiert eine Aktion gegen die britische Textilindustrie.
„Mein Gedanke ist, die indischen Frauen wieder zum Spinnen zu bringen und die indische Bevölkerung in Khadi zu kleiden, das aus handgesponnenem Garn gewoben wird."
Das war natürlich eine sinnlose und rückschrittliche Unternehmung, die Gandhi den Spott der zivilisierten Welt eintrug — aber sie ist Ausdruck seines Wesens. George Orwell, ein anderer Prophet seiner Zeit, Verfasser von „1984", urteilt:
„Die Vorstellung, die sich mit Gandhi verband — selbstgewebte Kleidung, ‚Seelenkräfte' und vegetarische Lebensweise —, war nicht gerade ansprechend, und sein mittelalterliches Programm in einem rückständigen, hungernden, übervölkerten Lande offensichtlich nicht durchführbar."

Diese Vorstellungen waren für die Engländer nützlich — wegen der Maxime der Gewaltlosigkeit —, blieben ihnen aber immer unverständlich. Sie trafen hier auf asiatisches, weltüberwindendes Wesen. Gandhi hat darin seine Besonderheit.
Er hat sich von früh an Gelübde auferlegt, kein Fleisch zu essen und auch auf tierische Produkte — sogar Milch, wie wir gesehen haben — zu verzichten; ebenso natürlich auf Tabak, Alkohol und ähnliches.
Nicht genug damit, er hat schon in frühen Jahren das Gelübde sexueller Enthaltsamkeit auch in der Ehe abgelegt, ja mehr als das, sich die Abtötung aller geschlechtlichen Begierden abgefordert.
Schließlich hielt er jede persönliche Bindung für eine Abkehr, ja einen Verrat an seiner göttlichen Mission.
Für Europäer erscheinen solche Maßregeln als durchaus unverständlich. Zeitgenossen haben mit Entrüstung etwa über diese in seiner Autobiographie veröffentlichte Geschichte geurteilt.
Gandhis Frau Kastourbai erkrankte an schweren Blutungen. Nach einer Operation verschlimmerte sich das Befinden der Patientin. Der Arzt ordnete zur Stärkung Fleischbrühe an. Gandhi, der verreist war, wurde herbeigerufen, weigerte sich aber, die Erlaubnis zu dieser „Sünde" zu geben. Kastourbai sollte selbst entscheiden. Das war natürlich ein moralischer Druck, dem sie sich nicht widersetzen konnte. Sie entschied sich also gegen die Fleischbrühe.
Am Ende ging alles noch einmal gut, aber Europäer lehnen solches Verhalten als ihnen unverständlich ab. Denn Gesundheit erscheint ihnen im Unterschied zu den Asiaten als ein hohes Gut. Wie ein Zeitgenosse urteilte:
„Diese Einstellung mag erhaben sein, sie dürfte jedoch in weitesten Kreisen als unmenschlich gelten."
Für Inder, gleich welcher Religion sie anhängen, gelten solche Maßstäbe nicht. Das Leben des Einzelnen gilt wenig. Sterben heißt aufgehen im All, sich von den Beschwernissen des irdischen Daseins befreien, sich aus der Enge der Individualität ins Nirwana erlösen. Diese Vorstellung vom Tode als Pforte zum Jenseits und zur Seligkeit kennen wir nun freilich auch im christlichen Abendland, aber sie ist immer mit der Angst vor der Hölle gepaart; zum anderen wird die Individualität auch nach dem Tode nicht ausgelöscht; wird doch sogar an eine Wiederauferstehung des Fleisches geglaubt. Die asiatischen Religionen kennen diese Hervorhebung des Individuellen nicht. Und so sieht man auch heute noch auf den menschenreichen Straßen der modernen indischen Großstädte immer wieder ältere Männer — keineswegs Greise nur —, die, den Grabesstock über der Schulter, auf Geheiß des Familienrates zum Ganges pilgern, um dort auf den Tod zu warten.
Diese von den Europäern ganz unterschiedliche Sinnesart gilt es zu berücksichtigen, wenn man bedenkt, mit was für einer Art Mann — buchstäblich einem sonderbaren Heiligen — es die Engländer in jenen Jahren zu tun hatten. Er wußte sie zu nehmen, sie arrangierten sich mit ihm, am Ende stand die Trennung in Freundschaft.
Die Einzelheiten des Kampfes — offene Briefe an den Vizekönig, Round-Table-Gespräche in London, Verhaftungen, Fasten, Zugeständnisse, „Quit-India-Bewegung" im Krieg — interessieren heute nicht mehr. Wir sehen das fortwirkende Ergebnis, die Unabhängigkeit und die Teilung des Landes, die von furchtbaren Kämpfen, vor allem in Kaschmir, begleitet waren. Es gab Millionen von Opfern, Völkerwanderungen von

Vertriebenen, Obdachlosen, Hunderttausende wurden abgeschlachtet, hingemordet, Frauen, Männer, Kinder.
Wo Gandhi aber war, vollbrachte er immer wieder das Wunder der Versöhnung. In Kalkutta, wo besonders schlimme Kämpfe gewütet hatten, wanderte der Mahatma von Ort zu Ort, von Haus zu Haus. Wieder nutzte er das Mittel des Fastens, wieder mit Erfolg. Wenn auch nur im kleinen Umkreis. Den Frieden zwischen Hindus und Moslems vermochte er so wenig zu sichern wie die Einheit des Reiches. Immerhin gelang es, den Ausbruch eines offenen Krieges zwischen den beiden Nachfolgestaaten zu verhindern. Und was wichtiger ist, es gelang, die mittlerweile 400 Millionen Bewohner der indischen Union, wenn nicht zu einer Nation im westlichen Sinne zusammenzuschmelzen, so doch ihnen das Bewußtsein der Zusammengehörigkeit zu vermitteln.

JOAN BAEZ

Was würden Sie tun, wenn ...?

„OK. Sie sind Pazifistin. Was würden Sie tun, wenn jemand, sagen wir mal, über Ihre Großmutter herfallen würde?"
„Über meine arme alte Großmutter?"
„Yeah. Sie sind mit Ihrer Großmutter in einem Zimmer, und da ist dieser Typ und fällt über sie her, und Sie stehen dabei. Was würden Sie tun?"
„Ich würde ‚Großmutter, hipp, hipp, hurra!' brüllen und das Zimmer verlassen."
„Nein, im Ernst. Nehmen wir mal an, er hätte eine Pistole und würde auf sie schießen. Würden Sie ihn zuerst erschießen?"
„Hab ich eine Pistole?"
„Ja."
„Nein, ich bin Pazifistin, ich habe keine Pistole."
„Nehmen wir an, Sie haben eine."
„All right. Bin ich ein guter Schütze?"
„Ja."
„Dann schieße ich die Pistole aus seiner Hand."
„Nein, Sie sind doch kein guter Schütze."
„Ich hätte auch Angst zu schießen. Ich könnte ja Großmutter treffen."
„Ach was. OK, gebongt, nehmen wir ein anderes Beispiel. Sagen wir, Sie fahren einen Lastwagen. Sie befinden sich auf einer engen Straße, und auf einer Seite ist ein steiler Abhang. Mitten auf der Straße steht ein kleines Mädchen. Sie haben zuviel Tempo drauf, um zu stoppen. Was würden Sie tun?"
„Ich weiß nicht. Was würden *Sie* denn tun?"
„Ich frage Sie. Sie sind die Pazifistin."
„Ja, ich weiß. All right, hab ich den Lastwagen unter Kontrolle?"
„Ja."
„Was ist denn, wenn ich auf die Hupe drücke, damit sie aus dem Weg gehen kann?"
„Sie ist zu klein, um zu laufen. Und die Hupe ist kaputt."

„Ich fahre links um sie herum, weil sie ja doch nicht laufen kann."
„Nein, das geht nicht, da war ein Erdrutsch."
„Oh. Wenn denn. Ich fahre über die Klippe und rette das kleine Mädchen."
Schweigen.
„Well, nehmen wir an, im Lastwagen ist noch jemand. Was dann?"
„Was hat denn meine Entscheidung damit zu tun, daß ich Pazifistin bin?"
„Im Lastwagen sind zwei, und es gibt nur ein kleines Mädchen."
„Jemand hat mal gesagt: ‚Wenn du die Wahl hast zwischen einem tatsächlichen Übel und einem hypothetischen Übel, entscheide dich immer für das hypothetische.'"
„Hä?"
„Ich sagte, warum möchten Sie denn unbedingt alle Pazifisten umbringen?"
„Will ich doch gar nicht. Ich will nur wissen, was Sie tun würden, wenn — "
„Wenn ich, zusammen mit einem Freund, in einem Lastwagen auf einer einspurigen Landstraße dahinbrausen und mich mit hoher Geschwindigkeit einer höchst gefährlichen Stelle nähern würde, wo ein zehn Monate altes Mädchen mitten auf der Straße hockt, links von ihr ein Erdloch und rechts eine steile Klippe."
„Genau."
„Ich würde wahrscheinlich voll auf die Bremse steigen. Dabei würde mein Freund durch die vordere Windschutzscheibe krachen, der Lastwagen würde durch das Erdloch schlingern, das Mädchen überfahren, über die Klippe segeln und mich in den Tod reißen. Natürlich wäre Großmutters Haus am Fuß der Schlucht, und der Laster würde durch ihr Dach krachen und in ihrem Wohnzimmer explodieren, wo gerade zum ersten und letzten Mal in ihrem Leben jemand über sie herfallen würde . . ."
„Sie haben meine Frage nicht beantwortet. Sie weichen mir nur aus . . . "
„Ich versuche nur, ein paar Dinge klarzustellen. Das eine ist, daß niemand weiß, wie er im Augenblick einer Krise reagieren wird. Und auf hypothetische Fragen bekommt man hypothetische Antworten. Außerdem habe ich auf sehr subtile Art und Weise sagen wollen, daß Sie mir eine Situation aufgetischt haben, aus der ich gar nicht herauskommen kann, ohne einen oder mehrere Menschen zu töten. Darauf sagen Sie dann: ‚Pazifismus ist eine nette Idee, aber er funktioniert nicht.' Aber das ist es gar nicht, was mich kratzt."
„Was kratzt Sie denn?"
„Well, Sie mögen es vielleicht nicht hören wollen, weil es keine Hypothese ist, sondern Realität. Und verglichen damit, nimmt sich der Angriff auf Großmutter wie eine Garten-Party aus."
„So?"
„Ich denke nämlich daran, wie man bei uns Menschen beibringt, auf eine richtig gute, effiziente Art zu killen. Nicht so läppische Sachen wie Lastwagen oder Erdrutsche . . . Genau das Gegenteil, wissen Sie: Durch den Dschungel robben, mit Geheul auf den Gegner, killen, aus Flugzeugen abspringen . . . Die richtig organisierte Sache. Wissen Sie, bei der man Großmutter mit einem Bajonett die Eingeweide aufschlitzt."
„Das ist doch etwas völlig anderes."
„Sicher. Und sehen Sie denn nicht, daß es viel schwieriger ist, darüber zu reden, weil es sich in diesem Augenblick ganz real abspielt? Hören Sie doch mal zu. Da steckt ein General mit einem Fähnchen einen Punkt auf der Landkarte ab. Und eine Woche später baden ein paar junge Männer es irgendwo im Dschungel aus, schießen sich gegenseitig die

Ernesto Cardenal. ▷

Eier ab, heulen und beten und machen sich in die Hose ... Kommt Ihnen das nicht entsetzlich dumm vor?"

„Well, Sie sprechen jetzt vom Krieg."

„Ja, ich weiß. Kommt er ihnen nicht entsetzlich dumm vor?"

„Was wollen Sie denn statt dessen machen? Die andere Backe hinhalten, wie?"

„Nein. Liebe deinen Feind, aber tritt seinem Übel entgegen. Liebe deinen Feind. Du sollst nicht töten."

„Ja, und sehen Sie doch, was aus ihm wurde."

„Er machte sich."

„An ein gottverdammtes Kreuz ist er genagelt worden, das wurde aus ihm. Ich will an kein gottverdammtes Kreuz genagelt werden."

„Werden Sie auch nicht."

„Hä?"

„Ich sagte, Sie können nicht wählen, wie Sie sterben werden. Oder wann. Sie können nur bestimmen, wie Sie leben wollen. Jetzt."

„Well, ich werde jedenfalls nicht jeden x-beliebigen auf mir herumtrampeln lassen, das steht mal fest."

„Jesus sagte: ‚Wehre dich nicht gegen das Böse.' Der Pazifist sagt genau das Gegenteil. Er sagt, wehre dich mit ganzem Herzen und deinem ganzen Verstand und deinem Leib gegen das Böse, bis es überwunden ist."

„Blick ich nicht durch."

„Organisierter gewaltloser Widerstand. Gandhi. Er hat die Inder in gewaltlosem Widerstand organisiert und einen gewaltlosen Kampf gegen die Briten geführt, bis er Indien vom britischen Empire befreit hatte. Für den Anfang nicht schlecht, was meinen Sie?"

„Yeah, kann ja sein, aber er hatte es mit den Briten zu tun, einem zivilisierten Volk. Wir nicht."

„Wir sind kein zivilisiertes Volk?"

„Wir haben es nicht mit einem zivilisierten Volk zu tun. Versuchen Sie es mal bei den Russen damit."

„Sie meinen die Chinesen, oder?"

„Yeah, die Chinesen. Versuchen Sie es mal bei den Chinesen."

„Ach je. Den Krieg gab es schon lange, bevor irgend jemand sich den Kommunismus ausgedacht hat. Der ist doch nur die neueste Rechtfertigung für Selbstgerechtigkeit. Das Problem ist nicht der Kommunismus. Das Problem ist der Consensus. Es gibt einen Consensus, daß es in Ordnung geht, zu töten, wenn deine Regierung bestimmt, wen du tötest. Wenn du bei dir zu Hause jemand umlegst, geht es dir an den Kragen. Wenn du in der Fremde jemand umlegst, vorausgesetzt, es ist die richtige Zeit und der richtige Feind, kriegst du einen Orden. Es gibt ungefähr 130 Nationalstaaten, und jeder denkt, daß es völlig in Ordnung geht, alle anderen abzuservieren, weil jeder sich für den Größten hält. Der Pazifist hält dagegen, daß es nur einen Stamm gibt. Drei Milliarden Stammesmitglieder. Deren Leben geht vor. Wir glauben, daß es eine Dummheit ist, irgendeinen Angehörigen dieser großen Familie umzulegen. Wir glauben, daß wir unsere Differenzen auf anständigere und intelligentere Art beilegen können. Und diese anderen Möglichkeiten sollte man schleunigst auschecken, sonst löscht sich — absichtlich oder nicht — die Menschheit noch selbst aus."

◁ *Paulo Evaristo Arns.*

„Töten liegt in der Natur des Menschen."
„Wirklich?"
„Das ist angeboren. Etwas, das Sie nicht ändern können."
„Wenn es so natürlich ist, zu töten, warum müssen Soldaten es erst trainieren? Sicher liegt die Gewalt in der Natur des Menschen, aber Anstand, Liebe und Freundlichkeit auch. Der Mensch organisiert die Gewalt und handelt mit ihr. Der Gewaltlose will das Gegenteil organisieren. Organisierte Liebe — das ist Gewaltlosigkeit."
„Sie sind ja verrückt."
„Zweifellos. Wollen Sie mir weismachen, der Rest der Menschheit sei vernünftig? Wollen Sie mir vielleicht sagen, daß die Gewalt in den letzten 5000 Jahren ein großer Erfolg war? Daß die Welt in hervorragender Verfassung ist, daß die Kriege uns Frieden, Verständigung, Brüderlichkeit, Demokratie und Freiheit gebracht haben? Daß das Töten eine Atmosphäre des guten Willens und der Hoffnung geschaffen hat? Und daß es eine feine Sache ist, wenn eine Milliarde Menschen auf Kosten der anderen zwei Milliarden leben, oder daß, selbst wenn es bisher nicht immer ganz glatt abging, wir nun doch endlich das Licht einer besseren Welt am Ende des Tunnels erblicken, sobald wir noch ein paar kleinere Kriege aufs Parkett gelegt haben?"
„Mir geht es gut."
„Betrachten Sie das als einen glücklichen Zufall."
„Ich glaube daran, daß ich Amerika und alles, wofür es steht, verteidigen soll. Halten Sie nichts von Selbstverteidigung?"
„Nein, so fing die Mafia auch mal an. Eine kleine Schar von Leuten, die sich zusammentaten, um die Bauern zu beschützen. Da ist mir Gandhis gewaltloser Widerstand lieber."
„Mir ist der springende Punkt bei der Gewaltlosigkeit immer noch nicht klar."
„Der springende Punkt bei der Gewaltlosigkeit ist, einen Boden, einen neuen, festen Boden zu errichten, durch den wir nicht mehr sinken können. Eine Plattform, die ein bißchen über das Napalm, die Folter, die Ausbeutung, das Giftgas, die A- und H-Bombe und den ganzen Plunder herausragt. Gib dem Menschen einen anständigen Platz, auf dem er stehen kann. Er hat sich zu lange in menschlichem Blut und Kotze und verbranntem Fleisch gesuhlt und geschrien, wie das der Welt den Frieden bringen wird. Nun steckt er einen Moment lang den Kopf aus dem Loch und sieht ein paar komische Leute, die Materialien zusammentragen und versuchen, ein Gebilde über dem Boden, in der frischen Luft, zu bauen. ‚Hübsche Idee, aber nicht sehr praktisch!' brüllt er und verkriecht sich wieder in seinem Loch. Dasselbe geschah, als der Mensch herausfand, daß die Erde rund ist. Er hatte jeden Beweis dafür, daß sie nicht flach war, aber er kämpfte jahrelang dagegen an. Aber sie hatte nun mal keinen Rand, von dem er abstürzen konnte, und keine Seeungeheuer, die sein kleines Schiff in ihrem aufgesperrten Rachen verschlangen."
„Wie wollen Sie dieses praktische Gebilde denn errichten?"
„Vom Boden aus. Dadurch, daß wir jede nur denkbare Alternative zur Gewalt auf jeder Ebene studieren, ausprobieren und mit ihr experimentieren. Dadurch, daß wir zum Nationalstaat nein sagen, nein zu Kriegssteuern. ‚*Nein*' zur Wehrpflicht, ‚*Nein*' zum Töten im allgemeinen, ‚*Ja*' zur Gemeinschaft der Menschen. Dadurch, daß wir neue Institutionen gründen, die auf der Voraussetzung basieren, daß der Mord in jeder Form abgelehnt wird. Durch Kontakte mit gewaltlosen Gruppen in der ganzen Welt. Durch

persönliches Engagement im Dialog mit einzelnen und Gruppen, um zu versuchen, den Consensus zu ändern, der sagt, daß Töten in Ordnung ist."
„Das klingt ja alles gut und schön, aber ich glaube nicht, daß es machbar ist."
„Wahrscheinlich haben Sie recht. Wahrscheinlich haben wir nicht genug Zeit. Bis jetzt haben wir glorreich versagt. Die einzigen Leute, die noch größeren Mist gebaut haben als die, die die Gewaltlosigkeit organisieren, sind die, die die Gewalt organisieren."

Übersetzt von Jörg Fauser.

Die „Rache" des Sandinistenführers

Tomas Borge, einer der Gründer der Sandinistischen Befreiungsfront und heute Innenminister von Nicaragua, war als Gefangener des Somozaregimes mehr als alle anderen gefoltert worden. Bei einer Gefängnisinspektion traf er einen seiner früheren Folterer und sagte: „Weißt du, was meine Rache sein wird? Meine Rache wird sein, daß deine Hände für ein freies Nicaragua arbeiten werden. Meine Rache wird sein, daß deine Frau sich frei auf der Straße bewegen kann. Meine Rache wird sein, daß deine Kinder eine Erziehung erhalten und ohne Angst essen werden, daß sie in Freiheit leben werden."

HILDEGARD LÜNING

Der Bischof der Arbeiter

Kardinal Paulo Evaristo Arns von Sao Paulo

Düster, naß und kalt ist dieser 4. Juli 1980 in Sao Paulo. Es gießt in Strömen auf die Menschenmasse, die dichtgedrängt im riesigen Fußballstadion der größten Stadt Brasiliens hockt. Doch die Stimmung im Rund ist heiß und heiter. Rufe, Schreie, Jubel, anfeuernde Gesten in diesem Ausmaß hat hier selbst die Nationalmannschaft noch nicht erlebt. Sie gelten dem Papst, der auf seiner Brasilienreise heute in Sao Paulo Station macht. Überall im Land wird er mit der gleichen überschwenglichen Begeisterung gefeiert. Noch mehr aber gilt die herzhafte Zuneigung dem kleinen, unauffälligen Mann im dunkelgrauen Mantel an der Seite des Papstes: Paulo Evaristo Arns. „Es lebe Kardinal Arns", schreien die Menschen von den Tribünen, „es lebe unsere Kirche von Sao Paulo . . . die Kirche der Arbeiter . . . die Kirche der Menschenrechte."
Nie zuvor habe ich gehört, daß ein Kirchenführer von seinem Kirchenvolk so viel Ansporn bekommt wie hier in Sao Paulo. Nie zuvor habe ich gesehen, daß 200 000 Arbeiter — Menschen, die sich von der Kirche sonst überall am meisten abgestoßen fühlen — in dieser Kirche so zu Hause sind wie hier in Sao Paulo. Warum? Das Rätsel hat

eine schlichte Lösung. Die heißt: Kardinal Paulo Evaristo Arns, seit 1970 Erzbischof von Sao Paulo. Ein Mann, den die Armen lieben und die Reichen fürchten, den Arbeiter „Bruder“ nennen und Unternehmer einen „Kommunisten“ schimpfen. Was ist das für ein Mann?

Als ich ihn kennenlernte, war Paulo Evaristo Arns 49 Jahre alt und jung im Amt als Erzbischof der größten Industriestadt von Brasilien (Sao Paulo hat über 10 Millionen Einwohner, gut 9 Millionen sind katholisch). Wir kamen mit einer Gruppe Journalisten und waren auf einen förmlichen Empfang von einem Kirchenfürsten vorbereitet. Deutsche Bischöfe solchen Ranges lassen sich nicht interviewen, ohne vorher genaue, möglichst schriftliche Fragen zu erbitten. Sie kommen mit fertigen Antworten vor Kameras und Mikrophone. Ganz anders begegnete uns der neue Erzbischof von Sao Paulo. Er kam im schlichten schwarzen Anzug, gab jedem einen ganz leichten Händedruck, stopfte sich eine Pfeife und fragte lächelnd in die Runde, was wir hören wollten. Wir lächelten zurück, in ein Gesicht mit Grübchen und einem Gemisch aus Humor und Trauer in den Augen hinter der Brille. Wir rückten unsere Mikrophone näher. Kardinal Arns spricht verhalten, seine Stimme ist sanft. Doch was er sagt, ist messerscharf.

Zum Zeitpunkt dieses Gesprächs ist die brasilianische Militärregierung sechs Jahre an der Macht. Die Diktatoren sind stolz auf den wirtschaftlichen Fortschritt im Land. Paulo Evaristo Arns seziert die Statistiken des Wirtschaftswunders bis aufs Skelett. „Das“, sagt er, „ist dabei für unser Volk herausgekommen: immer mehr Hunger, Schinderei, Ausbeutung. Reicher werden vom Wirtschaftswunder nur die Reichen.“ Die Generale behaupten, sie hätten Brasilien vor dem drohenden Kommunismus gerettet. Der Erzbischof von Sao Paulo entgegnet: „Das ist eine Zwecklüge. Mir ist bei meinen vielen Besuchen in den Gefängnissen unter den politischen Häftlingen noch kein gottloser Kommunist begegnet. Ich habe in den letzten Jahren in Sao Paulo jede Woche zehn bis fünfzehn Fabriken besucht. Kommunismus unter den Arbeitern? Das ist wirklich ein Gespenst. Es wird von der Regierung an die Wand gemalt, um ihre Unterdrückung aller Volksbewegungen zu rechtfertigen.“ Und weil sein Volk, die Millionen Armen in den Bretterhütten der Elendsviertel, die Arbeiter und die Arbeitslosen, sich nicht organisieren darf, um seine Rechte durchzusetzen — erklärt uns Paulo Evaristo Arns —, darum müsse die Kirche jetzt die Interessen des Volkes verteidigen und den Kampf um die Menschenrechte aufnehmen.

Tatsächlich wird der Erzbischof von Sao Paulo in den Jahren nach diesem Gespräch 1970 zum Vorkämpfer der Menschenrechte in Brasilien. Angeboren ist ihm diese Rolle nicht. Ein beschauliches Leben als Mönch hätte seiner Eigenart mehr entsprochen. Und das hatte der Bauernsohn Paulo Evaristo einst auch erstrebt.

Geboren am 14. September 1921, war er das vierte von 13 Kindern der Familie Arns. Zwei Waisen haben Vater Gabriel und Mutter Helena noch dazu großgezogen in Forquilhinha, einem Dorf im südbrasilianischen Bundesstaat Santa Catarina. Die Vorfahren der Arns waren im vorigen Jahrhundert von Deutschland nach Brasilien ausgewandert. Bauern ohne Zukunft in der Heimat, Kolonisten, die ein Stück Urwald zugewiesen bekamen. In Familienarbeit haben sie gerodet und geackert, es mit zähem Fleiß zu einem erträglichen Auskommen gebracht. Die Kindheit von Paulo Evaristo war für seinesgleichen typisch: 4 Uhr 30 aufstehen, das Vieh versorgen, Sammlung der Familie um den Frühstückstisch, Gebet, Kaffee und Brot, Aufbruch zur Schule. Nachmittags arbeiten die Kinder auf dem Feld mit oder helfen beim Verkauf der Feldfrüchte

auf dem heimischen Markt. Freizeit ist rar, Fußball dann das beliebteste Spiel der Arns-Kinder, die Mädchen spielen mit, die Geschwister bilden eine eigene Mannschaft. Paulo Evaristo ist Verteidiger. Stürmer zu sein, hätte seinem Temperament widersprochen. Die Geschwister schildern ihren Bruder als einen besonnenen, eher ernsten und nachdenklichen Jungen. Lernwillig war er und ein guter Schüler. Nach sechs Grundschuljahren wollte Paulo Evaristo aufs Gymnasium. Das gab es in der Nähe nicht, und Geld für eine Oberschule mit Internat hatten die Eltern auch nicht übrig. Kostenlos war die höhere Schulbildung für katholische Bauernjungen im katholischen Brasilien nur in sogenannten Kleinen Seminaren, Internatsschulen für Jungen, die Priester werden wollten. Paulo Evaristo kam auf das Kleine Seminar im Nachbarstaat Paraná, im Ohr eine Mahnung des Vaters, die er bis heute nicht vergessen hat: „Du kannst studieren, wenn du niemals deine Herkunft verleugnest. Du bist Sohn eines Arbeiters, eines Kolonisten."
In dem Alter, in dem man bei uns konfirmiert wird, entschloß sich Paulo Evaristo, katholischer Priester zu werden; ein Priester in der Nachfolge des Bettelmönches Franz von Assisi. Vorausgegangen und nachgefolgt in die Ordensgemeinschaft der Franziskaner sind ihm zwei seiner Brüder und drei seiner Schwestern. Es muß etwas mit dem Glaubensleben in der Familie Arns zu tun haben, wenn fünf ihrer Kinder ihren Dienst an Gott und den Menschen in der besonderen Armut der Brüder und Schwestern des Franz von Assisi leben. Und es hat etwas mit der Herkunft der Familie Arns zu tun, daß Paulo Evaristo, 1947 zum Priester geweiht und von seinen Ordensoberen zum Weiterstudium nach Paris geschickt, bei Besuchen im Nachkriegsdeutschland etwas Entscheidendes lernt für das Leben eines Christen in einem Unrechtsregime. Er hört hier von vielen Christen, sie hätten nichts gewußt von der Judenverfolgung und den Konzentrationslagern. Paulo Evaristo folgert daraus: Man muß wissen wollen. So weiß er später, zu welchen Unmenschlichkeiten es in der brasilianischen Diktatur kommt, und leistet Widerstand.
1952 kehrt Pater Paulo Evaristo mit dem Doktortitel nach Brasilien zurück. Er ist nun reich an Kenntnissen in Theologie, Geisteswissenschaften und Pädagogik, wird Studienrat, dann Professor an der Theologisch-Philosophischen Hochschule der Franziskaner in Petrópolis bei Rio de Janeiro. Doch kann man künftige Priester ausbilden, wenn man gar nicht weiß, welche Art Priester die Menschen wirklich brauchen? Man kann nicht. Professor Arns übernimmt eine Gemeinde in Itamaratí, einem Armenviertel in der Bannmeile von Rio. Montags bis donnerstags lehrt und forscht er, das verlängerte Wochenende ist er Padre Paulo, ein Priester, Nachbar, Freund von Menschen, denen fast alles zum menschenwürdigen Dasein fehlt. Elf Jahre lang lernt Paulo Evaristo Arns in der Lebensschule der Armen, wie schmerzhaft Hunger nach Brot und Gerechtigkeit ist. 1966 wird er, was man in Brasilien „Hilfsbischof" nennt; vier Jahre später ist er Erzbischof von Sao Paulo.
Er nutzt die Tatsache, daß die Militärdiktatur im katholischen Brasilien es nicht wagt, auch unliebsame Bischöfe einzusperren, ganz mundtot zu machen. Seine Kirchenzeitung „O Sao Paulo" veröffentlicht, was in der zensierten Weltpresse nicht gedruckt werden darf. Doch nur fünf Prozent der Brasilianer lesen Zeitungen. Viele können nicht lesen, die Mehrheit der anderen braucht die mühsam erschufteten Cruzeiros, die eine Zeitung kostet, für die Busfahrt zur Arbeit. Radios haben auch die Analphabeten und die Arbeiter. Erzbischof Arns verfügt über den stärksten der 18 Rundfunksender in Sao Paulo. Weit dringt die Stimme des Anwalts der Armen, Entrechteten und Ohnmächtigen

über Radio „Novo de Julho“ (9. Juli). Drei Jahre lang. Dann, 1973, wird der erzbischöfliche Rundfunk beschlagnahmt und zum Propagandasender der Regierung.
Doch zu dieser Zeit hat Kardinal Arns mit seinen zehn „Hilfsbischöfen“ längst viel bessere Antennen in die Armensiedlungen gebaut und in Betrieb genommen. Die heißen „Kirchliche Basisgemeinden“. Rund 10 000 gibt es davon heute in Sao Paulo. Sie wurden zu Schulen der Arbeitersolidarität, als jede Gewerkschaftsbewegung verboten war. In Basisgemeinden treffen sich Christen um das Evangelium. Niemand argwöhnte, daß die Bibel in den Händen von Unterdrückten ein Buch der Befreiung werden kann, wenn sie entdecken, wer Menschen daran hindert, nach Gottes Willen frei, brüderlich und gerecht miteinander zu leben. In Basisgemeinden lernen Arbeiter, sich ihrer elenden Lage bewußt zu werden und gemeinsam um ihre Menschenrechte zu kämpfen. Wie stark die Basisgemeinden inzwischen sind, merkten die Machthaber im Spätsommer 1979, als in Sao Paulo 250 000 Menschen aus den Elendsvierteln gegen ihre miserablen Lebensbedingungen demonstrierten.
Jetzt ist Brasilien auf dem Rückweg zur Demokratie. Die Armen können sich in Parteien und Gewerkschaften organisieren, um ihre Rechte durchzusetzen. Sie brauchen immer weniger die Fürsprache des Erzbischofs. Das macht Paulo Evaristo Arns glücklich. Als ich ihn im September 1980 wieder einmal treffe, sagt er: „Ich werde nicht mehr im Namen der Arbeiter reden. Das können die selbst viel besser.“

ERNESTO CARDENAL

Warum hast Du mich verlassen?

Psalm 23 (22)

Mein Gott, mein Gott — warum hast Du mich verlassen?
Ich bin zur Karikatur geworden,
das Volk verachtet mich.
Man spottet über mich in allen Zeitungen.

Panzerwagen umgeben mich,
Maschinengewehre zielen auf mich,
elektrisch geladener Stacheldraht schließt mich ein.
Jeden Tag werde ich aufgerufen,
man hat mir eine Nummer eingebrannt
und mich hinter Drahtverhauen fotografiert.
Meine Knochen kann man zählen wie auf einem Röntgenbild,
alle Papiere wurden mir weggenommen.
Nackt brachte man mich in die Gaskammer,
und man teilte meine Kleider und Schuhe unter sich.
Ich schreie nach Morphium, und niemand hört mich.
Ich schreie in den Fesseln der Zwangsjacke,
im Irrenhaus schreie ich die ganze Nacht,
im Saal der unheilbaren Kranken,
in der Seuchenabteilung und im Altersheim.
In der psychiatrischen Klinik ringe ich schweißgebadet mit dem Tod.
Ich ersticke mitten im Sauerstoffzelt.
Ich weine auf der Polizeistation,
im Hof des Zuchthauses,
in der Folterkammer
und im Waisenhaus.
Ich bin radioaktiv verseucht,
man meidet mich aus Furcht vor Infektion.

Aber ich werde meinen Brüdern von Dir erzählen.
Auf unseren Versammlungen werde ich Dich rühmen.
Inmitten eines großen Volkes werden meine Hymnen angestimmt.
Die Armen werden ein Festmahl halten.
Das Volk, das noch geboren wird,
unser Volk,
wird ein großes Fest feiern.

VI. *Hilfst du mir, so ist dir geholfen.*

(Jer. 17/14)

Praktische Nächstenliebe heißt auch: Indem du anderen hilfst, hilfst du dir selbst.

Oben: Jugendliche auf der Suche nach Gott. ▷
Unten: Ein Sektenmitglied in der Diskussion mit Straßenpassanten.

HANS A. FISCHER-BARNICOL

Die Botschaft von Emmaus

Abbé Pierre berichtet von seinen Freunden

Wenn man heute nach ihm fragt, wissen die meisten nicht einmal, daß es ihn noch gibt. Schon damals, nach dem Krieg, als er für einen Augenblick — in ganz anderer Weise, aber doch ähnlich wie Charles de Gaulle — Frankreich repräsentierte, wirkte er schon alt und gebrechlich. Lebt er wirklich immer noch? Man hat nichts mehr von ihm gehört. Und was er getan hat, wirkt fort? Lautlos wie eine Erinnerung, die so unvergeßlich ist wie der Blick dieses Mannes. Ein gleichsam lauschender, wartender Blick aus großen, lebensmüden Augen, ebenso schwermütig wie zärtlich.

Vor nun schon mehr als zwanzig Jahren bin ich ihm zum erstenmal begegnet. Ich war damals selber noch ein junger Mann, der ein wenig verwirrt und verzaubert ein noch ganz anderes Paris erfahren durfte. Ein Paris, das sich noch nicht gewaschen hatte, mit düsteren Fassaden, ohne die brutale Langeweile der Hochhäuser am Montparnasse oder draußen in Neuilly. Ohne drugs und clubs und pubs. Noch grau und ärmlich und mit alten Franc rechnend. Kein Chicago mit mittelalterlichen Monumenten. Nichts von Stahlbeton und spiegelnden Glastürmen. Elend, aber noch nicht verwüstet; die äußere Not, in der viele leben mußten, war noch nicht „saniert", noch nicht in die Ödnis der Trabantenstädte umgesiedelt, noch nicht zum inneren Elend geworden. Als dies geschah in den 60er Jahren, meinten viele, nun habe der Abbé Pierre nach Jahren des Kampfes gegen die Wohnungsnot und für die Obdachlosen sein Ziel erreicht. Nun könne er doch zufrieden sein und endlich Ruhe geben. Ich bin damals mit ihm hinausgefahren nach Sarcelle, in die erste dieser Satelliten-Städte von Paris — ein noch mit etwas Phantasie und Sorgfalt entworfenes Gewirr von riesigen Wohnsilos, nach dem in der Psychiatrie jene selbstmörderische Schwermut, die Frauen, Kinder und Jugendliche in der menschenfeindlichen Leere solcher Großsiedlungen befällt, „Sarcellerie" genannt worden ist. Abbé Pierre stützte sich schwer auf seinen Stock und schüttelte den Kopf: „. . . nein, das habe ich nicht gewollt. Hell, aber ohne Licht. Zentralgeheizt, aber ohne Wärme. Untergebracht, aber eigentlich immer noch obdachlos. Kontaktlos, beziehungslos eingelagert — in solchen Schließfächern zur nächtlichen Regeneration der Körper können die Menschen doch nicht *wohnen* . . . ohne menschliches Miteinander . . ." Und er zeigte mir die kleine Kneipe, die neben dem Pissoir und der Kirche unterirdisch zwischen den Hochhäusern eingeplant worden war. Der Wirt, gleichfalls ausgesiedelt aus den verfallenden Häusern des Belleville, hatte schon nach kurzer Zeit die modernen Tische und Stühle auf den Müll geworfen und den kahlen Betonraum wieder genauso eingerichtet, mit den schäbigen Regalen, den Spiegeln, dem hölzernen Kleiderständer, alten Bänken, Stühlen und Tischchen, wie ein ärmliches Pariser Restaurant eben aussehen muß. Das Lokal war überfüllt; tagsüber saßen hier nur die Frauen, abends kamen auch die jungen Leute und die Männer hinzu. Hier rückte man zusammen, drängte sich lachend und lärmend an der Theke. Die geräumigen Wohnzimmer blieben leer. Gäbe es kein Fernsehen, wäre das wohl noch heute so. Mehr als ein Drittel aller Pariser Restaurants sind durch das Fernsehen unrentabel geworden. Auch die Franzosen verlernen zu leben. Oder eine andere Reminiszenz aus jenen Tagen: Damals wurde verschiedenen kirchli-

◁ *Abbé Pierre.*

chen Gruppen und Organisationen in Lateinamerika die Zusammenarbeit mit den kleinen Arbeitsgemeinschaften des Abbé Pierre strikt untersagt; diese Kommunitäten von *Emmaus* waren in den Verdacht geraten, „links“, „revolutionär“, „sozialistisch“ oder gar kommunistisch zu sein, bloß weil man in ihnen gemeinsam arm mit den Armen sein wollte. Von den mittlerweile populären klerikalen Revolutionären wurden sie verachtet, weil sie nicht parteipolitisch aktiv waren, den Reichen nichts wegnehmen wollten; wozu Sauerteig bilden, wenn es möglich wird, Brot zu backen? Also öffentlich und handfest einzugreifen und die Gesellschaft zu verändern!

Ich glaube, nun erst ist es ganz und gar still geworden um den Abbé Pierre. Die Konservativen konnte er noch beunruhigen, ja verstören; für progressive Ideologen ist er nachgerade nicht einmal eine rührende, sondern lediglich eine komische Figur, ein alter mystischer Hippie, der nicht verstehen kann, worauf es in dieser unserer Welt ankommt. Mit keinem Wort hat dieser Mann den sozialen Forderungen, den revolutionären Parolen widersprochen — aber er hat ihnen auch mit keinem Wort zugestimmt. Die einen wie die anderen haben das als skandalös empfunden. Und so ist er von den einen wie von den anderen verkannt, verunglimpft, verleumdet, mißachtet und mißverstanden worden. Aber darunter, glaube ich, hat er am wenigsten gelitten. Um sich selbst zu bemitleiden, fehlt ihm ganz einfach die Zeit. Auch die Sentimentalität. In aller Trauer der Trübsinn. Mag man ihn auch für einen frommen Narren halten, so närrisch, daß er sich selbst ernst nimmt, ist er nicht.

Am Abend zuvor war es nach einem regnerischen Dezembertag bitterkalt geworden in Paris. Droben auf dem Hügel der Ste. Geneviève, hinter dem Pantheon, gegenüber dem Beinhaus der Eglise St. Etienne-du-Mont, in der Racine und Pascal beerdigt sind, hatten wir in der lauwarmen Luft, die aus den Gitterrosten des Heizungskellers stieg, mit einigen Clochards Rotwein getrunken, selbstgedrehte Zigaretten geraucht, Karten gespielt und geredet, geredet, geredet ... über Pascal, Politik, Paris im allgemeinen und dann, als man uns akzeptiert hatte, auch über den Abbé Pierre, notre bon père, im Besonderen. Diese verdreckten, zerlumpten Gestalten, die allenfalls Pernod als Parfum benutzen, machten sich über uns lustig, aber der Rotwein schmeckte, unser Tabak war gar nicht so schlecht, und wenn einer Pascal gelesen hat, kann man sich schon auf ein Gespräch mit ihm einlassen. Ein Gespräch über Gott und die Welt, zunächst mit schnodderiger Ironie, dann mit beschämender Aufrichtigkeit geführt — von nichtsnutzigen, verkommenen, versoffenen Obdachlosen, ohne Bitterkeit oder Haß, ohne Anklage, verständnislos nur gegenüber der Verständnislosigkeit der anderen, die sich nicht schämten, mitzumachen in diesem monströsen Schwindel einer immer noch bürgerlichen Gesellschaft ohne Sinn. Über sie kann man doch nur lachen! Ein Dach überm Kopf, jeden Freitag abend mit Weib und Kindern im Lokal nebenan essen gehen — und zu feige oder zu faul, einmal nur danach zu fragen, was das Ganze für einen Sinn hat! Lachhaft ...

Welchen Sinn hat es denn nun, Clochard zu sein? will ich wissen. Sie werden ärgerlich. Aber der Älteste, ein weißhaariger Patriarch des Elends mit schwarzen Lücken zwischen vergilbten Zähnen und einer ehrfurchtgebietenden roten Nase, erklärt die Frage für berechtigt. Die Antwort? Der greise Anführer schüttelt sein Haupt. Das sei es ja, sie wären gar nicht anders als die anderen. Und wie ist das nun mit dem Abbé Pierre — gehört der auch zu den anderen? Der Alte schüttelt energisch sein schulterlanges weißes Haar:

„Nein, nein, der ist wirklich anders. Natürlich. Aber ein einziger Mensch, verstehen Sie, einer allein ist zu wenig. Der versteht, worum es geht, aber er kann die Welt auch nicht ändern."

Am Tag darauf sehe ich ihn: einen schmächtigen, von der Krankheit gebeugten Mann, in mehrere wollene Jacken eingeknöpft, einen Anorak über der Priestersoutane, den schäbigen weiten Mantel wie einen Talar über die Schultern gelegt. Langsam schleppt er sich durch die Bretterverschläge, Nissenhütten und aufgebockten Wohnwagen einer der „Bidonvilles" — jener entsetzlichen Elendsquartiere der Obdachlosen in der Bannmeile von Paris.

Kinder spielen im Schlamm, auf dem sich über Nacht eine Eisschicht gebildet hat. Frauen nehmen die steifgefrorene Wäsche von den Drähten, die zwischen den Verschlägen aufgespannt sind. Einige Männer versuchen, mit alten Brettern einen Gehweg durch den Morast zu legen. Wortlos nicken sie dem Abbé zu.

So habe ich ihn in Erinnerung behalten. Damals hatte ich dergleichen noch niemals gesehen: mitten im hochzivilisierten Europa diese hoffnungslose, rettungslose Armut — und ich wußte auch noch nicht, daß es die anderswo, unter den sogenannten Asozialen bei Düsseldorf, in Hamburg, in Mailand oder Barcelona auch gibt, in den Erdhöhlen bei Palermo oder Athen. Jahre danach begannen erst — angeregt durch den Abbé Pierre und seine Helfer — die sozialwissenschaftlichen Untersuchungen der Armut, deren vorläufige Ergebnisse nur eins zweifelsfrei gezeigt haben: daß die Verelendung nicht nur wirtschaftlich erklärt werden darf, daß sie auch nicht nur durch ökonomische Hilfe beseitigt werden kann. Diese Menschen sind zumeist ohne eigenes Verschulden ins Elend geraten, aus dem sie sich trotz verzweifelter Anstrengungen aus eigener Kraft nicht mehr befreien können. Sie sind nicht asozial. Gerade in der äußersten Not halten die Familien wie Pech und Schwefel zusammen. Erschütternde Beweise der Freundschaft und Hilfsbereitschaft untereinander sind häufig, kriminelle Elemente sind relativ selten unter ihnen zu finden.

Die bisherigen Forschungen zeigen: Armut stellt uns vor tiefere, vor menschlichere Probleme — und sie stellt diese unsere Gesellschaft — als eine soziale Ordnung ohne andere Bestimmungen als Wohlhabendsein und Sicherheit — radikal in Frage. Insgeheim muß auch die Soziologie den Satz Abbé Pierres bestätigen: „Das Elend richtet die Welt." Dieser Satz hatte am 1. Februar 1954 Revolution gemacht.

Tags zuvor war ein Baby in einer der Notunterkünfte, die der Abbé mit seinen Lumpensammlern von Emmaus betreute, erfroren. Nun unterbrach der Direktor des Französischen Rundfunks, ohne zu wissen, ob er dazu befugt sei, vor den Mittagsnachrichten das Programm und ließ diesen seltsamen Apostel der Armen fünf Minuten lang sprechen. Fünf Minuten genügten, um jenen Aufstand der Barmherzigen auszulösen, durch den Abbé Pierre in aller Welt berühmt geworden ist:

„Zu Hilfe, Freunde, zu Hilfe! Heute nacht gegen drei Uhr ist auf dem Boulevard Sébastopol eine Frau erfroren. Als einziges Papier hatte sie den Räumungsbefehl bei sich, mit dem man sie vorgestern aus ihrer Unterkunft vertrieben hatte. Jede Nacht verbringen über zweitausend Menschen wie sie ohne ein Dach überm Kopf, ohne Brot, ohne ausreichende Kleidung . . . und der Wetterdienst kündigt strengen Frost an. Wir dürfen nur noch eins wollen: diesem Elend unserer Brüder ein Ende zu machen! Ich flehe euch an: Lieben wir einander innig genug, um sofort, heute noch zu handeln. Möge

dieses unermeßliche Leid uns unser kostbarstes Gut wiedergeben — die Seele Frankreichs . . .“, so sprach er.
Wenige Stunden später mußten die Straßen um jenes Hotel Rochester, das der Abbé als Sammelstelle für die Spenden genannt hatte, polizeilich gesperrt werden. Bis zu den Champs-Elisées stapelten sich die Decken, Pelzmäntel, Betten, die Koffer mit Kleidung und Wäsche; in der Halle des Hotels werden die Schmucksachen, das Gold, das Silber, Wertsachen aller Art, Antiquitäten und Geld aufgehäuft. In einer Nacht spendete die „Seele Frankreichs“, die der Abbé Pierre beschworen hatte, über eine halbe Milliarde Francs für die Obdachlosen. In Sondereinsätzen versuchen Polizei und Militär diese Revolte der Nächstenliebe zu lenken: Schulen, Polizeireviere, Metrobahnhöfe, Verwaltungsgebäude, Kasernen und Fabrikhallen werden zu Notunterkünften hergerichtet; Luxushotels nehmen Obdachlose kostenlos auf; Abertausende von Tonnen Kleidung und Decken werden verteilt. Überall müssen Notküchen eingerichtet werden. Wenige Tage später wird die Gesetzgebung für den sozialen Wohnungsbau geändert.
Abbé Pierre und seine Freunde konnten helfen. Altersheime, Krankenhäuser, Kinderheime und über 6000 Wohnungen allein in der Umgebung von Paris können gebaut werden.
„Wieviel ist, berauscht von der ‚Romantik‘ dieses bewegenden Augenblicks, seither geschrieben, gefilmt, photographiert worden! Dabei hat man das wichtigste Detail jener Tage gar nicht bemerkt, es ging im Lärm unter — aber es legte den Keim für alles Weitere: ungeachtet der über 300 000 Briefe mit den vielen Millionen Francs, die uns Lumpensammler damals erreichten, hörten meine Gefährten, so als wäre gar nichts geschehen, nicht einen einzigen Tag auf, weiterhin ihre Lumpen, ihre Flaschen, ihr Altpapier zu sammeln, für die sie nur ein paar lächerliche tausend Francs bekamen. Sie sind gewiß nicht ohne Fehler, und es kommt schon vor, daß der eine oder andere einen Schluck zuviel trinkt. Aber im entscheidenden Augenblick hörten sie nicht auf, das ‚Wesentliche‘ zu tun: Mühe zu tragen für andere, um denen, die noch ärmer sind, helfen zu können. ‚Das ist doch notwendig‘, sagten sie mir, ‚denn dieses Nichts, das wir tun, ist eben die winzige Zündkapsel, durch die diese ganze Ladung zur Explosion gebracht wird.‘
Vollkommen sind wir nicht, bestimmt nicht. Aber wenn wir auf vollkommene Leute warten wollen — müssen wir dann nicht bis ans Ende der Zeiten untätig bleiben?“
Dann war es wieder still geworden um den Abbé Pierre und seine Lumpensammler von Emmaus. Die Clochards, hartgesottene Gammler und Tagediebe von alters her, ließen sich nicht mehr resozialisieren. Im Kampf gegen das Wohnungsgeld waren inzwischen auch staatlicherseits große Anstrengungen gemacht worden, riesige Wohnmaschinen und Menschensilos, ganze Städte wie Sarcelles wurden angelegt — Alpträume der Rationalisierung aus Glas und Beton, in deren kahler Perfektion mehr Menschen Selbstmord begehen als zuvor in den Nissenhütten und Kellerwohnungen. An der Stelle jener Bidonville, wo ich ihn zum ersten Male traf, stehen heute Einfamilienhäuser; aus dem Hauptquartier des Abbé Pierre — der „Cité d’Emmaus“ — ist ein vierzehnstöckiger Wohnblock geworden über den Markthallen von Charenton — Ölheizung, Fahrstühle, doppelt verglaste Fenster gegen Kälte und Lärm. Nur die Einrichtung der Büroräume gleicht noch immer der von ehedem: rohe Brettertische, selbstgezimmerte Regale, ein Feldbett für die Nachtruhe, und zwischen den Schreibmaschinen, den Telephonapparaten und den Stapeln mit Zeitschriften, Flugblättern und irgendwelchen Plakaten riecht es noch genauso wie damals: nach Alteisen und Staub.

Während wir auf ihn warten — aus dem Nebenzimmer hören wir bereits seine dunkle, warme Stimme am Telephon antworten — frage ich mich, was aus ihm geworden ist in all den Jahren; er sei sehr enttäuscht worden, war erzählt worden, krank und verbittert habe er sich in ein Schweizer Sanatorium zurückgezogen. Ein zarter, übersensibler, hochintelligenter Mann, der so gar nicht für die Härte dieses Lebens geschaffen zu sein scheint. Sich selbst, seine wohlbehütete Kindheit als Sohn einer reichen Familie in Lyon; seine frühen geistigen Abenteuer — Descartes, Hegel, dann die Erschütterungen durch das Alte Testament —; dann seine Krankheit, derentwegen der Kapuzinernovize wieder von seinen Gelübden entbunden wurde; seinen Ruhm als junger Prediger, als Seelsorger und Fluchthelfer der Resistance, als Retter der Juden, die er bei Nacht über die Gletscher in die Schweiz führte; dann Verhaftung, Folter, Flucht nach Afrika, die Missionsreise durch die Wüste, die Seelsorge bei der Marine und schließlich die ehrenvolle Heimkehr als Abgeordneter des Parlaments ... alles das und sich selbst hatte er vergessen, um nur noch für diese verelendeten und zerlumpten Menschen dazusein, mit denen er sich so ungezwungen, so selbstverständlich unterhalten konnte, nur noch einer von ihnen, einer in Emmaus. Diese Anspruchslosigkeit und seinen Blick hatte ich nicht vergessen können. Er war nur äußerlich erschöpft gewesen, nur körperlich am Ende seiner Kraft. Seine Stimme und seine Heiterkeit wirkten ungebrochen. Über meine Frage, ob man sein Vertrauen denn nicht ab und zu mißbraucht habe, konnte er nur lachen:
„Ist denn das so ungewöhnlich? Erwidern wir denn das Vertrauen, das Christus in uns gesetzt hat? Was könnte uns dazu berechtigen, weniger vertrauensselig zu sein?“
Würde er noch immer so denken? Ich wartete etwas beklommen darauf, daß das Telephongespräch zu Ende ging. Aus solchen Propheten der Armut, ich habe diese Erfahrung machen müssen, werden oft allzu rasch bloße Manager der Wohltätigkeit, caritative Organisationen, pathetische Routiniers. War es diesem Mann gelungen, zu bleiben, was er damals war? Lebte er noch immer rückhaltlos und offen „inmitten des Unglücks, im Herzen der Wirklichkeit“, wie er selbst es forderte?
Und dann tritt er in die Tür, ruhig und lächelnd, aufrecht, ohne den Krückstock von damals, weniger denn je von der Krankheit gezeichnet. Noch immer in die alten Wolljacken eingeknöpft, mit der gleichen schäbigen Baskenmütze wie damals. Dasselbe Lächeln des schmallippigen Mundes im zerzausten Seeräuberbart. Derselbe Blick. Dieselbe Stimme. Und wieder diese freie, ja, erschreckende Präsenz. Kaum habe ich mir eine Zigarette angezündet, erzählt er auch schon, zögernd und stockend zu Beginn, dann immer lebendiger — wie ehedem:
„... wenn man doch nur verstehen wollte, daß wir eins sind, daß man eine Bewegung wie die von Emmaus als Ganzes sehen muß. Denn sehen Sie, unsere drei Gruppen arbeiten doch alle zusammen. Wir leben wie ein Baum — mag der auch noch so schön sein, wenn seine Wurzeln tot sind, hat er kein Leben mehr. Unsere Kommunitäten — die Gemeinschaften der Lumpensammler, der Herbergswirte, der Bauleute — die sind unser Wurzelwerk. Leben die Wurzeln noch, so kann alles von neuem beginnen.“
Und lächelnd fügt Abbé Pierre hinzu:
„Wurzeln liegen aber immer unten, im Abfall, im Dreck, im Verborgenen. Unsere Wurzeln liegen im Elend, und daraus erwächst unsere Kraft. Diese besondere innere Dynamik unserer Aktionen erklärt sich sehr einfach: ihr Ursprung war ganz und gar unwillkürlich. Keine Idee, kein Projekt, keine Planung wollten wir ausführen. Wir folgten nur der Logik des Lebens, die ein organisches Ganzes entstehen ließ, nicht durch

Theorien, sondern durchs Leben selbst. Theorien sind immer etwas doktrinär und abstrakt, vom Geschehen abgelöst. Für Emmaus war aber entscheidend, daß meine Freunde und ich nichts ‚gemacht' haben. Es ist uns zugestoßen — und wir sind übereingekommen. Leben ist viel mehr eine Übereinkunft, also eine Wahl, und wir haben in der Tat auch nur zu wählen zwischen Einwilligung und Verweigerung, nicht wahr? Bon. So war es: Der Ursprung unserer Bewegung war ein Selbstmord. Vor nun fast schon 20 Jahren . . . damals bewohnte ich als Abgeordneter des Parlamentes ein vom Krieg zerstörtes Haus, knapp zehn Kilometer vor Paris. Ich arbeitete in meiner freien Zeit daran, es wieder herzustellen. Für mich allein war es viel zu groß. Deshalb sammelte ich alle möglichen Leute auf, ganze Familien, die in irgendwelchen Schwierigkeiten steckten. Wir taten uns zusammen und setzten unser Haus instand.
Eines Morgens rief man mich — ‚Kommen Sie, kommen Sie rasch' —, ganz in der Nähe hat jemand Selbstmord begehen wollen, sei aber noch nicht tot. Ich fand einen verzweifelt unglücklichen Menschen: Vor Jahrzehnten hatte er seinen Vater getötet; als er bemerkte, daß die Geliebte des Vaters gegen ihn und seine Verlobung — natürlich des Geldes wegen — wütend intrigierte, hatte er auf die Frau gezielt, der Vater hatte sich dazwischen geworfen und war sofort tot. Gerichtsverhandlung, Urteil: lebenslange Zwangsarbeit im Zuchthaus von Guayana. Nach zwanzig Jahren bewährt er sich bei einem Brand, wird begnadigt, kommt frei und kehrt heim. Krank, ohne Familie, ohne Freunde, ohne etwas. Da will er sterben. Als Zuchthäusler findet er natürlich auch keine vernünftige Arbeit. Nichts.
Als ich diesem Menschen begegnete — er hieß Georges und ist vor wenigen Monaten gestorben —, da merkte ich, was immer ich auch versuchen würde, ihm Lebensmut zurückzugeben, es wäre umsonst. Hartnäckig würde er abermals versuchen, sich zu töten. Und in diesem Augenblick, ich wußte es selber nicht, da wurde Emmaus geboren. Da tat ich das, was der sogenannten Wohltätigkeit entgegengesetzt ist, ich seufzte nicht das übliche ‚Ach mein Gott, wie unglücklich bist du, ich will dir gut sein', sondern ich sagte ihm nur:
‚Du bist unglücklich. Schrecklich ist das. Und geben kann ich dir nichts. Aber paß auf — dort drüben, siehst du das alte Haus da? — dort wohne ich. Nachts und sonntags, nach der Arbeit im Parlament, baue ich kleine Bretterverschläge und Hütten für verzweifelte Familien ohne Obdach. Die warten darauf. Mein Haus ist schon überfüllt. Und ich habe es denen versprochen. Weißt du — ich bin krank, du aber bist frei. Ganz frei, denn du willst ja sterben. Da hindert dich doch nichts daran, bevor du dich umbringst, mir zu helfen, den anderen zu helfen. Willst du?' . . . und so begannen wir. Das ist die Bewegung von Emmaus: das allein Gültige, was einer zu geben imstande ist, sich selbst — das müssen wir bestätigen. Und darin beruht die Ansteckungsgefahr: wir müssen auf den Geschmack kommen, anderen zu helfen, selber Gebende zu sein — verstehen Sie? Geben, statt zu betteln, zu verlangen, zu empfangen. Selbst helfen.
In diesem Moment war das Leben dieses Mannes, den nichts mehr zu erreichen vermochte, verwandelt. Mit 20 Jahren ein Krimineller, gedemütigt, ohnmächtig; heimgekehrt als Asozialer, zu nichts nütze, krank. Und nun, schlagartig, von einer Sekunde auf die andere — nicht aus eigener Kraft, denn allein vermögen wir nichts, aber in Freundschaft mit anderen — da entdeckte er sich als Menschen, als einen Wohltäter. In wenigen Wochen schon würde eine ‚Mama', ein ‚Papa' — die mageren kleinen Kinder auf dem Arm, ihm, dem Verlorenen, sagen: ‚Monsieur, wir danken Ihnen von ganzem

Herzen. Sie, Monsieur, haben unsere Familie gerettet, indem Sie uns zu diesem Haus verholfen haben . . .'

Als Georges vor kurzem gestorben ist, sagte er mir noch einmal, was er seither immer wieder gesagt hatte: ‚Das ist doch wahr — immer wieder hätte ich versucht, mich umzubringen. Mir fehlte ja nicht, was man so braucht zum Leben. Ich sah bloß keinen Sinn mehr . . . das fehlte mir. Der Sinn des Lebens . . .'

Allein konnte er ihn nicht finden. Aber gemeinsam mit anderen hat er ihn gefunden, diesen Sinn, sich Mühe zu geben, damit die anderen weniger Mühe haben; das Glück, dem Glück anderer zu dienen; ein wenig Liebe. Nicht die Selbstbetrachtungen, die waren für ihn vorüber. Individualistisch konnte er das Leben nicht mehr akzeptieren, allein konnte er's nicht ertragen. Das war vorbei. Aber veredelt durch's Dienen . . . im Dasein für andere, ja, da war noch alles möglich.

So haben wir Emmaus gegründet. Die Gemeinschaft armer Leute, die geben — das ist die tiefste Definition: Arme, die Arme beschenken; Notleidende, die anderen Notleidenden etwas geben, Rettungslose, die retten — und zwar so, daß sie Lust und Geschmack zum Geben und zur Hilfeleistung hervorrufen, durch die Provokation, weiter zu helfen und so sich selbst zu helfen. Wenn Arme Helfende werden und für andere Arme in härtester Arbeit Hunderte von Wohnungen bauen . . . dann sind sie selbst gerettet. Dann dürfen sie den Privilegierten, den Wohlhabenden entgegenhalten:

‚Wir, Verlorene, Gedemütigte, Nichtsnutze, wir haben mit jämmerlichen Mitteln vereint das zu Wege gebracht. Ihr habt alles Nötige und mehr. Was habt ihr getan? Würdet ihr Vergleichbares tun, es gäbe gar keine Probleme mehr!'

Und das ist die eigentliche Problematik, verstehen Sie, es handelt sich um Ausgesetzte, um eine ganze Klasse von Opfern der gesellschaftlichen Maschinerie — um einen neuen ‚Typ' von Armen. Früher war arm, wer kein Geld hatte. Heute, da alles sozial organisiert ist, ist nicht der arm, der Geld braucht — das kann er sich beschaffen —, sondern derjenige, der keine Luft mehr bekommt, der dieses harte, nervöse, fremde Leben nicht durchstehen kann, den es würgt und lähmt. In der Gemeinschaft von Emmaus wird ihm nun gar nichts anderes gegeben als die Möglichkeit und der Stolz, in seiner Weise doch wieder am gesellschaftlichen Leben teilnehmen zu können.

Und das war unsere erste Kommunität: sie erwuchs aus dem gemeinsamen Handanlegen eines Priesters und eines am Selbstmord gescheiterten Mörders . . . mein alter Georges und ich; wir haben unwillkürlich und ohne es zu wissen die Form gefunden, wie im Unglück Erstickte durch gemeinsames Handeln wiederbelebt werden können. Nur durch Teilnahme ist das menschenmöglich — dadurch, daß einige Menschen zu dem Unglücklichen sagen: ‚Du. Komm her. Mach mit.' Dergleichen kann man nicht vorsehen, planen, machen. Das wird nur durch ein gemeinsames Leben gewährt und gewährleistet. Das haben wir beide erfahren, Georges und ich. Und so haben wir dann weitergearbeitet.

Denn durch meine Tätigkeit als Abgeordneter konnten wir ja leben und ein paar elende kleine Häuschen bauen. Dann weigerte ich mich aber, einem ungerechten Gesetz zuzustimmen, und mußte das Parlament verlassen. Jetzt war kein Geld mehr da. Meine Familie ist zwar reich, aber als ich Priester wurde, habe ich alles verteilt. Nun besaß ich persönlich nichts mehr. Zu dieser Zeit lebten aber 18 Männer in meinem Haus, wir hatten 19 kleine Häuser in Bau und nichts mehr zu essen. Da fuhr ich nachts nach Paris und begann, auf den Grands Boulevards zu betteln.

Eines Morgens erfuhren meine Gefährten von einer Frau aus der Nachbarschaft, daß sie mich nachts auf einem Boulevard gesehen habe. Da hätte ich gebettelt. Erst glaubten meine Freunde ihr das nicht — dann wurden sie wütend. Was?! Das sei doch skandalös! Sie, die Bettler, würden dadurch entehrt, daß ich für sie betteln ginge. Zornig schrien sie auf mich ein.

‚Aber es war doch nichts mehr zu essen da', gestand ich ein.

‚Warum haben Sie uns das nicht gesagt?!' fuhr mich einer der Männer an, ‚. . . schließlich weiß ich doch, wie man zu Geld kommen kann.'

‚Gewiß, gewiß . . .', versuchte ich ihn zu beschwichtigen, ‚— ich kann mir vorstellen, wie vorzüglich du stehlen kannst. Damit wäre ich aber nicht so ganz einverstanden, von Berufs wegen, verstehst du?'

Er schüttelte energisch seinen Kopf. So meine er's ja gar nicht. ‚Ich denke an eine andere Methode . . .', mußte nun auch er lachen, ‚eine brave, hochmoralische . . .!' Und dann erklärte er uns die Technik der Lumpenverwertung.

Ich blieb skeptisch. Das mag einen einzelnen Menschen ernähren, aber nicht eine Gemeinschaft von 18 Männern, die zudem 19 Baustellen unterhalten. Aber Auguste — so hieß der Mann, er ist auch längst tot — Auguste bestand darauf, wenn man nur methodisch vorginge, streng rational, verstehen Sie — brauchbare Sachen werden aussortiert, unbrauchbares Material zerkleinert, noch verwendbare Möbel verkauft oder für die Einrichtung der Häuschen verwendet —, dann würde sich das schon rentieren, es käme genug Geld zusammen, um satt werden und die Bauten fertigstellen zu können. Na, wir probierten das einmal aus. Erst zu zweit. Dann mit fünf, später mit zehn Mann. Tatsächlich, es klappte. Allmählich wurden sogar die Häuser fertig.

Und so bildeten sich nach und nach die Regeln unserer Gemeinschaften von Emmaus aus:

1. Gemeinsame Arbeit für den eigenen Lebensunterhalt und für die Dienstleistungen anderen zuliebe — wir sind schließlich kein Asyl, nicht wahr?!

2. Wir erkennen keinen Unterschied der Person an. Ob nun jemand freiwillig aus einem Priesterseminar, als Arzt oder Lehrer — oder als Einbruchsspezialist aus dem Zuchthaus zu uns kommt, das interessiert vielleicht die Polizei, uns nicht.

3. Wir brauchen das Notwendige, um zu arbeiten, aber wir arbeiten unentgeltlich. Die meisten leben ohne Frau und Kind und haben keine Wohnungskosten. Statt nun unsere Verdienste dem Verwendungszweck der Selbstvergessenheit zuzuführen — zumeist im Suff, aber manche Freizeitbeschäftigung gesetzter Bürger scheint mir keinen anderen Sinn zu haben —, erarbeiten wir Gewinne. Die legen wir zusammen. Von der Kommunität erhält jeder ein Taschengeld — ungefähr eine Mark pro Tag, und die Zigaretten, das ist alles. Der Rest dient unserem Ziel: Wir Armen, Verlorenen und Verkommenen erteilen dieser Gesellschaft eine Lehre — wir beschenken die Allerärmsten und Unglücklichsten. Wir bilden Armen-Bruderschaften, die allen zugänglich sind, auch den Reichen. Sie können zu uns kommen, jederzeit, und bei uns lernen, wie man reich sein kann, ohne traurig zu werden."

Während Abbé Pierre das sagt, bleibt sein Gesicht ernst. Nein, für ihn ist das keine kluge Pointe. Er meint es ernst. Er bemerkt meinen Blick. Als müsse er sich entschuldigen, weil er so pausenlos erzählt hat, lehnt er sich zurück und versucht, meine unausgesprochene Frage zu beantworten:

„... Privilegien sind doch belanglos, nicht wahr, es wird sie immer geben. Die Armen produzieren sie ja nicht zuletzt von sich aus. Es gibt nicht nur den Hochmut der Besitzenden, es gibt auch den Hochmut der Habenichtse. Keine Gesellschaft wird jemals aus lauter Gleichen bestehen. Die Gleichheit ist eine dumme Illusion. Gleichmacherei ist unwahrhaftig und absurd. Gerade dem wirklich Armen gefällt es, sich Vorrechte herauszunehmen: wenn er zum Beispiel jemand lieb hat, so ist er glücklich, wenn er ihm, mag der auch tausendmal mehr haben als er, irgendein Geschenk machen kann. Es ist einfach unwahr, daß die Armen alle gleichmachen wollen — das fordern nur die Wohlhabenden, die sich einen gewissen Idealismus leisten können. Gleichheit ist ein absurdes Ideal. Was die Armen jedoch nicht akzeptieren, das sind die unnützen Privilegien und die privilegierten Nichtsnutze. Die sind skandalös, weil sie zu nichts taugen. Wenn man mit seinen Privilegien nichts anzufangen weiß, das ist ein Skandal. Verstehen Sie?"

Und sogleich fährt er fort in seiner Erklärung der Prinzipien dieser Gemeinschaften von Emmaus:

„Daraus ergeben sich die beiden Grundregeln der Herausforderung und der Begegnung: Was wir tun, muß erklärt werden — und das hat ohne sektierischen Hochmut zu geschehen. Das bürgerliche und öffentliche Gewissen muß erregt werden, bis hin zu den Behörden und Ministerien — wie damals im Winter 1954. Die Bewegung muß weiterwirken, öffentlich und privat, damit denen, die am meisten leiden, am ersten geholfen wird. Denn das ist doch der Schlüssel: denen zuallererst dienen, die am allermeisten leiden. Wenn es schon Privilegien gibt, so gibt es auch Redlichkeit: und redlicher Weise ist man beschämt, Vorrechte zu genießen, die durch nichts, auch nicht durch den Dienst und die Fürsorge und die Gerechtigkeit gegenüber den Schwächsten gerechtfertigt sind. Diese Redlichkeit gilt es zu wecken.

So haben wir begonnen — so haben sich unsere Gemeinschaften der Lumpensammler von Emmaus vervielfacht: augenblicklich gibt es nahezu 50 dieser Kommunitäten in allen Erdteilen — fünf in Frankreich, vier in Schweden, vier in Belgien, zwei in Italien, je eine in Holland, Dänemark, Genf, Athen und bei Köln, vier in Japan, acht in Argentinien, fünf in Kanada, zwei in Uruguay, andere in Brasilien, Peru, Bolivien, Chile und in anderen Ländern — in Afrika, Asien, Amerika und hier bei uns, in Europa. Alle diese autonomen Gruppen sind durch ein internationales Sekretariat miteinander verbunden, das zentrale Bindeglied, das für den Eintritt und den Unterhalt sorgt und darauf achtet, daß dem gemeinsamen Ideal die Treue gehalten wird.

Das ist also unser ‚Wurzelwerk' — die Gruppe der ‚Communitaires', wie wir sie nennen. Diese Menschen leben und arbeiten so wie die erste Gemeinschaft der Lumpensammler von Emmaus, sie sind frei und können gehen, wann immer sie wollen. Wer nach dieser Rekonvaleszenz ins ‚normale' Leben zurückkehren möchte, dem helfen wir dabei, sich neu einzurichten.

Außerdem gibt es jedoch noch zwei andere Gruppen: die Freiwilligen und die Freunde von Emmaus. Ich nenne sie die ‚von der Revolution Revolutionierten' — Revolutionen sind nämlich immer notwendig, sonst verbürgerlicht und verspießert die Gesellschaft, und nur der Parvenu zieht noch Nutzen aus ihren Strukturen. Sonst vergißt man, daß es Schwächere gibt. Stets und überall — ganz gleich, unter welchem Regime, in welchem ideologischen Konzept oder politischen Status — ist es notwendig, Umkehr zu leisten. Um sie zu provozieren — deswegen arbeiten meine Freunde, jeder auf seine Weise, im Bereich seiner Möglichkeiten. Sie leiten anonym solche Großbaustellen, wie diese hier . . ."

Abbé Pierre deutet auf die Pläne für einige Appartement-Häuser, die ich mir zuvor schon angeschaut habe; mehrstöckige Wohnhochhäuser, wie der Block, in dem wir uns befinden.

„. . . andere errichten über 800 Einfamilienhäuser, die in den Besitz der Leute übergehen. Insgesamt haben wir in Frankreich jetzt schon über 15 000, nahezu 20 000 Wohneinheiten Armen zur Verfügung gestellt. Wieder andere sind mittelbar hilfreich; ihr schockiertes Gewissen läßt sie in ihrem jeweiligen Beruf, bei Banken, in Behörden und Ministerien aktiv werden in unserem Sinne: für die Erste Hilfe an denen, die am meisten leiden."

Merkwürdig, dieser Mann berichtet nur von Menschen, eben von seinen Freunden und Kampfgefährten. Die sachlichen Ergebnisse der Aktionen, die sie unter seiner Leitung durchführen, die Statistiken der erstaunlichen Erfolge interessieren ihn nicht. Die Sensation jenes Winters 1954, die ihn berühmt werden ließ, scheint ihm gar nicht erwähnenswert zu sein. Wichtig sind ihm andere Werte. Bedeutsam ist ihm das Kapital an Menschlichkeit, das ihm anvertraut worden ist und mit dem er Wucher treibt. Er verläßt sich allein auf diesen Kredit.

Dabei sind diese konkreten Leistungen erstaunlich genug: die organisatorische und materielle Hilfe der „Freunde von Emmaus" — sämtliche Baustellen in der Bannmeile von Paris werden kostenlos geplant und geleitet (er erwähnt nur, daß dies anonym geschieht) — die zahllosen Spenden, Patenschaften, Stipendien; kostenlos werden die freiwilligen Helfer für die Notleidenden in Afrika, Lateinamerika und Asien sprachlich und technisch ausgebildet; zehn Millionen Franken spendeten Schweizer Freunde, mit deren Hilfe fahrbare Polikliniken gebaut werden konnten, auf denen Spezialisten, Ärzte, Krankenpfleger und Schwestern in 40 verschiedenen Ländern Seuchen bekämpfen, Lepröse betreuen.

Er ist Realist genug, um diese Leistungen und Erfolge nicht gering zu achten; aber entscheidend ist für den Abbé Pierre das, was sich im Unberechenbaren ergibt — etwa die Selbstverständlichkeit, mit der alle Mitarbeiter und freiwilligen Helfer in den Gemeinschaften von Emmaus ökumenische Einheit erleben — Christen und Nichtchristen, Katholiken und Protestanten. Entscheidend ist für ihn vor allem eine neue kleine Kommunität, „Notre Dame de Bidonville" — das geistliche Herz der ganzen Bewegung:
„Von Anfang an suchten wir nach einer religiösen Form, in der wir gemeinsam, ökumenisch, über alle Grenzen hinweg für Emmaus beten, in Emmaus leben könnten. Gerade weil wir aber nicht konfessionelle Gemeinschaften haben, erfuhr ich von den Freiwilligen oder den Armen, die glücklich waren, in dieser Lebensform der Wahrheit, des Dienstes, der Arbeit miteinander zu leben, immer wieder, das sei zwar wundervoll, diese überkonfessionelle Gemeinsamkeit, beraube sie aber in den Gemeinschaften von Emmaus der geistigen Nahrung — die müßten sie außerhalb, in anderen religiösen Bereichen und Bewegungen suchen. Das war traurig. Oft haben wir dieses Problem besprochen. Vor einem regulären Säkularinstitut mit Gelübden sind wir aber immer wieder zurückgeschreckt — denn das könnte gefährlich sein: zerstört das nicht die Einheit unserer Kommunitäten, wenn wir flugs so etwas wie eine Aristokratie schaffen?! Dann gäbe es Fromme und Unfromme, Heilige und Heiden bei uns, verstehen Sie — Elite und die anderen, die Armseligen. Darum haben wir das immer vermieden und

abgelehnt — die Freunde konnten ja in die Bruderschaften des Charles de Foucauld gehen und bei uns weiterarbeiten — viele haben es so gemacht — aber eine eigene religiöse Gemeinschaft, nein. Erst seit einem Jahr gibt es nun eine Kommunität, die offiziell nur dem Gebet lebt, dem ökumenischen Gebet, und allen denen offensteht, die danach verlangen. Vor Jahren begannen wir mit diesem Experiment in Rouen. Dort gibt es jetzt das tägliche Gebet, wenn ein Priester da ist, die Eucharistie, und allmählich hat sich eine Form, nicht gerade des klösterlichen, aber des klar geregelten Gebetslebens ergeben — augenblicklich zwischen Katholiken, lutherischen Schweden und calvinistischen Holländern. Und diese Gebetsgruppe bietet den inneren Halt für die anderen, die arbeiten. Der Mann auf der Baustelle, im Führerhaus des Lastwagens, der weiß seitdem — die dort in Rouen, die beten jetzt — und wenn er will, kann er sich dieser Gruppe für einige Zeit zugesellen. Wir brauchen solche Spezialtrupps — medizinische, bautechnische, antialkoholische ... und eben auch betende. Arbeit, Armut, Gebet: junge Katholiken wie evangelische Christen suchen danach, sich wenigstens zeitweise dieser Aufgabe zu weihen — später vielleicht einmal durch Gelübde fürs ganze Leben."

Wir sprechen noch ausführlicher über die eigentümliche Nähe dieser Gemeinschaften von Emmaus zu den Kleinen Brüdern und Schwestern Jesu, die dem Charles Foucauld nachfolgen. Ja, diese Nähe bestehe, man arbeite auch an vielen Stellen zusammen, überall, in Europa wie in Asien, aber das Gebot der Ununterschiedenheit beziehe sich bei den Kleinen Brüdern und Schwestern auf die Lebensweise — in Emmaus auf die Menschen und ihre Gemeinschaft selbst. Das kontemplative Leben inmitten der Welt, das jene führen, schließt die Übernahme von Verantwortung für andere weitgehend aus. Dagegen stehen die Gemeinschaften von Emmaus allen offen — Männern und Frauen, Ordensleuten und Ehepaaren, Christen und Buddhisten, Gläubigen und Ungläubigen. Ein jeder ist gehalten, seinem eigenen Glauben getreu zu leben, keiner braucht ihn zu verbergen.

„Im Geistigen wie im Sozialen ist unser Werk vorläufig, d. h. es greift künftigen Möglichkeiten voraus, es schafft Präliminarien des Glaubens, der Freiheit, der Gerechtigkeit und — wenn man will — des Heiligseins, indem es die Gewähr bietet, daß eine Menschheit, die bislang erniedrigt war, sobald sie einmal erwachsen geworden ist, sich ihr eigenes spirituelles Leben suchen kann. Das Zeugnis unseres Glaubens ist zwar noch keine eigentliche Mission — aber es vermag, wie in Japan, wo Krieg und Nachkriegszeit das Christentum in Mißkredit gebracht haben, das Evangelium wieder glaubwürdig werden zu lassen. Was Emmaus dort bedeutet, erklärte mir ein Bischof am Heroismus eines jungen Mädchens: Konvertitin, Tochter eines Universitätsprofessors, hat sie eines Tages unsere kleine Gemeinschaft entdeckt und sich in einem der Elendsviertel von Tokio angesiedelt, in der Kommunität der Lumpensammler. Diese Blech- und Papphütten, jämmerlicher noch als unsere Bidonvilles, wollte man einfach niederbrennen, ohne zuvor einen Gedanken daran verschwendet zu haben, wo diese armen Menschen künftighin leben könnten. Morgens wurde bekannt gegeben, daß mittags alles in Brand gesetzt würde. Dieses Mädchen aber — sie hieß Maria Rekokitara — ließ die Behörden wissen, auch wenn man Feuer lege, werde sie dort bleiben. Man war ratlos. Sie war schwer tuberkulös. Ihr Vater brachte sie in ein Sanatorium. Dort erfuhr sie jedoch, nun werde man in ihrer Abwesenheit die Hütten niederbrennen. Sofort ging sie zurück. Endlich erreichte sie, daß die Stadtverwaltung von Tokio Boden und Kredite zum Bau neuer Wohnungen bereitstellte, bevor die Notunterkünfte zerstört würden. Am Tage, an dem in ihrem Beisein der Vertrag unterzeichnet wurde, starb sie. Das erregte ungeheures Aufsehen. Ihr Bischof nennt sie nur ,die Madonna der Lumpensammler'.

Oder in Peru, wo ich jetzt gerade gewesen bin: zehn unserer Gruppen arbeiten dort allein im Ballungsgebiet von Lima. Von überall her fordert man uns an, aber wir dürfen nicht zu schnell vorgehen, denn jeder Freiwillige kostet uns etwa 4000 Mark im Jahr — Reisekosten, Versicherung und seinen Lebensunterhalt, soweit er ihn nicht selbst erarbeiten kann: monatlich sind das ungefähr 200 Mark; wenig genug, davon kann man nur leben wie . . . ja, wie die ganz Armen.

Aber davon haben wir noch gar nicht gesprochen: unsere 3. Gruppe sind also diese Freiwilligen. Sie kommen aus allen Berufen, sehr viele sind Studenten, junge Männer nach der Berufsausbildung — sie verpflichten sich, für zwei, drei Jahre, vielleicht auch länger, mit unseren ,Communitaires', mit den Lumpensammlern zusammenzuleben und zu arbeiten.

Ihre Arbeit in Lima beseht vor allem darin, in den dortigen Bidonvilles, den Favellas, für die Kleinkinder zu sorgen. Sie gründen Kinderkrippen, um den alleinstehenden Frauen und Müttern die Möglichkeit zu bieten, eine reguläre Arbeit anzunehmen. Es heißt, diese Frauen seien ,gefallen' — mein Gott, ihr Elend ist unvorstellbar! Morgens bringen sie uns die Kleinen, abends holen sie die Kinder wieder ab. Doch wir müssen auch die Stellenvermittlung übernehmen und seriöse Arbeitsplätze ausfindig machen, sonst werden diese Frauen erbarmungslos ausgebeutet. Weil wir auf gute Lohnbedingungen achten, beschimpft man uns als moskauhörige Kommunisten.

Dort bauen wir auch eine Poliklinik, eine Haushaltsschule für größere Mädchen, einen Klub für Näh- und Waschmaschinen-Kurse und eine Handwerksschule für die Jungen. All das kostet Geld. Die Freiwilligen, Versicherung, Reisen, Baumaterial, Unterhalt der kleinen Kinder — das ergibt schwere Budgets. Wir können es kaum schaffen . . . wenn unser Freundeskreis größer wäre, könnten wir um ein Vielfaches mehr helfen.

Übrigens, das wird Sie erstaunen, nahezu die Hälfte unserer Freiwilligen kommt aus den skandinavischen Ländern. Auch das hängt mit Selbstmord zusammen, mit einer Selbstmordepidemie an den schwedischen Universitäten. Vor allem an der Universität Uppsala stiegen die Suizid-Fälle vor zehn Jahren erschreckend an. Man lud mich ein, und auf einem Treffen von über 500 Studenten sprach ich mit ihnen, mit einem jeden einzeln. Diese Seuche versteht man, sobald man das Heilmittel kennt. Ich erinnerte sie an das Wort von Charles Péguy: ,Das Unglück der Söhne jener Kathedralen-Baumeister besteht darin, daß sie keine andere Aufgabe mehr vor sich sehen als die, Küster zu werden. Die Kathedrale unserer Gesellschaft macht so den Eindruck, als könne nichts mehr getan und verändert werden. Man erstickt in Wohlstand, Sicherheit, Vollbeschäftigung, Konsum und Ekel. Das Leben ist geschmacklos geworden, weil es nicht mehr schöpferisch ist. Da hilft es nicht, ein wenig wohltätig zu sein, wozu ja die schwedischen Familien erziehen und das Rote Kreuz großartige Gelegenheit bietet — Wohltätigkeit, die das Unglück in aller Welt einsammelt und anonym ,betreut', ohne die Unglücklichen kennenzulernen und sie leibhaft anzusehen, anzusprechen; sie hilft denen auch nicht, sondern bringt sie in eine schiefe Lage und wirkt sich nur zu oft verheerend aus. Wenn sie ohne Eisschrank, Klimaanlage und Television ins Elend heimkehren müssen, was geschieht dann mit ihnen? Aber es gibt ein Mittel: wenn ihr erwachsen geworden seid und eure technische Ausbildung abgeschlossen habt, dann entschließt euch doch dazu, aufzubrechen, in kleinen Gruppen, von den Freunden daheim unterstützt — brecht auf! Ganz bescheiden,

im Bewußtsein, daß ihr nichts wißt und die Menschen noch nicht kennt. Seid bereit, mit diesen Menschen zusammenzuleben, ihr Schicksal zu teilen, ihr Elend und ihre ungeheure Aufgabe — diese Menschen in Afrika, Südamerika und Asien müssen noch die Kathedrale ihrer Gesellschaft bauen! Helft ihnen dabei! Das hilft — ihnen und euch.'
Aus diesem Grund kommen so viele Freiwillige aus Schweden zu uns. Aber alle diese Gründungen — jede Kommunität der Lumpensammler, jeder Trupp Freiwilliger braucht einige Paten in einem reichen Land, die für sie sorgen und ihre Ausbildung, ihre Reisen finanzieren können. Wir brauchen Helfer, Freunde . . . auch in Deutschland."
Er sagt das ganz ruhig, als nüchterne Feststellung. Flammende Aufrufe, Propaganda, Werbung, öffentlicher Lärm — der Abbé Pierre will das alles nicht und braucht es auch nicht. Er ist, so paradox das klingt, er ist absichtslos geworden. Er hat sich längst anderen Gesetzen von Ursache und Wirkung, verborgenen Wirkweisen anvertraut. Das gehört zum Geheimnis von Emmaus: gerade das Wesentliche ereignet sich im Unscheinbaren — wie damals, da die Jünger lediglich an der Art, wie er das Brot brach, erkannten, mit wem sie gesprochen hatten. Emmaus kann nicht proklamiert, kann nicht propagiert werden. Es lebt aus der stillschweigenden Gemeinsamkeit und kraft dieses großen Herzens. Ungeachtet aller Sensationen bleibt es ein Werk im stillen.
Von Liebe ist nicht die Rede, sie wird in der Tat geübt. Über irgendwelche Dialoge wird nicht gesprochen, man lebt im Dialog, im schlichten Beisammensein und Miteinanderarbeiten. Man fordert nichts und tut viel. Und unversehens, in all dieser Anspruchslosigkeit, hat man vielleicht schon zur Lösung mancher undurchsichtigen Problematik gefunden, die auf dem Konzil, auf den ökumenischen Konferenzen und in klugen Diskussionen der Ideologen gerade erst erkannt wird.
„. . . ich sagte Ihnen ja, vorläufig sind diese Aktionen allesamt vorauslaufende Abenteuer. Im sozialen wie im kirchlichen Bereich. Denn vor der Ökumene der Theologen in dogmatischen Untersuchungen und biblischer Besinnung gibt es eben die Einmütigkeit der Liebe, die verwirklichte Caritas. Denn es gibt eben die Menschen, die erniedrigt und eine Beleidigung ihres Schöpfers sind in der Verelendung, in welcher sie verloren gehen. Auf Grund der bereits bestehenen, elementaren, niemals angezweifelten theologischen Gemeinsamkeit können wir, indem wir sofort gemeinsam das Notwendige tun, den Theologen am besten zur Intelligenz verhelfen. Deren Aufgabe besteht doch darin, die Offenbarung auszulegen, daß Gott Liebe ist. Mit Logik läßt sich das nicht erklären. Nur durch die Liebe. Wenn also wir gewöhnlichen Menschen, die wir keine Techniker der Theologie sind, jenseits oder, richtiger gesagt, diesseits aller Diskussionen einfach im Glauben leben und im gemeinsamen Handeln ein Klima der Liebe schaffen . . . dann helfen wir gewiß auch den Theologen aller Schulen und Richtungen, in dem weiterzukommen, was ihnen aufgetragen ist, und was sie zu verantworten haben.
Wir erinnern sie daran, was Jesus eigentlich getan hat, als er die Kirche gründete. Denn: Die Wahrheit denkt in Taten."
Seit diesem Gespräch habe ich den Abbé Pierre nicht mehr wiedergesehen. Ab und zu bin ich einigen seiner Freunde begegnet — in Cairo, in Harlem, in Hongkong. Zufällig. Im Gespräch stellte sich jeweils heraus, woher sie kamen und wohin sie gingen. Scheinbar planlos — und doch nicht ohne Orientierung. Wieder in Paris, versuchte ich ihn zu erreichen; man sagte mir, er sei krank gewesen und erhole sich gerade in der Nähe von Lyon. Es gibt ihn also noch unter uns. Insgeheim. So verborgen wie sich das Wunder von Emmaus ausgebreitet hat, wo immer zwei wahrhaft miteinander sich auf den Weg

gemacht haben, unversehens von einem dritten begleitet, von dem sie nicht wissen, wer er ist.
Aber ja, doch — das Sekretariat befindet sich nach wie vor hier in Charenton, sagte die Stimme am Telephon. In der kleinen Wohnung, die als schäbiges, unordentliches Büro dienen muß. Als uns Abbé Pierre in den Flur hinausführte, warteten schon die ungeduldigen Mitarbeiter, die Ratsuchenden auf ihn. Lächelnd verneigte er sich und blickte einem jeden zum Abschied eigentümlich lange und aufmerksam in die Augen. Dann sagte er leise:
„Bon courage . . ."
Seid guten Muts. Habt den Mut zur Güte.

ERICH KÄSTNER

Die vier archimedischen Punkte

Kleine Neujahrs-Ansprache vor jungen Leuten

In den Wochen vor und nach der Jahreswende pflegt es Ansprachen zu schneien. Sie senken sich sanft, mild und wattig auf die rauhe Wirklichkeit, bis diese einer wärmstens empfohlenen, überzuckerten und ozonreichen Winterlandschaft gleicht. Doch mit dem Schnee, wie dicht er auch fällt, hat es seine eigene Bewandtnis — er schmilzt. Und die Wirklichkeit sieht nach der Schmelze, mitten im schönsten Matsch, noch schlimmer aus als vor dem großen Schneetreiben und Ansprachengestöber.
Was war, wird nicht besser, indem man's nachträglich lobt. Und das, was kommt, mit frommen Wünschen zu garnieren, ist Konditorei, nichts weiter. Es hat keinen Sinn, sich und einander die Taschen vollzulügen. Sie bleiben leer. Es hat keinen Zweck, die Bilanz zu frisieren. Wenn sie nicht stimmt, helfen keine Dauerwellen.
Rund heraus: das alte Jahr war keine ausgesprochene Postkartenschönheit, beileibe nicht. Und das neue? Wir wollen's abwarten. Wollen wir's abwarten? Nein. Wir wollen es nicht abwarten! Wir wollen nicht auf gut Glück und auf gut Wetter warten, nicht auf den Zufall und den Himmel harren, nicht auf die politische Konstellation und die historische Entwicklung hoffen, nicht auf die Weisheit der Regierungen, die Intelligenz der Parteivorstände und die Unfehlbarkeit aller übrigen Büros. Wenn Millionen Menschen nicht nur neben-, sondern miteinander leben wollen, kommt es aufs Verhalten der Millionen, kommt es auf jeden und jede an, nicht auf die Instanzen. Das klingt wie ein Gemeinplatz, und es ist einer. Wir müssen unser Teil Verantwortung für das, was geschieht, und für das, was unterbleibt, aus der öffentlichen Hand in die eigenen Hände zurücknehmen. Wohin es führt, wenn jeder glaubt, die Verantwortung trüge der sehr geehrte, wertgeschätzte Vordermann und Vorgesetzte, das haben wir erlebt. Soweit wir's erlebt haben . . .
Ich bin ein paar Jahre älter als ihr, und ihr werdet ein paar Jahre länger leben als ich. Das hat nicht viel auf sich. Aber glaubt mir trotzdem: wenn Unrecht geschieht, wenn Not herrscht, wenn Dummheit waltet, wenn Haß gesät wird, wenn Muckertum sich breit-

macht, wenn Hilfe verweigert wird, — stets ist jeder einzelne zur Abhilfe mitaufgerufen, nicht nur die jeweils „zuständige“ Stelle.

Jeder ist mitverantwortlich für das, was geschieht, und für das, was unterbleibt. Und jeder von uns und euch — auch und gerade von euch — muß es spüren, wann die Mitverantwortung neben ihn tritt und schweigend wartet. Wartet, daß er handle, helfe, spreche, sich weigere oder empöre, je nachdem. Fühlt er es nicht, so muß er's fühlen lernen. Beim einzelnen liegt die große Entscheidung.

Aber wie kann man es lernen? Steht man nicht mit seinem Bündel Verantwortung wie in einem Wald bei Nacht? Ohne Licht und Weg, ohne Laterne, Uhr und Kompaß?

Ich sagte schon, ich sei ein paar Jahre älter als ihr, und wenn ich bisher auch noch nicht, noch immer nicht gelernt habe, welche Partei, welche Staatsform, welche Kirche, welche Philosophie, welches Wirtschaftssystem und welche Weltanschauung „richtig“ wären, so bin ich doch nie ohne Kompaß, Uhr und Taschenlampe in der Welt herumgestolpert. Und wenn ich mich auch nicht immer nach ihnen gerichtet habe, so war's gewiß nicht ihr, sondern mein Fehler.

Archimedes suchte, für die physikalische Welt, den einen festen Punkt, von dem aus er sich's zutraute, sie aus den Angeln zu heben. Die soziale, moralische und politische Welt, die Welt der Menschen nicht aus den Angeln, sondern in die rechten Angeln hineinzuheben, dafür gibt es in jedem von uns mehr als einen archimedischen Punkt. Vier dieser Punkte möchte ich aufzählen.

Punkt 1: Jeder Mensch höre auf sein Gewissen! Das ist möglich. Denn er besitzt eines. Diese Uhr kann man weder aus Versehen verlieren, noch mutwillig zertrampeln. Diese Uhr mag leiser oder lauter ticken, — sie geht stets richtig. Nur wir gehen manchmal verkehrt.

Punkt 2: Jeder Mensch suche sich Vorbilder! Das ist möglich. Denn es existieren welche. Und es ist unwichtig, ob es sich dabei um einen großen toten Dichter, um Mahatma Gandhi oder um Onkel Fritz aus Braunschweig handelt, wenn es nur ein Mensch ist, der im gegebenen Augenblick ohne Wimperzucken das gesagt und getan hätte, wovor wir zögern. Das Vorbild ist ein Kompaß, der sich nicht irrt und uns Weg und Ziel weist.

Punkt 3: Jeder Mensch gedenke immer seiner Kindheit! Das ist möglich. Denn er hat ein Gedächtnis. Die Kindheit ist das stille, reine Licht, das aus der eigenen Vergangenheit tröstlich in die Gegenwart und Zukunft hinüberleuchtet. Sich der Kindheit wahrhaft erinnern, das heißt: plötzlich und ohne langes Überlegen wieder wissen, was echt und falsch, was gut und böse ist. Die meisten vergessen ihre Kindheit wie einen Schirm und lassen sie irgendwo in der Vergangenheit stehen. Und doch können nicht vierzig, nicht fünfzig spätere Jahre des Lernens und Erfahrens den seelischen Feingehalt des ersten Jahrzehnts aufwiegen. Die Kindheit ist unser Leuchtturm.

Punkt 4: Jeder Mensch erwerbe sich Humor! Das ist nicht unmöglich. Denn immer und überall ist es einigen gelungen. Der Humor rückt den Augenblick an die richtige Stelle. Er lehrt uns die wahre Größenordnung und die gültige Perspektive. Er macht die Erde zu einem kleinen Stern, die Weltgeschichte zu einem Atemzug und uns selber bescheiden. Das ist viel. Bevor man das Erb- und Erzübel, die Eitelkeit, nicht totgelacht hat, kann man nicht beginnen, das zu werden, was man ist: ein Mensch.

Vier Punkte habe ich aufgezählt, daß ihr von ihnen aus die Welt, die aus den Fugen ist, einrenken helft: das Gewissen, das Vorbild, die Kindheit, den Humor. Vier Angelpunkte. Vier Programmpunkte, wenn man so will. Und damit habe ich unversehens selber eine der Ansprachen gehalten, über die ich mich eingangs lustig machte. Es läßt sich nicht mehr ändern, höchstens und konsequenterweise auf die Spitze treiben, indem ich, anderen geschätzten Vor- und Festrednern folgend, mit ein paar Versen schließe, mit einem selbst- und hausgemachten Neujahrsspruch:

Man soll das Jahr nicht mit Programmen
beladen wie ein krankes Pferd.
Wenn man es allzusehr beschwert,
bricht es zu guter Letzt zusammen.

Je üppiger die Pläne blühen,
um so verzwickter wird die Tat.
Man nimmt sich vor, sich schrecklich zu bemühen,
und schließlich hat man den Salat.

Es nützt nicht viel, sich rotzuschämen.
Es nützt nichts, und es schadet bloß,
sich tausend Dinge vorzunehmen.
Laßt das Programm, und bessert euch drauflos!

WALTER BAUER

„Postkarte an junge Menschen“

Gebt nicht nach, wie wir getan haben,
Folgt den Verlockungen nicht, denkt nach, verweigert,
Verweigert, lehnt ab.
Denkt nach, eh ihr Ja sagt,
Glaubt nicht sofort, glaubt auch dem Einleuchtenden nicht,
Glauben schläfert ein, und ihr sollt wach sein.
Fangt mit einem weißen Blatt an, schreibt selber die ersten Worte,
Laßt euch nichts vorschreiben.
Hört gut zu, hört lange zu, aufmerksam,
Glaubt der Vernunft nicht, der wir uns unterwarfen.
Fangt mit der stummen Revolte des Nachdenkens an, prüft
Und verwerft.
Bildet langsam das Ja eures Lebens.
Lebt nicht wie wir.
Lebt ohne Furcht.

HANS A. FISCHER-BARNICOL

Ein kleiner Bruder

Charles de Foucauld — oder das Wagnis bloßen Daseins

Nach wie vor haben wir wenig Sinn für Wahrheiten, die verborgen bleiben, indem sie sich zeigen, für Wirklichkeiten, die nicht zu haben sind, sondern erlebt, erlitten, eben verwirklicht werden. Ehedem wurden sie deutlicher erfaßt: als der Gautama Buddha die Lotosblüte aufhob und seinen Jüngern schweigend hinhielt, hat einer von ihnen diese Verkündigung verstanden; den heiligen Juden erkannte der Chassid daran, wie er sich die Schuhe zuschnürte; am Brotbrechen identifizierten die Jünger in Emmaus den Auferstandenen. Uns, die wir auf das Außergewöhnliche aus sind, ist dieser Sinn fürs Wesentliche verloren gegangen. So sind auch nur wenige, die Charles de Foucauld begegnen durften, vor diesem sonderbar frommen Mann erschrocken, angesichts seiner heiligen, unvorstellbaren Anwesenheit. Das Heilige ist nämlich unvorstellbar.

Foucaulds eigene Äußerungen — Notizen, Betrachtungen, Entwürfe und unzählige Briefe, die der Einsame aus äußeren und inneren Wüsten an die Schwester, die Freunde, den Seelsorger daheim schrieb, geben die wesentlichen Erfahrungen seines Lebens nur gelegentlich preis, dann am deutlichsten, wenn sie nicht verheimlichen können, daß etwas verschwiegen wird. Im übrigen sprechen sie die Sprache eines gebildeten Franzosen jener Jahrzehnte, der stilistische Demütigungen nicht scheut und auf literarischen Esprit verzichtet. Er schreibt bewußt schlicht. Auch in seinen Aussagen bleibt er ein Verborgener, der sich der Verheißung des Weizenkorns anvertraut, das sterben muß, um Frucht bringen zu können. Eindeutig und klar wird in seinem Leben und in seinen Zeugnissen allein die Rückhaltlosigkeit dieser Einwilligung; er vertraute sich an — das heißt, er dachte auch nicht im geringsten daran, auf solche geheime Fruchtbarkeit zu spekulieren. Er gab es auf, mit irgendwelchen Ergebnissen zu rechnen. Je unermeßlicher seine Hoffnung, je maßloser sein Vertrauen wurde, desto geringer wurden seine Absichten, bis er in die Absichtslosigkeit einwilligen durfte. In die Bereitschaft, umsonst da zu sein — ohne Grund, frei wie die Liebe, in der und als die Gott sich uns mitgeteilt hat. Dieses Umsonst-da-Sein ist das Zeugnis des Charles de Foucauld. Es beweist, daß es doch menschenmöglich ist, frei zu sein.

Die Adelsfamilie der Foucaulds hat eine große Vergangenheit: der Ahn Bertrand de Foucauld fiel auf dem siebten Kreuzzug König Ludwigs des Heiligen bei Mansourah; Jean de Foucauld konnte die Krönung Karls VII. in der Kathedrale von Reims durch Jeanne d'Arc, die heilige Jungfrau von Orleans, miterleben; im September 1792 erlitt im Pariser Karmeliterkloster Armand de Foucauld den Märtyrertod.

Der Vater des Vicomte Charles de Foucauld de Pontbriand war sehr reich und diente Napoleon III. als hoher Beamter; die Mutter, eine geborene Gräfin de Morlet, stammt aus einer alten Offiziersfamilie.

Charles, der einzige Sohn, wird am 15. September 1858 in Straßburg geboren, drei Jahre vor seiner Schwester Marie; das Geburtshaus an der Place de Broglie 9 ist heute durch eine schmale Gedenktafel gekennzeichnet.

Wohlbehütet, zärtlich verwöhnt, in sorglosem Reichtum wachsen die beiden Kinder auf. Da sterben, kurz nacheinander, beide Eltern. Charles ist gerade fünf Jahre alt geworden.

Die Großeltern mütterlicherseits nehmen sich der beiden Waisen an. Oberst Morlet liebt seinen Enkelsohn abgöttisch. Der kommt mit acht Jahren zuerst auf ein bischöfliches, dann auf das staatliche Gymnasium und bleibt ein miserabler Schüler. Intelligent, bescheinigen ihm die Lehrer, sei er, sogar ungewöhnlich intelligent, aber faul und gleichgültig, zugleich ungestüm und wild. Nach dem Kriege 1870/71 — das Kind erlebt sehr bewußt die Enttäuschung der Erwachsenen über die Niederlage mit — empfängt Charles die erste Kommunion und die Firmung. Das eine Sakrament scheint ebenso wirkungslos zu sein wie das andere; der Sechzehnjährige verschreibt sich dem Rationalismus der Zeit und wird ein geradezu leidenschaftlicher Atheist. Bei den Jesuiten in Paris soll er Abitur machen und sich auf den Eintritt in die Militärakademie vorbereiten. Wegen notorischer Faulheit und hartnäckigen Ungehorsams müssen ihn die Patres aus der Schule werfen. Er frohlockt darüber, denn nichts ist ihm so zuwider wie diese mit Bohnerwachs, Weihrauch und Bücherstaub geschwängerte Atmosphäre des frommen Internats — es sei denn der Gehorsam.

„Nichts als Egoismus, Eitelkeit, Gottlosigkeit und der Drang nach Bösem war damals in mir", gesteht Charles de Foucauld später ein, „ich war wie besessen . . ."

Wieder daheim in Nancy — dorthin waren die Morlets aus dem von Preußen besetzten Straßburg gezogen — arbeitet Charles mit den Repititoren so fleißig, daß er tatsächlich in der berühmten Kriegsakademie Saint-Cyr als 82. von 412 Anwärtern aufgenommen wird. Wenigstens in den ersten Monaten läßt er sich begeistern, dann behagt ihm die Disziplin immer weniger, und nur seiner Gescheitheit und seinem guten Gedächtnis verdankt er es, daß er die Prüfungen besteht.

Nach des Großvaters Tod, der ihn verstört, tritt er an seinem 20. Geburtstag, am 15. September 1878, sein Erbe an. Als einer der letzten gelingt es ihm, das Schlußexamen in Saint-Cyr zu bestehen, und weil es ihm Spaß macht, den hübschen Federbusch der Kavallerie-Offiziere zu tragen, meldet er sich nach Saumur. Dort kultiviert er seine Begabung zu ebenso erlesenen wie hemmungslosen Genüssen, die er sich auf Grund seines Vermögens sorglos leisten kann. In einem Jahr gelingt es ihm, alle bisherigen Rekorde in Stubenarrest zu brechen; er erhält 21 Tage gewöhnlichen, 45 Tage verschärften Arrest, was ihm Gelegenheit bietet, auf seiner Stube noch nach Jahren gerühmte Gelage für die Kameraden zu veranstalten, die ihn trotz allem seiner Intelligenz und seines Scharms wegen gern haben. Dem Freunde verrät er seine Prinzipien:

„. . . nach einem guten Essen ein alter Wein, eine junge Dame, dann eine gute Zigarre und eine kleine Kutsche zur Heimfahrt, die recht niedrig gebaut ist, damit man, um einzusteigen, den Fuß nicht so arg hoch heben muß . . ."

Foucaulds Vermögen ist zum Glück seiner Kameraden und zur wachsenden Besorgnis seiner Familie nicht minder groß als sein Einfallsreichtum. Von Zeit zu Zeit läßt er ganze Wagenladungen der lieblichsten Damen aus der Pariser Halbwelt nach Saumur kommen, um seine Freunde mit ebenso glanzvollen wie intimen Festlichkeiten zu erfreuen. Ein andermal schafft er das komplette Corps de Ballet aus Paris herbei. Die Verwandten sind entsetzt, die Kameraden entzückt, die Vorgesetzten einigermaßen ratlos, denn derartige Vorfälle sind im Reglement nicht vorgesehen. Sie bescheinigen ihm allerdings, daß er „leichtfertig" sei und „nur Sinn für Vergnügungen" habe.

Im Jahre darauf langweilt er sich beim 4. Husarenregiment in Sézanne entsetzlich. In Pont-à-Mousson scheint es ihm etwas besser zu gefallen. Glücklich wirkt er jedoch nur im Urlaub, wenn er sich in seine Pariser Wohnung in der rue de la Boétie zurückzieht, in der er, von seinem Burschen betreut, ein höchst kultiviertes Luxusleben führen kann. Ungewöhnlich ist Foucaulds Aufmerksamkeit gegenüber anderen. Er ist äußerlich ein etwas beleibter, allzu gepflegter junger Mann mit schwammigem Gesicht und geöltem Haar, weich der sinnliche Mund unter dem eleganten Bijou-Bärtchen, auffallend allein die schwermütigen, verhangenen Augen — jetzt schon ist er merkwürdig sensibel für andere da, um nichts so sehr bemüht wie um die heitere Lässigkeit, mit der er andere beschenkt, besorgt nur darum, seine verschwenderische Freigebigkeit möge niemanden beschämen. Wenn er sich auch keinen Deut um die Moral und die Ehrbegriffe seiner Gesellschaft kümmert, auf seine Weise ist er ganz selbstverständlich treu.

Als sein Regiment im Dezember 1880 nach Algerien verlegt wird, schickt er seine Geliebte voraus, mit Empfehlungen versehen, die jedermann darauf schließen lassen, es handele sich um seine Frau. Von dieser Frau wissen wir wenig; außerordentlich hübsch und amüsant muß sie, unintelligent und tugendsam kann sie nicht gewesen sein. Mimi hieß sie. Von den Beamten und Offizieren in den Garnisonen von Bône und Sétif wird sie als Madame de Foucauld aufs höflichste empfangen. Als das Regiment nachkommt, empören sich nicht nur die legitimen Offiziersgattinnen, auch der Oberst und die Kameraden finden das Verhalten des 22jährigen Leutnants skandalös, zumal der überhaupt nicht einzusehen vermag, weshalb er seine Mimi heimschicken soll. Als er vor die Alternative gestellt wird: Regiment oder Freundin, entscheidet sich Foucauld ohne Zögern für seine Geliebte. Der Kommandeur macht die entsprechende Meldung, und am 20. März 1881 wird der Leutnant Charles de Foucauld durch ministeriellen Beschluß „wegen Disziplinlosigkeit und offenkundiger schlechter Führung" verabschiedet. Für ihn ist das nur eine gute Gelegenheit, die Kameraden noch einmal zu einem glänzenden Fest zu laden. Dann fährt er gelassen und vergnügt mit Mimi nach Frankreich zurück. Die Familie ist verzweifelt, ihm macht es nichts aus — seine Karriere ist zu Ende, bevor sie begonnen hat.

Wenige Monate später beginnt unbemerkt, auch ihm selber noch verborgen, sein eigentlicher Weg, das Abenteuer seiner Verwandlung.

Eines Tages in Evian, wohin er sich mit Mimi zurückgezogen hatte, mußte er sich wieder einmal herzhaft langweilen. Er läßt sich dazu herab, eine Tageszeitung durchzublättern. Da stößt er auf die Meldung, südlich von Oran seien die Chausseurs d'Afrique — so heißt sein Regiment nun — in erbitterte Kämpfe gegen die Araber verwickelt worden; der mächtige Stamm der Ulad-Sidi-Scheich hat sich unter der Führung des legendären Bou-Amema erhoben. Wie ein Steppenbrand breitet sich der Aufstand aus.

Kaum hat der Vicomte de Foucauld diese Nachricht gelesen, ist er aufgesprungen, hat seine Koffer gepackt und ist nach Paris gefahren. Er bittet den Minister, selbst unter der Bedingung, als einfacher Soldat dienen zu müssen, um seine Wiedereinstellung. Mimi ist vergessen. Kaum in Algier von Bord gegangen, wird Foucauld sofort an die Front verlegt. Dort erwarten ihn schwere Kämpfe — und verwunderte Kameraden: seine Haltung ist von Grund auf verändert. Was keiner seiner Kameraden für möglich gehalten hatte, er ist — unerschrocken, besonnen unnachgiebig gegen sich selbst und tapfer — ein vorbildlicher Offizier, der sich freilich seine Vorliebe für klassischen Spott und seinen Snobismus bewahrt; in einem zierlichen Bändchen trägt er eine griechische Aristophanes-Ausgabe bei sich, und als seine teuren Zigarren nicht mehr zu beschaffen sind, raucht er lieber gar nicht mehr.

Charles de Foucauld lernt seine zweite Heimat kennen — ihre kalten, unendlich klaren

Nächte mit den nahen Sternen und die grellen, sengenden Tage im Glutmeer der Wüste. Und er lernt die Feinde achten, bewundern und lieben, diese stolzen Krieger des heiligen Marabut; ihre Religiosität erfüllt ihn mit Eifersucht:
„Der Islam hat eine tiefgreifende Umwälzung in mir bewirkt. Der Anblick dieses Glaubens, dieser in ständiger Gegenwart Gottes lebenden Wesen, ließ mich ahnen, daß es etwas Größeres und Wahrhaftigeres geben könnte als das Treiben der Welt."
Er beobachtet die arabischen Reiter, wie sie unvermittelt absitzen, den Kampf und alle anderen Tätigkeiten unterbrechen, ihre Teppiche ausrollen und zum Gebet niederknien; er verfolgt den Rhythmus ihrer rituellen Verbeugungen, hört die ansteigende Tonskala ihrer Anrufungen „Allah Akbar — Gott, der allerhöchste!", und er fühlt sich „entsetzlich unbehaglich" wie sein älterer Vetter de Castries, „wütend und beschämt zugleich — am liebsten hätte ich ihnen zugerufen: auch ich kann beten, kann anbeten . . .!"
Als das Regiment in die Garnison heimkehrt, bittet Charles de Foucauld um Urlaub für eine Studienreise; er muß dieses Nordafrika genauer kennen-, besser verstehen, tiefer erleben lernen. Wegen seiner notorischen Unzuverlässigkeit mißtrauen ihm die Vorgesetzten und lehnen seine Bitte ab. Sofort nimmt Foucauld seinen Abschied, fest dazu entschlossen, in das damals noch gar nicht erschlossene, unbekannte Marokko einzudringen. Daß dieses Vorhaben lebensgefährlich ist, weiß er. Außer der Hafenstadt Tanger ist dieses Land für Europäer hermetisch abgeschlossen. Wer in dieser letzten Festung des mittelalterlichen Islam als Christ erkannt wird, hat sein Leben verwirkt. Außer einigen akkreditierten Diplomaten ist es bislang nur wenigen Europäern gelungen, in das Innere Marokkos vorzudringen; René Caillié mußte 1828 als mohammedanischer Student verkleidet, die beiden britischen Forscher Burton und Vambéry mußten als Derwische reisen. Die Literatur, die sich Foucauld beschaffen kann, umfaßt nur wenige, zumeist recht abenteuerliche Reiseberichte, einige ungenaue Karten, wenige wissenschaftliche Untersuchungen; insgesamt sind knapp 20 000 von den 560 000 Quadratkilometern marokkanischen Gebietes gründlich erforscht worden. Die Geschichte des Landes ist weitaus besser bekannt als seine Geographie. Wie weit sich die blühenden Ländereien und die Bergwälder in die Wüsten hineinziehen, weiß man nicht genau; die Besucher erzählten von unversehrten, märchenhaften Städten mit ihren düsteren Gäßchen und paradiesischen Gärten hinter gewaltigen mittelalterlichen Mauern: Fez, Rabat, Mekines und Marrakesch; ihre Berichte erinnern eher an die Legenden aus 1001 Nacht als an wissenschaftliche Recherchen. Man liest von wilden Räuberbanden, Stammeskriegen und unendlichen Fehden, von Erpressung, Mord, königlichem Glanz und terroristischer Willkür, von Despotismus und Anarchie, von äußerster Unsicherheit und immer wieder von der leidenschaftlichen Religiosität dieser Araber und Berber. Foucauld ist fasziniert von diesen Berichten.
In dem alten Stadtbibliothekar von Algier, einem in Afrika verliebten englischen Gelehrten, Oscar MacCarthy, der zeitlebens von einer Forschungsreise nach Timbuktu geträumt hat, findet Charles de Foucauld einen vorzüglichen Lehrmeister, der alle verfügbare Literatur gesammelt hat und ihm auch die notwendigen Empfehlungen besorgen kann. Unter seiner Leitung wird aus dem verlotterten Leutnant ein begeisterter, hart arbeitender junger Forscher, der Arabisch lernt, alle verfügbaren Unterlagen studiert und sich auch durch die peinlichen Nachrichten aus der Heimat nicht mehr von seinem Plan abhalten läßt.
Daß er erneut seinen Abschied genommen hat, überfordert die Duldsamkeit der Familie;

daß er Marokko erforschen will, hält man für ein Hirngespinst. Auf Grund des § 315 des Code Civil wird der Vicomte Charles de Foucauld am 12. Juni 1882 vom Amtsgericht in Nancy für unmündig erklärt und sämtlicher Verfügungsrechte über sein Vermögen beraubt; sein älterer Vetter Herr de Latouche wird zu seinem Vormund eingesetzt; als Begründung gibt das Urteil unter anderem an, daß der Vicomte in weniger als vier Jahren aus dem väterlichen Erbe die immense Summe von 110 000 Franc vergeudet hat.

Foucauld zeigt sich nicht im geringsten betroffen. Ruhig gesteht er ein, daß er viele Dummheiten gemacht und sein Vermögen jämmerlich schlecht verwaltet habe. Als ihn der Vormund, die gestrenge Tante Inés, die geliebte Schwester und die Kusinen bedrängen, den, wie sie meinen, irrsinnigen Plan der Marokko-Reise aufzugeben, bleibt er in der gleichen Gelassenheit unbeirrbar. Er begnügt sich gern mit einem Monatswechsel von 350 Francs — bisher hat er mühelos über 4000 Francs im Monat verbraucht — und arbeitet wie besessen weiter an den Reisevorbereitungen. Als sein alter Kumpan, der Herzog von Fitz-James, ihn 1883 wiedertrifft, erkennt er Foucauld kaum wieder: „Mein dicker Foucauld ist verändert, fürwahr, mager ist er geworden. Keine Feste, keine Damen, keine feudalen Diners mehr, nur noch seine Studien . . ."

Inzwischen hat Charles de Foucauld auch den geeigneten Reisebegleiter gefunden, einen ebenso abenteuerlichen wie armen Rabbi, Mordechai Abi Serur. Der war vor Jahren in Jerusalem Rabbiner geworden, hatte dann in Timbuktu sehr erfolgreich Handel getrieben, was den zuständigen Scheich dazu bewog, ihn zu enteignen; auf der Flucht hatten ihm Plünderer seinen letzten Besitz geraubt; heimgekehrt mußte er erfahren, daß die Brüder das elterliche Erbe unter sich aufgeteilt hatten; resigniert hatte er sich und seine Familie der Armut überlassen, zeitweise von der Geographischen Gesellschaft mit kleinen Forschungsaufträgen betraut, die er nicht korrekt auszuführen verstand, dann als jüdischer Religionslehrer beschäftigt. Daß die Familie Foucaulds diesem Begleiter mißtraut, ist verständlich. Aber MacCarthy sorgt dafür, daß durch präzise Verträge und Absprachen die Bedenken zerstreut werden. Am 10. Juni 1883 verwandelt sich der Vicomte de Foucauld im Hause des Rabbi in einen ärmlichen Juden mit einem weiten, wollenen Kapuzen-Gewand und einem roten Käppchen mit schwarz-seidenem Turban: in den durch Progrome aus Rußland vertriebenen Rabbi Joseph Aleman. Noch am Abend desselben Tages erreichen die beiden Rabbiner Oran. Nach dem Sabbat ziehen sie weiter nach Tlemssen, nahe der marokkanischen Grenze. Während sie dort ihren mittaglichen Imbiß einnehmen, trockenes Brot und Oliven, kommen einige Offiziere der Chasseurs d'Afrique vorüber und amüsieren sich über „diesen kleinen Juden, der da am Boden kauert und Oliven ißt — er schaut aus wie ein Affe". Keiner von ihnen erkennt den früheren Kameraden.

Rabbi Mordechai ist zwar fast blind und taub und auch sehr schlecht zu Fuß, von diesen seltsamen Qualitäten eines Reiseführers abgesehen, erweist er sich aber als kluger, allenfalls etwas zu vorsichtiger Gefährte; seine Ängstlichkeit und Trägheit liegen in unausgesetztem erbitterten Streit mit dem ruhelosen Eifer des jungen Forschers, in gefahrvollen Situationen zeigt er jedoch Mut und Unnachgiebigkeit. Und an Gefahren fehlt es nicht.

Zu Schiff kommen sie von Nemours über Gibraltar nach Tanger. Von dort aus schlagen sie sich über Tetuan und Scheschauen nach Fez durch, der großen heiligen Stadt Marokkos. Weil sich die Weiterreise nach Süden verzögert, wagt Foucauld einen Abstecher nach Thaza, einer östlich gelegenen Stadt. Dann ziehen die beiden Rabbiner über Mekines weiter in die kahle, weiße Ebene des Tadla nach Bou el Djad, der Stadt des großen Marabut Sidi ben Daud. Von ihm, einem schon neunzig Jahre alten Patriarchen, und seinen Söhnen werden sie in so rückhaltloser Gastfreundschaft aufgenommen, daß Foucauld seine Maskerade aufgibt und sich als Christ und Franzose zu erkennen gibt. Diesen Vertrauensbeweis, der ihm das Leben kosten kann, vergelten die vornehmen Araber mit einer Freundschaft, die ihn, der selbst so gut Freund sein kann, zugleich beschämt und beglückt. Er wird diese Tage zeitlebens nicht vergessen können, in denen er sich in einer neuen Weise zu Hause und geborgen fühlt.

Der Enkel des Marabut, Sidi Edris, gibt ihnen dann das Geleit durch das südliche Tadla, bis sie den Hohen Atlas erreichen; über den Paß Tizi n'Teluet kommen sie nach Tikirt. Das Grün der Wälder bleibt zurück. Nachts fällt von den Schneegipfeln eisige Kälte herab, tagsüber steigt die Glut der Sahara in das urweltlich leblose, mit unheimlichen schwarzen Felsblöcken übersäte Hochtal des Draa. Nachdem sie den Antiatlas überwunden haben, erreichen sie Tissint, eine der schönsten Oasen der marokkanischen Sahara. Und auch hier gewinnen sie die treue Freundschaft eines vornehmen Arabers, Hadj-bu Rhims, die Foucauld mehrfach das Leben rettet; auf der Rückreise von den beiden südlichsten Orten ihrer Forschungsfahrt, Mader Sultan und Akka, kehren sie noch einmal bei ihm ein; der Versuch, über das östliche Marokko nach Algier zurückzukehren, scheitert bereits im benachbarten Mrimima, wo Hadj-bu Rhim sie aus den Händen betrügerischer Stämme befreien muß. Doch nun ist das Reisegeld aufgebraucht — die Araber vermuten immer wieder, diese beiden Rabbiner trügen einen geheimnisvollen Schatz mit sich durch die Wüste, bitter enttäuscht, daß sie bei versuchten Plünderungen nur Sextanten und Kompaß, Karten und Notizbücher vorfinden. Wider Willen müssen sie 500 Kilometer nach Westen, zur Atlantikküste vorstoßen, um in der Hafenstadt Mogador vom französischen Konsulat Hilfe zu erbitten. Der Hadj läßt es sich nicht nehmen, den französischen Freund zu begleiten; unter Einsatz des eigenen rettet er das Leben Foucaulds. Endlich, nach vier Wochen ungeduldigen Wartens, in denen der junge Forscher in unermüdlichem Eifer sogleich seine Reisenotizen und Beobachtungen auswertet, treffen aus Frankreich neue Gelder ein. Noch einmal rasten die beiden Rabbis im Hause ihres arabischen Freundes; dann treten sie die Heimreise quer durch den Osten Marokkos an. Hadj-bu Rhim begleitet sie noch eine Strecke Wegs. Dann muß Charles de Foucauld von ihm Abschied nehmen:

„Ich vermag nicht zu sagen, wie sehr ich ihm zu Lob und Dank verpflichtet bin. Er ist mir der ergebenste, treueste Freund gewesen ... bald hatte er erraten, daß ich Christ bin, und ich gestand es ihm auch offen ein; dieser Vertrauensbeweis vertiefte seine Zuneigung nur."

Ihr Weg führte östlich des Hohen Atlas nordwärts; bei el Utat erreichen sie den größten Fluß Marokkos, den Muluya; auf der Weiterreise werden sie von ihren Begleitern restlos ausgeraubt. Abgerissen und halbverhungert erreichen sie die Oase Debdu, wo sich ein wohlhabender Jude ihrer annimmt. Endlich, am 23. Mai 1884 — fast ein Jahr nach ihrer Abreise — treffen sie in Lalla Marnia ein, dem ersten sicheren Ort auf algerischem Gebiet.

Drei Tage später kann Charles de Foucauld seinen gelehrten Freund MacCarthy in der kostbar getäfelten Bibliothek von Algier begrüßen; der erkennt ihn kaum wieder — das hagere, ausgedörrte Gesicht, tiefliegende, brennende Augen; ein harter, von Entbehrung und Anstrengungen gezeichneter Mann tritt ihm entgegen. Weit über 3000 Kilometer

Gebirgswanderung und Wüstenritt liegen hinter ihm. Charles de Foucauld ist ein anderer geworden.
Während sich MacCarthy beeilt, den erfolgreichen Abschluß der Expedition der Presse zu melden, und während Rabbi Mordechai Abi Serour seinen Lohn und die Prämie, die ihm Marie de Foucauld ausgesetzt hatte, in Empfang nimmt, um sich seiner alten Leidenschaft, der Alchimie zu ergeben, durch die er wenige Monate später, von Quecksilberdämpfen vergiftet, umkommen wird — stürzt sich Charles de Foucauld in den wilden Wirbel seiner früheren Jahre. Für einige Tage läßt er sich noch einmal willenlos treiben — dann kehrt er nach Frankreich heim. Dort wird er mit größter Ehrerbietung begrüßt.
Die Geographische Gesellschaft empfängt ihn, und ihr Vizepräsident Duveyrier, der berühmte Erforscher der südlichen Sahara und des Hoggar, begrüßt Foucauld als bedeutenden Entdecker des bislang noch unbekannten Marokko. In langen privaten Gesprächen berichtet er ihm, der von seinen Freundschaften mit Sidi Eris, Hadj-bu Rhim und von einem Führer erzählt, dessen Treue sie gerettet hatte, von seinen eigenen Begegnungen mit den Häuptlingen der wilden Reiterstämme des Hoggar und Ajjer, von seinen Freundschaften mit den Fürsten der verschleierten Tuaregs. Charles de Foucauld lauscht betroffen. Weshalb ihn dieser Bericht von einem geheimnisvollen Wüstenvolk so fasziniert, begreift er selber noch nicht.
Entscheidend ist für ihn dann das Wiedersehen mit der Familie geworden. Die Vergangenheit wird nicht mehr erwähnt. Stolz empfängt man den unerschrockenen Forschungsreisenden. Vor allem die langen Gespräche mit der einst so geliebten Kusine Marie bewegen ihn tief; ihre Güte läßt ihm ihre Frömmigkeit, wie ungeschickt und trivial sie sich auch äußerte, glaubwürdig erscheinen. Im gemeinsamen Briefwechsel wird er künftighin auch seinerseits diese erbaulichen frommen Floskeln verwenden, als wolle auch er gern an die Geheimnisse glauben, auf die sie so ungelenk verweisen. In Wahrheit wehrt er sich noch gegen den Glauben. Nur vermag er jene „Andacht der Nächte" nicht zu vergessen, die er in der Wüste erlebt hat, in der er verstehen konnte, daß „die Araber an eine geheimnisvolle Nacht glauben — leila elqedr —, in der sich der Himmel auftut, die Engel auf die Erde niedersteigen, die Wasser des Meeres süß werden und die gesamte unbelebte Schöpfung sich neigt, um ihren Herrn anzubeten". Jene stolze, harte, bedingungslose Religiosität der Araber läßt ihm keine Ruhe mehr, ihr rückhaltloses Gebet, ihre Selbstvergessenheit, mit der sie sich fünfmal am Tage zu Boden werfen gen Mekka. Ihr rauhes „Allah Akbar" — dem kann er nicht widersprechen. Wieder in Algerien, beginnt er die Niederschrift seiner Forschungen und Erlebnisse. Er arbeitet streng systematisch, ohne sich die geringste Zerstreuung zu gönnen. Die Tochter eines Geographen, Mademoiselle Titre, möchte ihn gern heiraten; die Ehepläne scheitern unterm Einspruch der Familie, aber wohl auch an Foucaulds mangelnder Entschiedenheit. In seiner Abwesenheit wird ihm für seine Forschungen die Goldmedaille der Geographischen Gesellschaft verliehen. Feierlich läßt Ferdinand de Lesseps die Laudatio Duveyriers verlesen: In elf Monaten habe dieser Mann die geographischen Kenntnisse über das Landesinnere von Marokko mindestens verdoppelt; wo bislang zehn Höhen bestimmt gewesen wären, habe der Vicomte de Foucauld nun über 3000 exakte astronomisch-geographische Messungen vorgelegt.
Er arbeitet währenddem selbstvergessen und diszipliniert in Algier an der Zusammenfassung seiner Forschungen. Erst ein schweres Fieber zwingt ihn dazu, den Sommer des

Jahres 1885 wieder daheim in Frankreich zu verbringen. Zu schwach, um zu arbeiten, liest er viel, zuerst die ehedem so geliebten antiken Autoren, die ihm nun fade erscheinen — dann, zögernd, christliche Literatur.

In der Stille seiner Krankenstube in le Tuquet an der Gironde, in der erschöpften Ruhe des Rekonvaleszenten beginnt Charles de Foucaulds eigentliche Expedition, unendlich weiter führend ins Unerforschte und Unerforschliche als alle äußeren Reisen: der Weg in die inneren Wüsteneien. Er bricht auf zu den Abenteuern seines kontemplativen Lebens. Noch einmal fährt er nach Algier. Dann nimmt er sich in Paris eine Wohnung. Das Manuskript seines Buches „Reconnaissance au Maroc" ist abgeschlossen und kann dem Verleger Challamel übergeben werden. Foucauld führt das Leben eines wohlhabenden, von einem Diener betreuten jungen Gelehrten, gern gesehener Gast im Salon seiner Tante Inès, dem gesellschaftlich und wissenschaftlich nun alle Wege offen stehen. Wenige wissen, daß er in seiner Wohnung kein Bett hat; unter den Skizzen aus Marokko schläft er auf einem Teppich im Burnus wie vor Jahren als Gast Sidi Edris'. Und wieder nimmt ihn sein „Engel auf Erden", wie er die Kusine Marie halb in heiterer Zärtlichkeit, halb ernsthaft nennt, unversehens bei der Hand. Durch sie lernt er den Abbé Huvelin kennen, einen ernsten, von Krankheit gezeichneten Priester, der die Pfarrei Saint-Augustin betreut. Seine strenge Klarheit überzeugt Foucauld. Er versucht zu beten. Der Kusine gesteht er, daß er sie ein wenig beneide: „Du kannst glauben — ich suche das Licht und finde es nicht." Noch einmal bricht er zu einer kurzen Reise nach Nordafrika auf, um auch Tunis kennenzulernen — ist es eine Forschungsreise oder bereits eine heimliche Wallfahrt zum heiligen Bischof von Hippo, zu Augustin, dem afrikanischen Vater der abendländischen Kirche?

Ende Oktober betritt er jedenfalls, wieder in Paris, eines Morgens die Kirche Saint-Augustin, tritt zu einem der Beichtstühle, kniet nieder und bittet Abbé Huvelin darum, ihn im christlichen Glauben zu unterweisen. Der Abbé nickt.

„Knien Sie nieder. Bekennen Sie Gott Ihre Sünden. Dann werden Sie glauben."

„Dazu bin ich aber gar nicht hierhergekommen . . ."

„Beichten Sie."

Charles de Foucauld könnte nun gehen, könnte die Kirche einfach verlassen. Aber er legt eine Lebensbeichte ab. Dann feiert Abbé Huvelin mit ihm das Meßopfer. Foucauld kommuniziert.

In diesen Morgenstunden hat sich sein Leben entschieden. Für ihn gibt es — wie es im Wappenspruch seines stolzen Geschlechtes heißt — ‚kein Zurück'. Er hat den Ruf vernommen. Er folgt ihm, ohne sich umzublicken, ohne Zögern, blindlings. Wohin? Äußerlich in entsetzliche, letzte Armut, ins Absurde, in die leere, wüste Einsamkeit seines Sterbens. Und innen? In diesen Morgenstunden hört sein Leben auf, erzählbar zu sein. Was sich in ihm begibt, hat nur noch zeichenhafte und gewinnt symbolische Bedeutung, das heißt: in dieser Existenz, die immer klarer und durchsichtiger wird, nimmt ein anderer Gestalt an. Wie er selbst es gesagt hat:

„Die Schwachheit der menschlichen Möglichkeit ist die Quelle der Kraft: Jesus ist der Meister des Unmöglichen."

Der Film gestattet es, über weite Zeiträume hinweg den gleichen Gegenstand aus der gleichen Perspektive aufzunehmen — eine Blume, die keimt, sich entfaltet, erblüht und verwelkt; oder ein Bildwerk, das allmählich Form gewinnt . . . Und wenn diese Momentaufnahmen dann rasch nacheinander ablaufen, nimmt das Geschehen, das gezeigt werden soll, in wenigen Augenblicken Gestalt an. Die Zeit wird zusammengezogen und das, was die Veränderung bewirkt — die Maurer beim Hausbau, der Meißel des Bildhauers, die zeichnende Hand —, bleibt dem Betrachter unsichtbar. Wie die Pflanze scheinen die Dinge von selbst zu wachsen, aus dem gleichbleibenden Licht, aus dem Unsichtbaren heraus.

So behält alles, was von Charles de Foucauld nun zu berichten ist, den Charakter von Momentaufnahmen, die mehr oder minder zufällig aneinander gereiht sind. Erst wer sie in einem zu betrachten versteht, erkennt, was sie zeigen und daß sie nicht zeigen, was eigentlich geschieht und wie an diesem Menschen gehandelt wird. Unversehens treten Wandlungen ein, und die Erscheinung, die aus ihnen hervorwächst, wird immer deutlicher, schlackenloser, klarer ein Anzeichen für die Einwirkungen und die Präsenz eines anderen.

Dieser Mensch wird zum Zeichen, zum unwillkürlichen und absichtslosen Zeugnis, das sich — Jahrzehnte nach seinem Tod — geheimnisvoll fortzeugt.

Was er Ende Oktober 1886 erfahren hat, das wird gemeinhin in den erbaulichen Schriften eine Bekehrung genannt. Heutzutage spricht man ungern so deutlich; die Theologen sprechen lieber von der „existenziellen Betroffenheit“ und verschweigen dabei, daß die gar nichts taugt, wenn man ihr nicht gehorcht. Der Gehorsam ist aber eine unmoderne Tugend, ihn fordern ist propagandistisch unklug. Wenn Gott aber alles ist — und dies hat Foucauld erfahren —, dann ist es mit dem noch so betroffenen Hören nicht getan. Dann ist auch jeglicher propagandistische Eifer, mag er sich noch so fromm fühlen und sogar als Mission mißverstehen, hinfällig. Dann gilt nur die rückhaltlose Auslieferung, für die wir kein anderes Wort haben als Liebe.

Charles de Foucauld erkennt sofort diese Konsequenz:

„In dem Augenblick, da ich glaubte, daß Gott ist, war mir klar, daß ich nichts anderes tun könne, als nur ihm zu leben ... mein Wunsch war, Mönch zu werden, allein für Gott zu leben und das Vollkommenste zu tun, was es auch sein möge. Mein Beichtvater befahl mir, drei Jahre zu warten. Unklar war mir, welchen Orden ich wählen sollte. Klar war mir allein die Weisung des Evangeliums, daß es ‚das erste Gebot ist, Gott von ganzem Herzen zu lieben‘ und alles, alles in diese Liebe einzubeziehen ...“

Als er in einer Predigt Abbé Huvelins in Saint-Augustin den Satz hört: „Unser Heiland hat den allerniedrigsten Platz eingenommen; den konnte ihm niemand streitig machen“ — weiß er augenblicklich, wonach er zu suchen hat, um das, wozu er bereit ist, am besten tun zu können. Dieser eine Satz bringt ihm seinen religiösen Auftrag zum Bewußtsein, in einer unerhörten inneren Erregung, die vollkommen nüchtern ist. Das muslimische Bekenntnis „Allah Akbar“, das ihm die erste Verwundung zufügte, hat ihm das tiefere Geheimnis aufgerissen, daß Gott, der Höchste, zum Niedrigsten aller Menschen geworden ist. Foucaulds Stolz — es gibt kein Zurück — wirft sich in dieses Paradox.

Äußerlich setzt er seine Arbeiten fort, die mehr Zeit und Mühe kosten, als er vorausgesehen hatte; erst im Frühjahr 1888 kann sein Buch erscheinen. Den Ruhm, den es ihm verschafft, und die Aussichten auf eine glänzende wissenschaftliche Karriere, die es ihm eröffnet, nimmt Foucauld kaum noch wahr. Im Sommer desselben Jahres hat er seine Kusine Marie de Bondy auf ihrem Schloß besucht, in dessen Nähe die Trappisten in Fontgombault ein Kloster haben. Als er diese für immer schweigenden Mönche aufsucht, glaubt er zu wissen, daß er sich ihrem armen Leben, ihrer klaren, heiteren Stille

anvertrauen soll. Die verdreckte, geflickte Arbeitskutte eines Bruders erscheint ihm als das herrliche Gewand eines Menschen, der den ‚niedrigsten Platz' gefunden hat.
Abbé Huvelin rät ihm jedoch, um letzte Klarheit über seinen Entschluß zu erlangen, eine Wallfahrt nach dem Heiligen Lande zu unternehmen. Foucauld gehorcht, besucht Jerusalem, Bethlehem, Bethanien, Kanaan, den Berg Tabor, Emmaus und Nazareth. Und hier in der Stadt, in der Jesus dreißig Jahre lang unerkannt in der Verborgenheit, als Sohn des Zimmermanns Joseph und seiner Frau Maria, gelebt hat, ein einfacher Mensch unter Menschen, den seiner Hände Arbeit ernährte — hier trifft ihn die Anrufung: dieses Leben Jesu in Nazareth, arm, unauffällig, verborgen, betend, arbeitend, unerkannt, das will er führen. Das ist sein Auftrag. Heimgekehrt nach Frankreich, sucht er sich das ärmste Kloster aus, das er finden kann:
„Begraben sein in Ihm, unserem Heiland, wie es der heilige Paulus sagt: elegi abjectus esse, ich habe das Verachtetsein erwählt, weil unser Heiland verachtet war — dem Beispiel der Einsiedler folgen, die sich Höhlen in einen Berg gruben, auf dem Er gefastet hat, um ihr Leben lang dort zu Seinen Füßen zu fasten . . ."
Am 15. Januar 1890 nimmt Charles de Foucauld Abschied von seinen Freunden und Verwandten. Es fällt ihm unendlich schwer.
„Diese Wunde vom 15. Januar" — bekennt er später — „bleibt. Das Opfer von damals bleibt Opfer . . . und es hat mich alle Tränen gekostet, wie es scheint, denn seit diesem Tage weine ich nicht mehr, habe ich keine Tränen mehr — es sei denn, ich muß daran denken . . ."
Am Tage darauf erbittet er Aufnahme in der Abtei Notre-Dame des Neiges, einem kargen, granitenen Kloster der Trappisten in den Bergen des Vivarais. Der Abt fragt ihn, was er könne.
„Nicht viel", antwortet Foucauld.
Schweigend überreicht der Abt dem Novizen einen Besen. Der bedankt sich.
Am 27. Januar wird er als Anwärter in die Klostergemeinschaft aufgenommen, zehn Tage später empfängt er das Gewand der Chor-Novizen. Von nun an heißt er — nach der Jungfrau von Nazareth und einem Gründer des Zisterzienser-Ordens — Bruder Marie-Albéric, trägt das weite Gewand aus lose fallendem Wollstoff, das Skapulier und die Kutte. Nachts schläft er gemeinsam mit allen anderen Mönchen im Schlafsaal; Einzelzellen gibt es nicht bei den schweigenden Mönchen. Bereits im Sommer 1890 wird ihm sein Wunsch erfüllt, in ein anderes Kloster des Ordens in Syrien übersiedeln zu dürfen. Notre-Dame du Sacré-Coeur in den Bergen über den syrischen Wüsten, in die sich die ersten christlichen Einsiedler zurückzogen, ist noch ärmer. Das Leben der Mönche ist weitaus härter und entbehrungsreicher als das ihrer Brüder im französischen Stammkloster. Bruder Albéric arbeitet in der Landwirtschaft — „eine für die Seele sehr heilsame Arbeit, bei der man beten und meditieren kann".
„Tiefer Friede erfüllt meine Seele. Seitdem ich hierher gekommen bin, endet er nicht und erfüllt mich täglich mehr, wenn ich auch fühle, wie wenig er aus mir selbst kommt, wie sehr er reines Geschenk ist."
Am 2. Februar 1892 legt Bruder Albéric die klösterlichen Gelübde ab — Armut, Gehorsam und Keuschheit. Er schreibt nach Hause als Gruß aus dem ‚ewigen Schweigen':
„. . . so gehöre ich nun in gar keiner Weise mehr mir selbst. Ich fühle mich in einem Zustand, den ich noch nie erfahren habe. Ich empfinde das Bedürfnis, mich zu sammeln,

still zu sein, zu Füßen des lieben Gottes zu sitzen und ihn in fast vollkommenem Schweigen anzuschauen."

Die Mönche, in ihrem Schweigen sehr lustige, nüchterne Männer, die zu nichts weniger neigen, als dazu, sich wechselseitig zu verehren, sind betroffen durch diesen Bruder, der ihnen, wie der Abt eingesteht, „wie ein Engel in unserer Mitte" erscheint. Der greise Beichtvater bekennt, in den 50 Jahren seines verschwiegenen Klosterlebens sei ihm noch kein Mensch begegnet, „der Gott so vollständig zugewandt ist".

Die Ordensoberen befehlen ihm, der keine Berufung dazu verspürt, Theologie zu studieren. Als Form des denkenden Betens lernt er sie lieben, als Wissen und Kenntnis eignet er sie sich lediglich an, weil er gehorsam ist. „Das Studium wiegt leicht neben dem Leben in Armut, Niedrigkeit und Askese, mit einem Wort in der Nachfolge unseres Herren, wie praktische Arbeit sie ermöglicht." Aber daß er nun irgendwann geistliche Würden auferlegt bekommen soll, daß man ihn zum Priester weihen wird, beunruhigt ihn. Beunruhigt fühlt sich Bruder Albéric auch durch die päpstliche Order, die Trappisten möchten sorgsamer auf ihre Gesundheit achten und deshalb ihrer vegetarischen Kost Öl und Butter zusetzen. Beunruhigt weiß er sich durch eine klösterliche Askese, die — wie unsereinem scheint — einfach maßvoll ist; ihm ist Mäßigung fremd. Ihm ist das Leben eines Trappisten noch nicht arm und preisgegeben genug. Im Sommer 1893 notiert er:

„Als ich begriff, daß es unmöglich ist, im Trappistenkloster das Leben der Armut, der Entsagung, der völligen Loslösung, der Erniedrigung und auch, ich darf es sagen, der inneren Sammlung unseres Heilands in Nazareth zu führen, habe ich mich oft gefragt, ob Er alle diese Wünsche nur darum so lebhaft in mir wachgerufen habe, damit ich sie aufopfere, oder, wenn schon kein einziger Orden in der Kirche heute die Möglichkeit bietet, das Leben, das Er in dieser Welt geführt hat, mit Ihm zu führen, — ob man nicht ein paar Menschen suchen sollte, als Keimlinge einer kleinen Gemeinschaft, deren Ziel es sein sollte, so genau wie nur möglich das Leben unseres Heilands zu führen, ausschließlich von eigener Hände Arbeit zu leben, ohne jegliches erbetene oder freiwillige Geschenk anzunehmen, alle seine Ratschläge wortgetreu zu befolgen: nichts zu besitzen, jedem, der bittet, zu geben, nichts zu verlangen, sich auf das Notwendigste zu beschränken, um Ihm ähnlicher zu sein und um Ihm in Gestalt der Armen so viel wie nur möglich zu geben ... bei dieser Arbeit beten, kein Chorgebet, das für Fremde ein Hindernis darstellt und wenig zur Heilung der Unwissenden beiträgt ... nur kleine Gemeinschaften, kleine Taubenschläge ... und überall hingehen, vor allem in die ungläubigen Länder ..."

Der sich demütigen will, will einen neuen Orden gründen. Noch hat er nur die zeitlichen, noch nicht die sogenannten ewigen Gelübde abgelegt. Noch kann er den Orden verlassen. Er bittet seinen Beichtvater und die Oberen um Rat, dem er sich bedingungslos unterwirft: er möge abwarten, ob Gott ihm eindeutig zeige, welchen Weg er einzuschlagen habe.

Im Frühjahr 1894 wird ihm der Auftrag erteilt, bei der Leiche eines katholischen Arbeiters im benachbarten Dorf die Sterbegebete zu verrichten. Als Foucauld die Behausung des Toten betritt, ist er entsetzt. Verglichen mit dieser armseligen Hütte lebt er im Kloster luxuriös; verglichen mit der einsamen Not dieses Mannes ist sein Leben in der Mönchsgemeinschaft risikolos. Dieser war ganz auf sich gestellt; ihm würde im Notfall stets geholfen.

Diese Erfahrung weist ihm den Weg. Er führt nach Nazareth. Aber er, für den der Gehorsam nun mystischen Sinn hat, mißtraut seinem Verlangen noch immer. Insgeheim arbeitet er zwar den Plan einer neuen Ordensgemeinschaft immer präziser aus, aber auch noch im Februar 1896 wagt er sich nicht zu entscheiden; er legt noch einmal dreijährige Gelübde ab. „Gehorsam — das ist Liebe, der reinste, vollkommenste, selbstloseste, kühnste und betendste Akt der Liebe" — schreibt er auf.

Als er Abbé Huvelin seine Pläne sendet, erhält er die schroffe Antwort: „Ihre Regel ist vollkommen undurchführbar" — womit der weise Abbé ohne Zweifel Recht behalten sollte; erst spätere Entwürfe einer Lebensordnung für kleine, arbeitende Gemeinschaften ‚in Nazareth' konnten seinen Kleinen Brüdern und Schwestern einen menschenmöglichen Weg weisen. „Der Papst hat schon gezögert, der franziskanischen Regel seine Zustimmung zu erteilen; er fand sie zu streng; und nun diese Regel! Ehrlich gesagt, sie hat mich erschreckt! Leben Sie meinethalben in der von Ihnen ersehnten Entsagung, aber, ich flehe Sie an, stellen Sie keine Regel auf!"

Daß solche Beschwörungen nicht befolgt worden sind, bleibt unverständlich. Der bedingungslose Gehorsam hat in dieser Hinsicht den Gehorsam verweigert, paradoxerweise in vollkommener Demut und, wenn sich diese inneren Entscheidungen überhaupt beurteilen lassen, sind sie doch unseren psychologischen Maßstäben entrückt — aus Gehorsam. Wem gegenüber? Und wenn darauf die fromme Antwort lautet, Gott müsse man gehorchen, mehr als allen Menschen, so stellt sich in dieser Antwort doch sofort die Gegenfrage: Wie? Worin, vor allem, vermag ich Seinen Willen zu erkennen? Charles de Foucaulds Antwort ist eindeutig und unausdenkbar zugleich: indem ich nichts anderes tue als das, was Gott will. Im rigorosen Gehorsam erfährt er — und nirgends ist dies in unserer Zeit deutlicher geworden als in seinem Leben — keine Entmündigung, sondern die endgültige Befreiung. Sie bricht genau dort ein, wo ein für allemal darauf verzichtet wird, einen Widerspruch zwischen den Anweisungen dessen, der als Mensch, als der geistliche Führer, als kirchlicher Vorgesetzter Gehorsam fordern darf, und dem Willen Gottes für möglich zu halten. Gerade dann, wenn der Gehorsam bedingungslos wird — eine dem Ich-Bewußtsein unerträgliche, ja abscheuliche Vorstellung — gerade dann wird jede Instanz, der gegenüber man zu Gehorsam verpflichtet ist, durchsichtig und durchlässig für die Befehle des göttlichen Willens. Das bedeutet nicht Resignation, die alle kirchlichen Anweisungen für göttlichen Ratschluß hält und, mögen sie auch noch so widersinnig sein, als solchen gelten läßt. Der radikale Gehorsam verwandelt diejenigen, denen er gehorcht. Er durchbricht ihre menschliche Selbstgerechtigkeit und läßt diese gerade nicht gelten. „Lieben heißt gehorchen ... und wenn der Gehorsam die Freiheit beläßt, so oder so zu handeln, muß man das tun, worin mehr Liebe enthalten ist ..." Weil dieser Gehorsam Tat der Liebe ist, macht er frei. Weil er Liebe ist, erwirkt er unweigerlich, ja, erzwingt er unerbittlich die Freiheit. Es ist die wahre Freiheit, die weiß, *wozu* sie frei ist.

Charles de Foucauld leidet deshalb darunter, daß selbst der strengste aller kirchlichen Orden ihm nicht die letzte Armut und Unsicherheit, jenen „niedrigsten Platz" gewährt, jenes ersehnte „Geringsein, in das ich mich immer tiefer versenken möchte" — er sehnt sich nach „Nazareth". Und zugleich gehorcht er ohne Widerspruch. Er willigt nur ungern ein, Theologie zu studieren und sich auf die Priesterschaft vorzubereiten, weil sie ihn von seinem „niedrigsten Platz" entfernen will. Er ist glücklich, daß er den Waisenkindern, welche die Trappisten aufgenommen haben, die zerrissenen Kleider flicken

Mgr O. ROMER
LA VOIX DES PAUVRES VICTIM
LA REPRESSION GOUVERNEM
"LES EGLISES AU SERVICE D
PEUPLE QUI DEMANDE LA
SOLIDARITE DU MONDE EN
ALVADO

darf. Er möchte nicht im Tempel bei den Hohepriestern, er will an der Hobelbank des Zimmermannssohns in Nazareth stehen. Vor allem aber quält ihn die relative Sicherheit des klösterlichen Lebens; jener tote Syrer hatte niemanden, der sich um ihn kümmerte. Anfang 1895 bittet er Abbé Huvelin erneut um die Erlaubnis, aus dem Kloster austreten zu dürfen. Dessen Antwort rät zur Geduld. Im Herbst bricht unter den christlichen Armeniern Unruhe aus; die Türken nehmen die Gelegenheit wahr und führen entsetzliche Progrome gegen alle Christen durch. In der Nähe der Einsiedelei der Mönche werden Tausende von Menschen ausgeplündert, verbrannt, ermordet; auf Befehl des Sultans werden in wenigen Monaten über 140 000 Christen hingerichtet.

„... wir alle hätten untergehen sollen, aber ich bin dessen nicht gewürdigt worden. Betet, daß ich mich bekehre und ein andermal nicht wieder abgewiesen werde vor der Himmelstür, die schon einen Spalt breit offen stand, wegen meiner Unwürdigkeit ... als Europäer stehen wir unterm Schutz der türkischen Regierung. Wir sind in Sicherheit. Man hat sogar einen Wachposten an unserer Pforte aufgepflanzt, damit uns nicht das geringste Leid geschehe. Es schmerzt, von denen, die unsere Brüder ermorden, beschützt zu werden ..."

Charles de Foucauld bittet endlich im Sommer 1896 die Oberen um seine Entlassung. Sie weisen ihn nicht zurück, wollen aber erst den Entscheid des Generaloberen der Trappisten einholen. Der befiehlt Bruder Albéric ins algerische Kloster Stau-eli. Nach zehn Jahren sieht Foucauld Afrika wieder. Dort empfängt er den weiteren Befehl des Generals: als letzte Prüfung habe er zwei Jahre lang in Rom Theologie zu studieren. Sofort eilt er nach Rom und nimmt unverzüglich die Studien an der Gregoriana auf.

„Praktische Arbeit ist notwendigerweise durch das Studium verdrängt worden, weil ich ... noch in der Kindheit stehe. Wir sind noch nicht erwachsen genug, um mit dem heiligen Joseph zu arbeiten; wir müssen erst mit dem kleinen Jesuskind Lesen und Schreiben lernen ..."

Die gelassene Ruhe, mit der er gehorcht, ist auch den Mitbrüdern erstaunlich. Rückt doch der Tag immer näher, an dem er entweder die ewigen Gelübde ablegen oder den Orden verlassen muß. Da trifft der Generalobere im Januar 1897 seine Entscheidung: Bruder Albéric kann jederzeit gehen, wird aber gebeten, noch einmal den Rat Abbé Huvelins einzuholen.

„... denn ich glaube, daß es meine Berufung ist, einen geringeren Platz aufzusuchen. Alle Türen stehen mir offen ... um nicht mehr Mönch im Chor zu sein, sondern auf die Stufe des Gesindes, eines Knechtes hinabzusteigen."

Abbé Huvelin verbietet ihm erneut, irgendwelche Regeln aufzustellen und andere Menschen an sich zu binden; aber er gestattet ihm, arm und unscheinbar, wie er es ersehnt, außerhalb eines Klosters zu leben.

Die Trappisten schenken ihm zum Abschied das Geld für die Überfahrt ins Heilige Land. Von Jaffa aus wandert er, ein verwahrloster orientalischer Bettler, nach Nazareth, das er auf dem Umweg über Bethlehem und Jerusalem am 5. März erreicht — hungrig, erschöpft, mit blutenden Füßen. Auf Empfehlung eines Franziskaners spricht er bei den Clarissinnen vor und bittet um Arbeit, für die er nicht entlohnt werden möchte; etwas Wasser und ein bißchen Brot genüge ihm. Man stellt diesen sonderbaren Landstreicher, der sich Bruder Charles de Jésus nennt, als Sakristan und Hilfsarbeiter ein. Die Unterkunft im Gärtnerhaus lehnt er ab. Ein halbzerfallener Geräteschuppen wird seine Einsiedelei. Er ist dankbar und glücklich wie ein beschenktes Kind. Nun hat er endlich

◁ *Friedensnobelpreisträger Adolfo Perez Esquivel.*

gefunden, was er so lange gesucht hat: vollkommene Armut, wirkliches Elend — nur zweimal am Tage ißt er ein wenig trockenes Brot; die Mahlzeiten, die ihm die Nonnen bereiten, verteilt er an die hungrigen Kinder und Alten — und auch den Spott der Leute, die sich über den wunderlichen, zerlumpten, bärtigen Kerl lustig machen. Er schläft kaum noch und betet unausgesetzt, auch bei der Arbeit. Soll er nachts mit einer alten Flinte, die sich der ehemalige Offizier in grenzenloser Geduld von einem Bauernjungen erklären läßt, einem Schakal auflauern, der in den Hühnerhof des Klosters einbricht, betet er so intensiv, daß er nicht bemerkt, wie der Schakal wieder einige Hühner holt. Als sich zwei französische Mönche über den abgerissenen Kerl lustig machen, der Linsen für die Schwestern verliest, errötet der Vicomte de Foucauld. Tagelang findet Bruder Charles de Jésus keine Ruhe mehr, weil es ihn beschämt, daß ihn etwas noch beschämen konnte. Als er einem Prediger, den die Nonnen, wie es üblich ist, im Gastzimmer bewirten, das Essen serviert, fordert der ihn leutselig auf, doch mit zuzugreifen, es sei ja genügend für zwei Männer da; Bruder Charles zögert keinen Augenblick und schlägt sich den Bauch voll. Auf diese Weise wird er auch die lästige Bewunderung der Clarissinnen los, die ihn wie einen Heiligen verehren möchten.
„Du mußt mit allem brechen, was sich nicht auf mich bezieht" — läßt er sich von Christus sagen — „du hast dir hier eine Wüste zu schaffen, in der du so allein bist mit mir, wie die heilige Magdalena allein war in der Wüste mit mir. Nur durch die vollkommene Loslösung wirst du dahin kommen, wenn alle, auch die winzig kleinsten Gedanken verscheucht sind, die verhindern, daß dein Geist von früh bis spät gesammelt ist, fern von mir, statt immer auf mich gerichtet zu sein . . ."
„Mein Leben fließt in tiefster Ruhe dahin. Tagsüber arbeite ich, solange es hell ist. Morgens und abends und einen Teil der Nacht lese und bete ich." Wenn er nun auch nicht mehr dazu verpflichtet ist, insgeheim nimmt er seine Studien wieder auf und beginnt sogar, das Neue Testament ins Arabische zu übertragen. Die Äbtissin sendet ihn unter einem Vorwand nach Jerusalem; im dortigen Kloster der Clarissinnen wohnt Bruder Charles einige Monate, bis ihn auch die dortige Äbtissin beschwört, er möge doch Priester werden. Sie schreibt an Abbé Huvelin. Bruder Charles kehrt heim in die Hütte Nazareth. Doch weder Mutter Elisabeth noch Abbé Huvelin geben nach. Und schließlich willigt er ein — weil es *nicht* sein Wunsch ist, Priester zu werden.
Auch kennen die Nonnen in Jerusalem und Nazareth ihn nun zu gut und bereiten ihm, dessen unmenschliche Askese sie bestaunen, ein, wie ihm scheint, allzu geruhsames und behagliches Leben. Er bittet die Trappisten von Notre-Dame des Neiges, ihn noch einmal für die restliche Vorbereitungszeit bei sich aufzunehmen. Im August 1900 kehrt Charles de Foucauld nach Frankreich zurück; am 9. Juni 1901 wird er in Viviers zum Priester geweiht.
Im absoluten Schweigen der letzten Monate hat er sich befragt — und das heißt: Gott befragt, wohin er zu gehen habe. Insgeheim sehnt er sich nach wie vor nach einigen Gefährten, die mit ihm das Leben Christi in der Verborgenheit von Nazareth führen; er hat auch eine neue Regel für die Kleinen Brüder entworfen, die nun nicht mehr kleinste Gruppen, sondern richtige Klöster vorsieht. Ist das Heilige Land der richtige Ort für die Gründung einer solchen Gemeinschaft? Wäre nicht ein Land geeigneter, in dem es noch gar keine Kirche und keine Missionare gibt? Ja, gleicht die Lebensgemeinschaft, die er anstrebt, überhaupt einem der bisherigen Orden; ähnelt sie nicht vielmehr jenen religiösen Bruderschaften, die er vor Jahren, Jahrzehnten — wie weit liegen die Abenteuer der

Jugend zurück! den zweiundvierzigjährigen Priester trennen mehr als siebzehn Jahre von der Expedition des tollkühnen Offiziers — in Marokko kennengelernt hat? Sucht er nicht eine christliche Za-'uia? Und ist in diesen gastfreien Bruderschaften nicht viel am Leben geblieben, was in den ersten Einsiedeleien der syrischen Mönche für die Christenheit entdeckt und erschlossen wurde — versunkenes Gebetsleben in freier Offenheit für alle?!
Im September 1901 verläßt Charles de Foucauld Frankreich. Er wird in Algerien vom apostolischen Präfekten für die Sahara-Gebiete am Quai empfangen, der ihm sofort die Genehmigung erteilt, sich irgendwo in der Wüste als Einsiedler niederzulassen.
Der Mann, der zur Wüstenoase Beni Abbés unterwegs ist, gleicht fast ganz einem armen Beduinen; weiße Chechia, weiße Gandourah — lediglich das rote Kreuz, das er auf der Brust seines Umhangs trägt, unterscheidet ihn.
Seine Hoffnung, in der Sahara ein noch einsameres Leben als in Nazareth führen zu können, zerschlägt sich. Die Erscheinung dieses Priesters ist für die französischen Offiziere und Soldaten in den Wüstenforts eine Sensation; sie begrüßen ihn als „ihren" Père de Foucauld. Und die Araber sehen in ihm vom ersten Tage an einen christlichen Marabut — einen Mann, der für Gott lebt. Allah Akbar.
Auf der Grenze zwischen der idyllischen Talsenke der Oase Beni Abbés und der glutenden Leere des Sandmeers errichtet sich Père de Foucauld seine Einsiedelei. In ihr lebt er das Leben in Nazareth, was nun ganz anders ist als jene rätselhafte, rücksichtslose Askese, die er im Geräteschuppen der Clarissinnen üben konnte. Unauffällig sein, bedeutet hier etwas anderes. Auch stört ihn die Verehrung der Soldaten, der Eingeborenen nicht mehr. Er bestellt ein kleines Feld, nährt sich von Datteln und Brot, verteilt das Mehl und die Datteln, die er von dem wenigen Geld, das er erhält, kaufen kann, an die Armen. (Verschwenderischer denn je zuvor hatte er sein riesiges Vermögen, als er ins Kloster eintrat, verschenkt.) Gemüse und Fleisch, das man ihm aus der Soldatenküche zur Verfügung stellt, bietet er den armen Besuchern an — und Besucher finden sich in der kleinen Einfriedung, die er um seine Einsiedelei errichtet hat, in immer größerer Zahl ein. Offiziere, Soldaten, Bauern, Araber, Berber, schwarze Sklaven, Bettler, marokkanische Nomaden, Christen, Mohammedaner, Gläubige, Ungläubige — alle werden freundschaftlich bei ihm aufgenommen, und seine stille Anwesenheit bewirkt, daß alle in diesem kleinen, heiligen Geviert ohne Rang, ohne kulturellen oder rassischen oder religiösen Unterschied ausnahmslos wie Brüder beisammen sein können. Ein Za-'uia ist diese Klause zwar nicht, denn er lebt hier ja allein, aber er nennt sie nun eine Kha-ua, und das heißt einfach: Bruderschaft — die „Bruderschaft vom Heiligsten Herzen Jesu". In sie ist jeder Mensch aufgenommen, denn der Herr ist der Bruder aller. Darüber verliert Père de Foucauld kein Wort. Er lebt es.
Er lebt es — unvollkommen und fehlerhaft, wie er bekennt, als er nach zwei Jahren zum erstenmal wieder Gelegenheit findet, zu beichten — in so strahlender Selbstverständlichkeit, daß keiner seiner Besucher auch nur die leiseste Absicht verspürt. Zufällig kann er einen kleinen Negerjungen und eine alte Negerin taufen — es bleiben die einzigen Täuflinge seines Priesterlebens. Wichtiger ist es ihm, wenigstens einige der verelendeten Sklaven freizukaufen. In zornigen, schroffen Briefen an Freunde in Frankreich, an den zuständigen Apostolischen Präfekten fordert er die Beseitigung der Sklaverei; da zeigt sich, daß er nichts von seiner alten Leidenschaftlichkeit verloren hat:
„... indem wir die Sklaverei zulassen und sogar unterstützen, setzen wir uns der Verachtung, der natürlichen Frucht der Ungerechtigkeit aus. Die uns verachten, sind im

Recht: man muß diejenigen verachten, die mit vollem Wissen Unrecht tun und aus Menschenfurcht gegen ihr Gewissen handeln. Keine Menschenmacht hat das Recht, diese Unglücklichen, die Gott genauso frei erschaffen hat wie unsereinen, in Ketten zu legen ... ihnen das unbestreitbarste aller menschlichen Güter zu rauben, die Freiheit ... und wir haben nicht das Recht, uns wie schlafende Hunde zu verhalten: wir müssen schreien, wenn wir dieses Unrecht sehen!"

Drei Jahre nach Foucaulds Ankunft in der Sahara kommen die Kommandanten der französischen Stützpunkte überein, den Sklavenhandel künftighin streng zu verbieten und sofort einzugreifen, wenn ein Sklave mißhandelt wird; er wird dann freigelassen. In wenigen Jahren wird es keine Sklaverei mehr in Nordafrika geben.

Als 1903 an der algerisch-marokkanischen Grenze Unruhen ausbrechen und im Gebiet Beni Abbés erbitterte, verlustreiche Kämpfe stattfinden, erweist sich die ungeheure Macht, die von dem einsamen Betenden am Rande der Wüste ausgeht. Er allein kann bei Tag und Nacht zu Kranken oder Sterbenden in die Wüste hinausreiten; schutzlos, waffenlos durchquert er das Kampfgebiet. Befreundete Offiziere, die ihn zurückhalten wollen, müssen sich belehren lassen, daß ihm gar nichts geschehen kann: die Berber und Araber, die ihm begegnen, werfen sich vor ihm zu Boden; diese wilden, stolzen Krieger versuchen, den Saum seines Burnus zu küssen und erflehen seinen Segen. Bruder Charles de Jésus ist längst zu ihrem weißen Marabut geworden, auch ihr Heiliger. Inmitten der blutigen Kämpfe lebt er unbeirrt weiter sein verschwiegenes Dasein für andere; seinen Besuchern, Bettlern und Sklaven, Bauern und Beduinen, wäscht er heimlich die Wäsche; für seine schwarzen Freunde verfaßt er einen der schönsten und einfachsten aller Katechismen, den wir kennen: „Das Evangelium für die armen Neger der Sahara" — ein seltsames, verwegenes Buch der Verkündigung. Es nimmt nämlich nicht die geringste Rücksicht. Von missionarischer Anpassung weiß es nichts. Es offenbart lediglich, was Charles de Foucauld selber lebt: dies traut er, ärmer und geringer als sie, seinen „armen Negern der Sahara" auch zu. „Jesus ist der Meister des Unmöglichen." Dieser Katechismus scheint, gemessen an den Bekehrungen, die er bewirkt, die wirkungsloseste aller Schriften zu sein, die ein Missionar des Christentums verfaßt hat. Er fordert auch nicht dazu auf, sich zu bekehren, wie wir, die abendländischen Christen, das verstehen: er verlangt nicht den „Übertritt" zum Christentum. Er verpflichtet zu mehr — zum Leben Jesu.

Und dieser weiße Marabut verpflichtet durch sein Leben, das heiter, liebevoll und demütig beweist, wie er die anderen Menschen achtet, nicht nur wie seinesgleichen — hätte man ihm von Solidarität mit den Armen und Erniedrigten gesprochen, er hätte sich bekreuzigt, weil sie ihm als eine Parole des Hochmuts erschienen wäre —, er hält sich niedriger. Darum zieht er sie alle an sich, wie das Meer die Gewässer.

Während er noch an der Umfriedung seiner Einsiedelei arbeitet und — unbeirrbar in seinen Träumen — aufs neue Ordensregeln für seine Kleinen Brüder und Schwestern entwirft, erreichen ihn Nachrichten aus dem Herzen der Sahara, die ihn insgeheim beunruhigen. Vor zehn Jahren noch war das Gebiet des Hoggar für alle Reisenden, auch für schwer bewaffnete Militär-Karawanen, vollkommen unzugänglich. Nicht nur die Menschen in den Oasen, die Beduinen und die arabischen Kaufleute, auch französische Militärs fürchteten die unheimlichen, erbarmungslosen, tiefverschleierten Krieger der Tuaregs. Sie hatten Patrouillen wie starke Expeditionskorps aufgerieben. Auch harmlose Forschungsreisende, darunter einen der alten Freunde Foucaulds, hatten sie nicht am

Leben gelassen. Blitzartig tauchten sie auf, gespenstisch waren sie wieder verschwunden. Die natürliche Festung ihres öden Gebirges schien uneinnehmbar.
Die Franzosen sahen sich 1901 gezwungen, für einen ihrer erklärten Verbündeten in einem grausamen Familienzwist gegen einige Stammesfürsten der Tuaregs einzugreifen. Mit regulären Truppen konnten sie nicht kämpfen, die waren, wie die Erfahrung gelehrt hatte, diesen wilden Reiterverbänden nicht gewachsen. Ohne ausdrücklichen Befehl entschließen sich einige französische Offiziere zu handeln: sie rüsten ähnlich bewegliche Beduinen und arabische Freischärler aus, mit denen sie sich in die düstere Bergwelt vorwagen. Was bislang für unmöglich gehalten wurde, gelingt: trotz vielfacher Überlegenheit werden die Tuaregs geschlagen.
Unter ihren Fürsten kommt es zur Revolte. Ein junger Krieger, Moussa Ag Amastane, stürzt ihren bisherigen Amenokal, ihren obersten Führer, und versucht, mit den Franzosen einen ehrenhaften Frieden abzuschließen.
Foucaulds Freund Laperrine leitet die Verhandlungen und berichtet dem Einsiedler von Beni Abbés voller Bewunderung von der Ritterlichkeit, dem Stolz und der Würde dieser Berber. Er erzählt ihm von einer Frau aus dem Stamme der Taitoq-Tuareg, die sich seinerzeit weigerte, die bei einem — für die Kolonialtruppen vernichtenden — Gefecht Verwundeten, wie es Brauch war, zu töten. Als der Fürst selbst in ihr Haus eindringen wollte, verwehrte sie ihm den Zutritt. Sie pflegte die Verletzten und sorgte für ihre Rückkehr nach Tripolis.
„. . . man sagt, sie habe großen Einfluß“, berichtet Laperrine, „und überall ist ihre Hilfsbereitschaft bekannt.“
Père de Foucauld ist so beeindruckt von dieser Mohammedanerin, daß er ihr sogleich einen Brief schreibt:
„Es ist das erste Gebot aller Religion, Gott von ganzem Herzen zu lieben, das zweite, alle Menschen ohne Ausnahme zu lieben wie sich selbst. Voller Bewunderung und Dank zu Gott, daß Du auf so schöne Weise Nächstenliebe an den Menschen übst, schreibe ich Dir diesen Brief, um Dir zu sagen, daß bei den Christen alle Mönche und Nonnen, wenn sie von Dir hören, Gott um Deiner Tugenden willen loben und preisen und ihn bitten werden, Dich auf Erden mit Gnaden zu überschütten und mit Ruhm im Himmel. Ich schreibe Dir, um Dich inständig zu bitten, für mich zu beten, in der Gewißheit, daß Gott, der den Willen zur Liebe in Dein Herz gegeben hat, die Gebete erhört, die Du an ihn richtest.“
Eigentlich hofft er immer noch, einmal nach Marokko reisen und seine alten Freunde, falls sie noch leben, wiedersehen zu dürfen. Jetzt erkennt er, daß er darauf verzichten muß. Der Hoggar ist offen. Es ist möglich, zu den Tuaregs zu gehen — möglich freilich nur für ihn. Einem anderen würde man es nie erlauben. Sofort skizziert er:
„Mich bei den Tuaregs niedergelassen. Im Herzen des Landes. Beten, ihre Sprache lernen, das Evangelium übertragen. Ich werde mit den Tuaregs Verbindung aufnehmen. Ohne Klausur werde ich dort leben. Einmal im Jahre reise ich nach Norden, um zu beichten. Unterwegs kann ich allen Militärposten die Sakramente spenden. Im Vorüberkommen kann ich mit den Eingeborenen von Gott sprechen.“
Kaum hat er sich eine Klausur errichtet, ist er bereit, auf sie zu verzichten. Der Gedanke an die endlosen Wüstenmärsche schreckt ihn. Reiten wird er nun nie mehr, nachdem er zwei marokkanische Marabuts getroffen hat, demütigte Muslims, die ihren Maulesel an der Leine führten.

„Mein ganzes Wesen sträubt sich dagegen, ich zittere beim Gedanken, Beni Abbés zu verlassen — ich schäme mich dessen. Man wartet auf mich."
Die Erlaubnis des Apostolischen Präfekten und die Abbé Huvelins treffen ein. Laperrine erteilt dem früheren Kameraden die militärische Genehmigung, obgleich er weiß, daß er dazu gar nicht befugt ist. Am 13. Januar 1904 bricht Foucauld auf. Ihn begleitet ein junger Neger, den er freigekauft hat und der ihm als Gehilfe und Sakristan dient; eine Eselin trägt die Reisekapelle, die Vorräte, ein Paar Sandalen. Eine Abteilung der Chasseurs d'Afrique, die nach Adrar abkommandiert ist, folgt ihnen. Am 2. Februar trifft die kleine Karawane bei Laperrine im Hauptquartier ein. Der hat gute neue Nachrichten: es ist zu einem offiziellen Friedensschluß mit den Tuaregs gekommen; ihr Amenokal Moussa Ag Amastane hat Frankreichs „Lebenshoheit" — ein inmitten der unendlichen Wüsten wenig sinnvoller Begriff — formal anerkannt. In einigen Wochen wird Laperrine das Hoggar- und das Adrar-Gebirge erkunden und versuchen, bis Timbuktu vorzudringen. Er schlägt vor, daß Père de Foucauld ihn begleitet. Der weiß zwar, daß dies für ihn Tausende von Kilometern Fußmarsch durch die Berge und Wüsten bedeutet, stimmt aber ohne Zögern zu. Die Wochen bis zum Aufbruch verbringt er in einer nahen Oase, die von den Tuaregs oft aufgesucht wird, um sofort mit dem Studium ihrer Sprache zu beginnen. Es wird ihn bis zum Lebensende beschäftigen. Im Gewühl der Karawanserei von Akabli, zwischen den weiß gekleideten Arabern, sieht er sie zum erstenmal: hochgewachsene, schlanke Männer in langen, dunkelblauen Schleiern, in deren Sehschlitzen schwarze Augen brennen; anmutige, schöne Frauen von königlicher Eleganz, unverschleiert. Bruder Charles begegnet seinem Volk.
Der Vorstoß nach Timbuktu mißlingt am Einspruch eifersüchtiger französischer Offiziere, die vom Süden heraufgekommen sind. Im Juni sind sie wieder am Westhang des Hoggar. Foucauld freut sich, jene vornehme Tuareg-Frau begrüßen zu können, die vor Jahren die Verwundeten rettete. Dann trennen sich die Freunde. Père de Foucauld durchstreift, teils in Begleitung eines anderen Offiziers, Monate hindurch unter Führung eines Eingeborenen das Gebirge. Mitte November erst kehrt er in den Norden Algeriens zurück, um — wie er sich vorgenommen hatte — zu beichten. In zehn Monaten hat er über 5000 Kilometer zu Fuß zurückgelegt, in dünnen Sandalen, unterm weißen Burnus der Beduinen, ein durch keine Glut zu ermüdender Pilger.
Während der Einkehrtage bei den Weißen Vätern in Ghardaia muß sich der erschöpfte Pater langsam erholen. Hier erreicht ihn aus Marokko ein Brief, der ihn erschüttert. Der Marabut von Bau-el Djad, sein Freund aus früheren Tagen, Sidi Edris, schreibt:
„Mir liegt am Herzen, von Dir zu hören. Neulich erfuhr ich durch den hiesigen französischen Konsul, Du seiest in Jerusalem im Heiligen Lande als aufrichtiger Diener Gottes und opferst Deine Tage dem Ewigen. Ich wünsche Dir Glück und bin gewiß, daß Dich die Welt nicht mehr berührt. Das ist das Wesentliche, jetzt und in aller Zukunft — Dein Dir für immer ergebener Diener Hadj Edris El Cherquaui . . ."
Das Jahr 1905 bringt Père Charles de Foucauld an das Ziel seiner Wünsche. Wieder wandert er, den Rosenkranz betend, hinter den Kamelkarawanen einher, schläft mit den Soldaten unter dem eisig-klaren Himmel der Wüste, scheint unter der furchtbaren Sonne, bei 40, 50 Grad im Schatten, kaum Durst zu verspüren. Endlich treffen sie, Ende Juni, auf den Oberherrscher der Tuareg, den Amenokal Moussa. Père de Foucauld wird ihm als christlicher Marabut und als Diener des einen Gottes vorgestellt, der die Einsamkeit liebe und gern die Sprache der Kel Ahaggar erlernen wolle. Nach tagelangen Gesprächen

erklärt sich Moussa damit einverstanden, daß Bruder Charles inmitten der Tuareg seine Einsiedelei in Tamanrasset errichtet. Dieser Ort besteht aus einigen Hütten, die über drei Kilometer verstreut an einem ausgetrockneten Flußbett stehen, umgeben von einer unheimlich kahlen Mondlandschaft am Südhang des Hoggar. Aber die ständig umherziehenden Tuareg beleben diesen Ort. Nachdem sie, langsam, ihr Mißtrauen überwunden haben, suchen sie immer öfter den fremden Einsiedler auf. Der arbeitet von früh bis spät an seinen Sprachforschungen, die ihm die strengste Klausur ersetzen. Häufig trifft er sich mit dem Amenokal, den er immer aufrichtiger verehren lernt als einen frommen, weisen, friedliebenden Muslim, als überragende Persönlichkeit. Sie werden Freunde. Und schließlich erwählt ihn Moussa zu seinem Berater — Bruder Charles de Jèsus wird der Marabut, der heilige Vater der Tuaregs.
Als er nach einem Jahr Abwesenheit, das er in Beni Abbés verbracht hat, in den Hoggar zurückkehrt, wissen die Tuaregs endgültig, daß er nun zu ihnen gehört.
Seine Behausung ist jämmerlich eng und dürftig. Allmählich muß sie erweitert werden, um die Bücher unterzubringen, die sich Foucauld kommen läßt. Denn nun arbeitet er, von einigen vornehmen Tuaregs unterstützt, wie ehedem als junger Forscher Marokkos wieder als Wissenschaftler: an einer Grammatik und einem kleinen Lexikon der Tuaregsprache, die unter dem Namen eines gelehrten französischen Offiziers, mit dem er zusammenarbeitet, erscheinen; an großen zweisprachigen Lexika; an Sammlungen von Gedichten, Sprichwörtern und Erzählungen der Tuaregs. In unerbittlicher Disziplin zwingt er sich zu diesen Forschungen — denn unter dem linguistischen, völkerkundlichen Interesse vermag er nun seine mystischen Motive vollkommen zu verbergen. Diese Arbeit verhilft ihm dazu, ständig mit den Tuaregs zu sprechen, sich von den gebildeten Frauen ihre Dichtungen diktieren zu lassen, mit den Männer nächtelange Gespräche zu führen.
Bringt die Trockenheit Hungersnöte, verschenkt er die Lebensmittel, die ihm von den früheren Kameraden zur Verfügung gestellt werden, an die Kinder und hungert selber selbstverständlich mit seinen Freunden, bis er stundenlang in Ohnmacht fällt und beinahe an Unterernährung stirbt. Unablässig ist er für die Tuareg da. Zu jeder Tages- und Nachtzeit läßt er sich sprechen, und nur gelegentlich seufzt er ein wenig, daß es ihm nicht gelingt, nach der Messe in Ruhe sein Dankgebet zu sprechen — niemals wird er weniger als dreimal unterbrochen, weil ihn irgendeiner der Wüstensöhne begrüßen oder um Rat fragen will.
Er hat sich restlos ausgeliefert. Jedermann darf über ihn verfügen. Die Pforte seiner Einsiedelei ist immer geöffnet. Hunderte, Tausende von Besuchern steigen über die hohe Schwelle, die vor den Sandvipern schützen soll. Greise und Kinder, wilde Krieger und lachende junge Frauen, die ihm ihre Lieder vorsingen. Nur in den Sommermonaten, oben auf dem Gipfel des Asekrem, in der gläsernen Höhe, darf er noch einsam sein.
Kummer bereitet ihm zuweilen sein Ministrant; der junge Neger erträgt das kärgliche Leben nicht lange und läßt ihn immer wieder allein. Dann kann er nicht einmal die Messe morgens feiern, bis er endlich die Sondergenehmigung erhält, allein zelebrieren zu dürfen. Die Hoffnung, doch noch einen Gefährten für dieses Leben in Nazareth zu gewinnen, erfüllt sich nicht. Ein junger Mönch, der ihm in die Verborgenheit der Wüste folgen will, wird schon nach kurzer Zeit krank und erträgt weder das mörderische Klima, noch die unerbittliche Askese. Auch sein Wunsch, von seiner eigenen Hände Arbeit leben zu dürfen, wird hinfällig; seine wissenschaftliche Arbeit ist wichtiger. Nicht einmal

die Unscheinbarkeit, das Verborgensein wird ihm gewährt — sein Ruhm breitet sich über ganz Nordafrika aus, unter den Europäern wie unter den Arabern und Berbern, unter Christen wie Muslims. Alle verehren in ihm einen Heiligen. Er aber ist längst so selbstvergessen geworden, daß ihn auch das nicht mehr stört. Er ist da, für alle, heiter, gelassen, in einer offenbar unerschöpflichen Kraft und Geistesgegenwart, in nie ermüdender Bereitschaft zum Dienst, in Liebe, in unaufhörlichem Gebet.

„Mein inneres Leben ist einfach. Mein Tun besteht darin, meine unzähligen Fehler zu bekämpfen und morgen dasselbe zu versuchen wie gestern, nur besser. Es ist der Friede, vermischt mit einer geheimen Trauer darüber, daß ich am Abend meines Lebens erkennen muß, wie armselig ich bin, wie wenig Frucht ich gebracht habe. Wahr ist, daß man nie genug lieben kann. Aber der liebe Gott weiß, aus welchem Stoff er uns geknetet hat, und er liebt uns noch mehr, als eine Mutter ihr Kind lieben kann. Er, der nie stirbt, hat uns gesagt, daß er den nicht verstoßen wird, der zu ihm kommt . . ."

Noch einmal kehrt er heim nach Frankreich — um dem Neffen seines Tuareg-Fürsten Europa zu zeigen. Auch hier gönnt er sich keine Ruhe. Eilig kehrt er zurück in die Wüste.

Im September 1914 erreicht den Einsiedler im Hoggar die Nachricht, daß der Krieg ausgebrochen ist, der Selbstmord Europas. In der Sahara bleibt es ruhig. Père de Foucauld arbeitet wie besessen am Wörterbuch. Er überanstrengt sich. Zur Unterernährung kommt der Skorbut, das Fieber, Atemnot. Nur mühsam kann er sich noch aufrecht halten. Als es ihm zu Beginn des Jahres 1915 wieder etwas besser geht, ergreifen Unruhe und Kriegswirren auch die Stämme des Hoggar. Der christliche Marabut beschwört seine Freunde, Frieden zu halten. Im Juli kann er das Lexikon — mit nun 2028 Seiten — endlich abschließen. Er berät die Hirten und Bauern und unterrichtet die Frauen im Stricken und Häkeln. Er schlichtet Streitigkeiten, stiftet Bündnisse, rät unablässig zum Frieden. Jetzt, in der Bedrohung, bewährt sich seine Freundschaft zu Moussa; der Fürst der Tuaregs bewahrt ihm, dem französischen Missionar, ein uneingeschränktes Vertrauen.

Aber ist dieser einsame Priester denn noch Franzose? Ja, ist er, der nicht einen einzigen Menschen zum christlichen Glauben zu überreden versucht, noch ein Missionar?

Aus diesen letzten Lebensjahren Charles de Foucaulds liegen uns nur wenige Aufzeichnungen vor. Seine Briefe, seine Tagebuchnotizen, einst aus Nazareth so überschwänglich und überströmend in religiösen Intuitionen, Meditationen, Einsichten, Plänen, sie sind nun sehr sparsam geworden in ihren Aussagen über sein inneres, mystisches Erleben. Was er zu sagen hat, ist eingegangen ins stille, bloße Dasein; Wort, das Fleisch geworden ist.

Die Offiziere in den Wüstenforts sorgen sich um Père de Foucauld. Ihre drängenden Bitten, er möge in einem der Militärposten Schutz und Sicherheit suchen, beantwortet er nur mit dem Hinweis, die Leute in Tamanrasset brauchten ihn, und wenn die Tuaregs aus den Bergen herabkämen, könnten sie ihn hier finden. Aber er willigt ein, einen Kilometer von seiner Einsiedelei entfernt ein kleines Fort zu errichten. Es wird in den Sommermonaten gebaut. Im Juni kann Charles de Foucauld umziehen — diese schweren Mauern bieten ihm etwas mehr Schutz. Man lagert ein paar alte Gewehre und etwas Munition in dem kleinen Wehrturm, den Foucauld scherzhaft mit Klosterkirchen des 10. Jahrhunderts vergleicht. Vor seinen Mauern soll sich erfüllen, was er vor Jahren sich vorgeschrieben hatte:

Oben: Domitila Barrios de Chungara mit ihren Kindern. ▷
Unten: Spielende Indiokinder.

CANO

„In jeder Minute den heutigen Tag leben, als sollte man am Abend den Märtyrertod sterben ... sich unablässig darauf vorbereiten und das Martyrium ohne die geringste Abwehr auf sich nehmen wie das Lamm Gottes."
Sein Tod ist so gewaltsam wie sein Leben. Am 1. Dezember 1916 überfällt eine Bande aufständischer Tuaregs eines anderen Stammes die Oase; Bruder Charles meint, der Postreiter klopfe ans Tor. Er öffnet, wird ergriffen, gefesselt an Händen und Füßen, vor das Tor geschleppt. Die Männer wollen das Fort plündern, finden aber außer den sechs Gewehren und etwas Proviant nichts vor. Währenddessen bewacht ein 15jähriger Beduine den gefesselten Mann. Er hat sich nicht gewehrt. Reglos kniet er wie im Gebet. In grundloser Erregung drückt der junge Bursche ab. Die Kugel dringt am rechten Ohr in das gesenkte Haupt ein und tritt am linken Auge wieder aus. Noch heute ist ihr Einschlag in der Mauer des Turms zu sehen. Der ausgedörrte Körper sinkt lautlos in sich zusammen.
Nachdem die Horde der Aufständischen abgezogen ist, begraben die Dorfbewohner und der Neger, der Père de Foucaulds Einsamkeit zeitweise geteilt hat, den Leichnam, ohne ihm die Fesseln abzunehmen, im Graben der kleinen Festung.

„Mein Vater, Dir überlasse ich mich ganz. Tu mit mir, was Du willst. Was immer Du mit mir tust, ich danke Dir. Zu allem bin ich bereit. Alles nehme ich hin. Wenn nur Dein Wille erfüllt wird, in mir und in allen Deinen Geschöpfen ... Nichts anderes, mein Gott, wünsche ich. Dir in die Hände lege ich meine Seele, mit der ganzen Liebe meines Herzens, mein Gott, schenke ich sie Dir, weil ich Dich liebe ... maßlos, in unendlichem Vertrauen."
„Lob sei dem einzigen Gott!
An unsere hochgeborene Freundin Marie, die Schwester von Charles, unserem Marabut, den die Verräter ermordet haben, von Tebeul Moussa Ag Amastane, dem Amenokal des Hoggar:
Segen in Fülle mit Dir, Freundin! Sobald ich die Nachricht vom Tode unseres Freundes, Eures Bruders Charles, erhielt, haben sich meine Augen geschlossen. Alles ist dunkel für mich. Ich habe geweint und viele Tränen vergossen. In großer Trauer bin ich ... fern von dem Ort, an dem die Verräter, Diebe und Betrüger ihn getötet haben; im Ahaggar haben sie ihn getötet, ich befinde mich aber im Adrar ... Charles der Marabut ist nicht allein für Euch, für uns alle ist er gestorben. Möge Gott ihm Barmherzigkeit gewähren und uns, daß wir im Paradiese uns wiedersehen."
Das sind die Daten. Wegzeichen eines Daseins, Sinnbilder einer ungeheuren Verwandlung, Spiegelungen über der Glut der Wüste ... Oase im himmlischen Blau. Mehr läßt sich kaum erfassen, verstehen. Wer es wagt, diese Bildfolge zusammenzuschauen, ihr Geschehen als Ganzes zu betrachten, ahnt den Sinn: erst die Frucht läßt erkennen, was da heranwuchs; erst die lezte Einstellung des Films zeigt, was Gestalt annehmen und ins Bild, in die Wirklichkeit treten wollte.
Der Sultan Moussa Ag Amastane hat es erklärt. Seine Klage um den Freund, seinen christlichen Marabut, diesen Abed Aissa, den Jünger Jesu, zerreißt den Schleier, der über dem Geheimnis dieses Lebens liegt. Als erster vermag der Fürst der Tuaregs die letzte Wahrheit des Charles de Foucauld zu erkennen, und er — ein frommer Muslim — erkennt sie in letzter Klarheit: Gott gewährte es, ein Leben zu leben und einen Tod zu sterben „für uns alle". Mit dem Datum dieses Schreibens, dem 26. Dezember 1916, sind

mehr als vierzehn Jahrhunderte der Entzweiung der Religionen, der Kreuzzüge, der Furcht und des Abscheus vor dem Fremden, zu Ende gegangen. Der Amenokal deklariert die Ökumene der Zukunft — wahrer und endgültiger als alle Deklarationen der Menschenrechte, des Völkerrechts, der Gleichheit aller: die Vereinigung der Kulturen und Religionen im Opfer, aus dem allein die Freiheit erwächst, die zur Brüderlichkeit ermächtigt.

Dieses Zeugnis zerschlägt alle unsere billigen Vorstellungen von einem leichtfertigen Fortschritt in eine bessere Zukunft der Menschen, welche ideologisch proklamiert und technisch erwirkt werden könnte. Es verweist auf den einzigen Weg.

Diesen Menschen Charles de Foucauld führte er von Verwandlung zu Verwandlung, von Verzicht zu Verzicht.

Der reiche, haltlose Taugenichts wird ein furchtloser Truppenführer; der unerschrockene Erforscher eines Landes, das den Fremdling mit Tod bedroht, wird ein disziplinierter Gelehrter; der Mönch wird ein närrischer Asket; der Priester und Einsiedler wird das zufällige Opfer eines Raubüberfalls.

Der hemmungslose und hochgebildete Verächter der Religion wird ein leidenschaftlicher Katholik, der tagtäglich kommuniziert, wird ein auf immer schweigender Mönch in rückhaltlosem Gehorsam. Der Mystiker des Gehorsams bricht aus, weil ihm auch der strengste Orden der Kirche nicht streng genug ist. Der Priester wider Willen wird ein Missionar, der nicht eine einzige Bekehrung bewirkt, einer, der nicht predigt, sondern lebt, was im Evangelium offenbar geworden ist; der Eremit in der Sahara läßt seine Klausur zum fröhlichen Treffpunkt der Sklaven und Sklavenhalter, der Kolonialoffiziere und Beduinenhäuptlinge, der Armen und Wohlhabenden, der Frommen und Unfrommen werden; der Eremit, der vor Sonnenaufgang im Altarraum der Wüste die Messe feiert, der tagelang, nächtelang den Sternen das Allerheiligste aussetzt und in Anbetung versinkt, wird zum hageren Wanderasketen, der nackten Fußes, den Rosenkranz betend, Abertausende von Kilometern der Sahara im Staub der Militärkarawanen durchquert; und aus ihm wird der sonderbare Marabut der Tuaregs, ein besonnener Berater dieses kriegerischen Berberstamms in wirtschaftlichen, hygienischen, pädagogischen, landwirtschaftlichen, haushaltstechnischen, sozialen und politischen Fragen, Krankenpfleger und Spielgefährte der Kinder, religiöser Lehrer und Friedensstifter und der seltsame Sprachwissenschaftler, der sich mystisch in das Wort und in die Herzen seines Volkes einlauscht, bis er die Sprache der Tuaregs besser beherrrscht als sie selbst.

Wandlungen und Verzicht: der jugendliche Verschwender verzichtet auf seinen Reichtum, um sich innerlich zu vergeuden; der Forscher verzichtet auf Ruhm und wissenschaftliche Karriere, um zu entdecken, was nur im ewigen Schweigen sich ausspricht; der Trappist verzichtet auf die geliebte Gemeinschaft des Ordens, der Hungernde und Betende in Nazareth auf seine Unscheinbarkeit; der Priester und Einsiedler auf die geliebte Einsamkeit, auf die Stille, auf die Klausur, auf den Vorsatz, sich durch eigener Hände Arbeit zu ernähren, und der begeisterte Gründer eines Ordens, der Stifter einer neuen kirchlichen Lebensform verzichtet auf die ersehnten Gefährten. Und selbst diesen letzten, schwersten Verzicht leistet Charles de Foucauld willig. Er vertraut sich dem restlos an, der ein „Meister des Unmöglichen" ist; wie Abraham der Verheißung Glauben schenkt, worüber Sarah nur lachen kann, so bleibt er in seiner Hoffnung unbeirrbar: „Jesus will, daß ich an der Gründung dieser doppelten Familie — der Kleinen Brüder und der Kleinen Schwestern — arbeite . . . durch mein Gebet, durch mein Opfer, durch mein Sterben, durch meine Heiligung, kurzum: durch meine Liebe zu ihm . . . "

Auch diese unerbittliche Steigerung des Verzichts, der radikalen Entäußerung hat ihre innere Einheit und Konsequenz, die wiederum am deutlichsten in unscheinbaren Begebenheiten erkennbar werden: so bereits in der charmanten Behutsamkeit, die den jugendlichen Tagedieb darauf achten läßt, daß keiner seiner Freunde durch seinen Reichtum beschämt wird; auch der alternde Foucauld ist ängstlich darauf bedacht, niemanden durch seine vollkommene Hingegebenheit innerlich zu verletzen — schon in Nazareth läßt er sich's schmecken, als ihn der ahnungslose Prediger zum Mittagessen einlädt, und die früheren Kameraden der Chasseurs d'Afrique vergessen an fidelen Abenden am Lagerfeuer völlig, daß da nicht mehr der Vicomte de Foucauld, sondern der Bruder Charles de Jésus bei ihnen sitzt und nur gelegentlich an seinem Glase nippt. Rasch haben seine Tuaregs jegliche Scheu vor ihm verloren, und daß sie ihn auch beim Gebet stören, ist ihm wie ihnen ganz selbstverständlich. Er ist nur für sie da. Auf sich selbst kann er keine Rücksicht mehr nehmen, denn eben auf dieses Ich selbst hat er verzichtet. So ist er — jetzt erst — der Kamerad der Chasseurs und zugleich ganz ein Tuareg geworden. Es scheint, als sei er lange vor seinem Tode sich selbst gestorben.

„Stell dir vor", hatte er sich befohlen, „du darfst als Märtyrer sterben, von allem entblößt, niedergestreckt am Boden, nackt, verunstaltet, mit Blut und Wunden bedeckt, gewaltsam und schmerzhaft getötet."

Es scheint, als habe Sermi Ag Tohra, der halbwüchsige, aufgeregte kleine Beduine, diese Hinrichtung nur äußerlich vollstreckt. Gefesselt, ins Knie gebrochen, bereit war er längst.

„Wahrlich, wahrlich, ich sage es euch: Fällt das Weizenkorn nicht in die Erde und stirbt, bleibt es allein; erstirbt es aber, so bringt es viel Frucht." (Joh. 12, 20.)

Während seiner Aufenthalte in Frankreich in den Jahren 1900, 1911 und 1913 gelang es Charles de Foucauld, unter seinen Freunden wenigstens eine kleine Gemeinschaft von Priestern und Laien zu bilden, die sich für seine Ideale und die Gründung der Orden seiner Kleinen Brüder und Schwestern Jesu einsetzen wollten. Dieser Bruderschaft gehören bei seinem Tode 49 Menschen an. Sie wächst und wird im Jahre 1919 als Association Foucauld kirchlich offiziell anerkannt.

Der namhafte Orientalist Louis Massignon gibt 1928 das Directoire Père de Foucaulds heraus, die Regel seiner Gemeinschaften.

1933 werden südlich von Oran, in El Abiodh Sidi Cheikh die „Kleinen Brüder Jesu" gegründet. Im gleichen Jahr bildet sich in Frankreich eine weibliche Kongregation, die ihm nachfolgt, die „Kleinen Schwestern vom Allerheiligsten Herzen". 1939 folgt die Gründung der „Kleinen Schwestern Jesu", deren Lebensweise jener der „Kleinen Brüder" entspricht.

Um diese Kongregationen haben sich in den letzten Jahrzehnten eine ganze Reihe von sogenannten Säkular-Instituten gebildet, weltlichen Gemeinschaften, deren Mitglieder inmitten der Welt leben und arbeiten, ohne Klausur und Ordenstracht, aber die Gelübde der Armut, der Keuschheit und des Gehorsams abgelegt haben. Hinzu kamen mehrere kleinere Gemeinschaften, die faktisch in der Form solcher Säkular-Institute leben, aber sich selbst noch keine feste Regel gegeben und deshalb noch nicht um eine kirchliche Anerkennung ersucht haben.

So hat das Zeugnis des Charles de Foucauld dazu beigetragen, jene eigentliche, lautlose

Revolution in der Kirche auszulösen, die sich im Verborgenen ereignet — gerade auch in diesen unseren Tagen. Gerade weil sie kaum oder gar nicht beachtet wird, wirkt sie so glaubwürdig. Wahrhaft aktuell, eignet sie sich nicht für eine vermeintlich aktuelle Berichterstattung. Das absichtlos Selbstverständliche macht keine Schlagzeilen. Die lebendige Gestalt der Nachfolge im Unscheinbaren, auf dem „kleinen Weg“ der Therese von Lisieux durch die Geheimnisse des Alltäglichen, läßt sich nicht für Funk und Fernsehen dokumentieren. So ergibt sich zwar ein absurdes Bild von der Kirche in der Öffentlichkeit. Man beachtet nur die Protuperanzen, nicht die Sonne. Papstreisen, Bischofskonferenzen und die Selbstgefälligkeit einiger Theologen — nicht die Kleinen Brüder und Schwestern der Kleinen und Schwachen, die überall, in Paris und in Calcutta, in Warschau und in Hongkong, auf der Reeperbahn und in den Favellas von Rio de Janeiro wie in Daresalam, wie in den Wüsten Syriens oder im Hoggar mit den Arbeitenden, Notleidenden, Obdachlosen und nach Gerechtigkeit Hungernden dieser Welt leben und beten, unauffällig, anspruchslos, arm. Schweigsame Boten einer wiederkehrenden Glaubwürdigkeit christlichen Glaubens, dessen Wahrheit sie wortlos, im bloßen Dasein für andere, bewähren. In der Einsamkeit der großen Städte, im Lärm der Fabrikhallen, im nächtlichen Elend der Obdachlosen entdecken diese Männer und Frauen eine neue Form des Apostolats — das Sakrament der Fußwaschung. Sie nehmen den niedrigsten Platz ein, den ihnen niemand streitig machen kann.

Dieses Zeugnis hat eine merkwürdige und tiefgreifende Wirkung, durch die das Selbstverständnis der Kirche allmählich verändert wird, ja, wenn nicht alles täuscht, bereits von Grund auf verändert worden ist. Es identifiziert sich nicht mehr wie zuvor mit dem, oder doch nicht mehr allein mit dem, worin sich der Glaube von einem anderen Glauben oder vom vermeintlichen Unglauben unterscheidet. Es sieht sich nicht mehr auf die Mauern angewiesen, hinter denen es noch vor kurzem Schutz suchte. Es lernt aufs neue, daß die Wahrheit frei macht, woraus sich in letzter Konsequenz ergibt, daß der Glaube an diese befreiende Wahrheit nicht ohne Freimut bekannt und bezeugt werden kann. Das heißt nun nicht, daß die Gläubigen aufhören, in dieser Welt Angst zu haben; aber sie versuchen zumindest, nicht zu vergessen, daß der, auf dessen Tod und Auferstehung sich ihr Glaube verläßt, die Welt überwunden hat. Die Barrikaden von ehedem sind hinfällig geworden. Bemerkt wird, daß sie aus Mißverständnissen zusammengesetzt waren — Balken, um mit dem Gleichnis zu reden, aus dem eigenen Auge.

Nun ist das in der Praxis, im konkreten Erleben wohl immer schon beachtet worden; wer sich selbst vergißt, ja, wie es das Evangelium gebietet, sich selber verleugnet und die Liebe zuläßt, weiß sich nicht so vorschriftsmäßig von den anderen zu unterscheiden. Aber theoretisch sind die Christen seit jeher damit beschäftigt gewesen, die ihnen anvertraute Wahrheit von jeder anderen Wahrheit und vor allem sich selbst von den anderen zu unterscheiden und zu distanzieren. Die Geschichte des christlichen Denkens kennt fast nur Auseinandersetzungen. Als könne der Glaube sich lediglich im Gegensatz zu anderen verstehen — zu den Juden, den Griechen, den Heiden, den Muslims und schließlich feindselig gegenüber denen, die infamerweise gleichfalls behaupten, an Jesus Christus und die Barmherzigkeit Gottes zu glauben.

Charles de Foucaulds anscheinend so vergebliches Leben hatte zur Folge, daß so nicht mehr gedacht werden kann. Dabei war er selber alles andere als ein ungewöhnlicher Theologe, weder liberal noch progressiv, noch sonderlich kühn, es sei denn in der Mystik rückhalt- und absichtsloser Präsenz, in diesem unerhörten Anspruch vollkommener

Anspruchslosigkeit. Er äußert ihn in der Sprache traditioneller Frömmigkeit, kultiviert, zivilisiert, schlicht. Nein, nicht sein Denken, sein gelebtes Leben bewirkte die Kernspaltung und löste die Kettenreaktionen aus. Dieser Père de Foucauld war seinen Tuaregs ein Tuareg, ist den Muslimen ein Muslim geworden. Und sie haben es ihm gedankt, indem sie ihn ebenso uneingeschränkt, wie er sie, anerkannt und ihn, ihren Marabut, eher als die Kirche heilig gesprochen haben. Überall im Maghreb, in den Oasen der Sahara findet man heute die Herbergen, die nach ihm benannt sind — „Auberge de Foucauld".

Wie in der missionarischen Praxis zeitigte diese Umkehr zu Verständigung und Einverständnis auch in den Wissenschaften und in der Theologie noch gar nicht absehbare Konsequenzen. Die nahe Freundschaft zu diesem einsamen Mann in der Wüste inspirierte den Orientalisten Louis Massignon und durch ihn den großen Kreis seiner Schüler. Der Islam, seine geschichtliche Verbundenheit mit Europa, seine innige Nähe zur christlichen Glaubenserfahrung mußten nun neu bedacht und verstanden werden. Denn insgeheim ist unserem Verständnis von Offenbarung und Heilsgeschichte durch diese Existenz ein neues Maß gesetzt worden. Im Gespräch mit Muslimen und Juden, Hindus und Buddhisten versucht eine wahrhaft neue Theologie diesem Kriterium zu genügen. Dieses erwachende Verstehen, das sich den anderen erschließt und offen hält, verändert unausweichlich und mit Notwendigkeit die innere Situation, das Selbstverständnis der Kirche. Zwischen den Konfessionen der Christenheit wie zwischen Israel, dem Islam und der Kirche, die nun nicht mehr als verschiedene „Religionen", sondern als Glaubensweisen ein und derselben Offenbarungsgeschichte zu verstehen sind — verschieden artikulierte Antworten auf dieselbe Herausforderung Gottes. Dadurch ändert sich auch die Beziehung oder, wie man wohl richtiger sagen sollte, die Beziehungslosigkeit gegenüber den anderen religiösen Überlieferungen Indiens, des Fernen Ostens und Afrikas. Begegnung wird möglich.

Daß wir einander kennen- und verstehen lernen, ist nicht mehr auszuschließen — trotz allem, was an Verhängnisvollem seither geschehen ist. Wie Bruder Charles de Jèsus in der Sahara haben die beiden Patres Jules Monchanin und Henri le Saux im Dschungel Südindiens gelebt, in einem christlichen Ashram als indische Yogis. In den Vorbergen des Fuji-san ist ein christliches Zen-Kloster errichtet worden. In afrikanischen Dörfern wird der Glaube endlich im urtümlichen Rhythmus der Überlieferungen gesungen und getanzt. Das Christentum hört auf, europäisch zu sein.

Wer sich ans Offensichtliche hält, dem müssen alle diese fast lautlosen, kaum spürbaren Veränderungen im Verborgenen als unglaublich und aller Wahrscheinlichkeit nach vergeblich erscheinen. Bewegungen im Untergrund. Kleine Strömungen im Grundwasser der Geschichte. Ihre Auswirkungen an der Oberfläche des Geschehens sind indessen unabsehbar. Unsere Seismographen versagen. Sie registrieren nur die äußeren Erschütterungen. Die Gesetze, nach denen der Geist wirkt, bleiben uns rätselhaft. Einer hört auf zu reden, wenn er nicht gefragt wird, und beginnt zuzuhören . . . und viele verwandeln sich und verwandeln die Welt durch ein neues Denken. Ein Einzelfall? Fast ein Zufall, eine Laune des lieben Gottes? Einer Gesellschaft, die so viel von Bewußtseinsveränderung redet, ohne sie herbeiführen zu können, ist in diesem Fall gezeigt worden, wie sie sich ereignet.

ERNESTO CARDENAL

Höre meine gerechte Sache

Psalm 16 (17)

Höre, Herr, meine gerechte Sache
hör meine Klage,
hör mein Gebet,
ich meine es ehrlich.
Von Dir will ich gerichtet werden,
und nicht von ihren Tribunalen.
Wenn Du mich des Nachts
verhörst beim Scheinwerferlicht,
mit Deinem Lügendetektor
wirst Du kein Verbrechen
in mir finden.
Ich plappere nicht nach,
was die Radios sagen,
weder ihre Reklamesendungen
noch ihre politische
Propaganda.
Ich achte auf Deine,
nicht auf ihre Worte.

Ich rufe zu Dir,
weil Du — Gott —
mich hören mußt!

Hör mein Wort,
Du, der Anwalt aller Verschleppten,
Verteidiger der vom Kriegsgericht Verurteilten,
Helfer der Gefangenen in den Konzentrationslagern,
behüte mich wie Deinen Augapfel,
verbirg mich unter Deinen Flügeln,
befreie mich von dem Diktator
und der Mafia der Gangster.
Auf uns sind ihre Maschinengewehre gerichtet,
Geschrei des Hasses keilt uns ein.
Spitzel umschleichen mein Haus,
und des Nachts beschattet mich Geheimpolizei,
ich bin von Gangstern eingekreist.
Erhebe Dich, Herr,
tritt ihnen entgegen,
schlag sie zu Boden.

URSULA SCHULZ

Ernesto Cardenal

Priester, Dichter, Revolutionär

Sommer 1975. Nicaragua, ein Land im Herzen von Zentralamerika. Die Menschen Indios und Mestizen, einige wenige Weiße. Und die Mehrheit von 70—80 % der Menschen arm, leben im Elend. Eine Minderheit reich, extrem reich. Meist sind es Bauern, hier heißen sie ‚campesinos', ca. 70 % können nicht lesen und schreiben.
In San Carlos, einem kleinen Ort am Ufer des Großen Sees von Nicaragua, 13mal so groß wie der Bodensee, haben wir einen Bauern getroffen, der uns mitnehmen will in seinem kleinen Holzboot, angetrieben von einem Benzinmotor. Es ist heiß und sehr feucht, Tausende von winzigen grünen Mücken umschwirren unsere schweißnassen Gesichter. Wir wollen auf eine der 38 Inseln im Großen See, auf eine der Inseln von Solentiname. Dort lebt der Priester, Dichter und Revolutionär Ernesto Cardenal.
Der Bauer ist wortkarg, während wir in seinem kleinen Boot über den See tuckern. Auf unsere Fragen nach Padre Cardenal antwortet er nur zögernd. Vielleicht hat er Angst, wir seien Spitzel? Angst haben viele Menschen in Nicaragua. Angst vor den Spitzeln, den Soldaten des Diktators des Landes Anastasio Somoza. Seit 40 Jahren ist das Land fest im Besitz dieser Familie. 30 % des Landes sind sein persönliches Eigentum, er besitzt Bankhäuser, technische Betriebe, Luft- und Schiffahrtgesellschaften. Und wer nicht für ihn ist, ist gegen ihn. Die Konzentrationslager sind überfüllt, in seinem Namen wird gefoltert, gebrandschatzt und gemordet. Während die Menschen im Lande immer ärmer werden, wächst sein Reichtum ständig. Wer ihn kritisiert, lebt gefährlich.
In einem seiner Psalmen hat Ernesto Cardenal geschrieben:

> Hör meine Worte, Herr —
> höre mein Seufzen,
> hör meinen Protest,
> denn Du bist Gott und kein Freund der Diktatoren,
> Du folgst nicht ihrer Politik
> noch achtest Du auf Propaganda.
> Du hast mit Gangstern nichts gemein.

Es ist Regenzeit hier in den Tropen. Die Inseln mit ihren riesigen Bäumen sind grün, Blüten leuchten in paradiesischen Farben, exotische Vögel umschwirren sie.
Auf eine dieser Inseln hat sich Ernesto Cardenal vor einigen Jahren zurückgezogen. Er hat sein Erbe und eine Karriere als Wissenschaftler aufgegeben. Er gründete hier auf Solentiname eine christliche Kommune, um mit den ‚campesinos' in Einfachheit und Armut zu leben. Er ist ihr Lehrer, Berater und Priester.
Als unser Boot an dem kleinen Landungssteg anlegt, kommt er uns auf einem schmalen Pfad entgegen. Er ist klein und schmal, bekleidet mit einem weißen Hemd, wie es in Nicaragua die Bauern tragen, Blue Jeans und Sandalen. Sein Kopf sieht aus wie der eines Propheten. Die langen grauen Haare werden von einem Stirnband zurückgehalten, sein grauer Bart läßt ihn älter erscheinen, als er in Wirklichkeit ist, gerade 50 Jahre. In seinen

Augen lesen wir Klugheit und Humor. Er begrüßt uns schlicht mit einer herzlichen Umarmung und mit den Worten: „Mein Haus ist euer Haus."
Ganz selbstverständlich werden wir in die kleine Gemeinschaft aufgenommen. Wir sitzen in dem mit Palmblättern gedeckten Holzhaus an einem langen Tisch zusammen mit Ernesto, den Indiojungen Alexandro, Laureano und Elbis, mit dem Schriftsteller und Sänger William aus Columbien, seiner Frau Teresita und den Kindern Juan und Irene.
Die Mahlzeiten sind einfach. Reis, gebratene Bohnen, gekochte Bananen, Mais, Tortillas, Gemüse und Milch. Manchmal auch Fisch, wenn jemand was geangelt hat, oder auch Wildentenfleisch. Bei unserem ersten Besuch vor einigen Jahren gab es weder Wasser noch Elektrizität. Inzwischen läuft eine Lichtmaschine abends von 6—10 Uhr, und eine Wasserpumpe pumpt das Wasser des Sees herauf.
Abends sitzen wir oft zusammen, einer der Jungen spielt Gitarre, singt Lieder über Ché Guevara, Revolutionslieder aus Chile, Ernesto liest uns seine neuen Gedichte vor. Draußen zirpen die Grillen, ab und zu bellt ein Hund. Eine friedliche Stimmung. Doch der Friede täuscht.
Ernesto Cardenal hat einen langen Weg zurückgelegt, bis er hierher nach Solentiname kam. 1925 wurde er in Granada/Nicaragua geboren. Seine Eltern waren wohlhabende Kaufleute. Er studierte Literaturwissenschaften in Mexiko und den USA. Seine Doktorarbeit schrieb er über das Thema: „Sehnsucht und Sprache in der Lyrik nicaraguanischer Dichter." 1950 verbringt er zwei Jahre in Europa. Als Anastasio Somoza in Nicaragua von seinem Bruder die Macht übernimmt, kehrt er in seine Heimat zurück. Er schreibt Gedichte gegen die Diktatur, beteiligt sich an einem Aufstand, der aber verraten wurde. Seine Freunde werden fast alle verhaftet, gefoltert und getötet. Ihm gelang es zu entkommen. Er schrieb damals in seinem Gedicht:

> Die Stunde Null
> Dann schickten die USA für Somoza mehr Waffen; fast einen halben Morgen lang fuhren die Waffen vorbei; alle gestempelt: USA, Made in USA, Waffen, um noch mehr Gefangene zu machen, um Bücher zu verfolgen, um Juan Potosme fünf Pesos zu stehlen.
> Ich sah diese Waffen durch die Roosevelt-Allee fahren. Und die schweigenden Menschen auf den Straßen sahen sie entlangfahren . . .

Im Alter von über 30 Jahren trat Cardenal in das Trappistenkloster Gethsemani in Kentucky ein. Das war im Jahre 1957. Hier schrieb er „Das Buch von der Liebe". Sein Novizenmeister in jenem Kloster war der Mönch und Dichter Thomas Merton. Er schreibt in einem Vorwort des Buches über ihn: „Ernesto Cardenal war zwei Jahre lang Novize in Gethsemani, und ich wußte von seinem Notizbuch und seinen Gedichten. Er sprach von seinen Ideen und Meditationen. Ich kannte seine Einfachheit, seine Treue zu seiner Berufung, seine Treue zur Liebe."
Und weiter: „Ernesto Cardenal verließ Gethsemani, weil sein Gesundheitszustand und seine Konstitution der besonderen Lage und dem Klima von Gethsemani nicht entsprachen. Aber ich erkenne auch, daß es noch einen anderen Grund gab: Es bestand keine Veranlassung für ein weiteres Verbleiben als Novize und Student, weil er tatsächlich schon ein Meister war."
Nach dem Noviziat ging er als Dozent ans Theologische Seminar in Medellin/Colum-

bien. Er ist über 40 Jahre, als er in der alten Kathedrale von Managua, der Hauptstadt von Nicaragua, zum Priester geweiht wird.
Als seine Psalmen „Zerschneide den Stacheldraht“ in Deutschland erschienen, lebte er schon auf Solentiname.
In seinen Psalmen setzt er sich mit dem herrschenden Regime in seinem Vaterland auseinander.

> ... Zerschlage, Herr, ihre Geheimpolizei
> und ihre Kriegsgerichte,
> daß ihre Heeresmacht spurlos verschwinde.

Seine Bücher werden verboten. Aber noch läßt man ihn persönlich in Ruhe. Die Regierung hält ihn für einen harmlosen Schwärmer. Noch scheint er ihnen nicht gefährlicher als ein Narr. Noch glauben sie nicht, daß seine Stimme gehört wird, daß sein Eintreten für die Unterdrückten, Erniedrigten und Beleidigten, seine Solidarität mit den Armen mehr sein könnte als das sinnlose Aufheulen eines Idealisten.
1970 wird Ernesto Cardenal nach Kuba eingeladen. Kuba, die sozialistische Insel in der Karibischen See, direkt vor der Küste Nicaraguas. Er schreibt während der Reise ein ausführliches Tagebuch. Zeichnet seine Gespräche auf mit Bauern, Intellektuellen, Künstlern, Arbeitern. Er hört am Jahrestag der Revolution die Rede Fidel Castros und hat ein langes Gespräch mit ihm. Er selbst bezeichnet seine Reise nach Kuba neben seiner Berufung zum Priester als eine der wichtigsten Erfahrungen in seinem Leben. Gefragt nach seinen Eindrücken in Kuba, sagt er:
„Die Regierung Nicaraguas hat mir nicht erlaubt, nach Kuba zu reisen. Ich beantragte ein Visum für Mexiko und flog von dort nach Kuba. Wenn jemand Kuba besuchen will, muß er es heimlich tun, und wenn die Regierung davon erfährt, wird er eingesperrt und verhört. Bei mir wagten sie das nicht, weil ich ein Poet bin, der in anderen Ländern ziemlich bekannt ist, und auch, weil ich Priester bin. Nachträglich mußten sie einfach tolerieren, daß ich in Kuba war.
Nicht nur die Tage, die ich in Kuba verbrachte, waren eine Erleuchtung für mich, sondern ebenso die Zeit danach, während ich diese Erfahrung verarbeitete. Dazu beigetragen haben auch neue Bücher, die ich las, Gespräche, die ich mit den Besuchern in Solentiname führte. Und hierher kommen fast nur Revolutionäre, Revolutionäre aus verschiedenen Ländern Europas, aus den USA und Lateinamerika. Durch dies alles wurden ich und auch die anderen Mitglieder der Kommune noch radikaler in unserer politischen Haltung.“
Und weil Ernesto Cardenal die Verhältnisse in Lateinamerika sehr gut kennt, kann er abwägen. Er sieht, was Fehlschläge der kubanischen Revolution sind und wie die Erfolge aussehen. Sein Kuba-Buch macht ihn in ganz Lateinamerika bekannt. Er übt großen Einfluß gerade auch auf die Jugend aus. Während er die Bauern auf Solentiname anregt, Bilder zu malen und kunstgewerbliche Gegenstände herzustellen, damit sie von dem Erlös ein wenig besser leben können, während die Bauern sonntags in ihren Booten nach Solentiname rudern, um hier mit Ernesto Cardenal, ihrem Bruder, die Messe zu feiern, werden in der Hauptstadt des Landes seine Bücher verboten, der Verkauf der kunstgewerblichen Gegenstände, der naiven Bilder der Bauern gestoppt.
Sonntags mischen sich Spitzel unter die Gläubigen in der kleinen Kirche auf Solentiname. Während des Gottesdienstes predigt Cardenal nicht, er spricht mit den Bauern, sie

diskutieren miteinander die Worte des Evangeliums, sie übertragen sie auf ihr tägliches Leben und ziehen ihre Schlußfolgerungen. Wir haben diese Diskussionen miterlebt, diese Lebendigkeit während des Gottesdienstes, wir haben erfahren, welche Aktualität die Worte des Evangeliums für diese einfachen Fischer und Bauern haben.
An einem Sonntag sprechen sie über die Worte des Neuen Testaments:
„Glaubt nicht, ich sei gekommen, Frieden auf die Erde zu bringen. Ich bringe nicht Frieden, sondern das Schwert."
Antenor sagt: Immer hatte die Ungerechtigkeit auf der Erde geherrscht, und er kam, um mit diesem Zustand aufzuräumen. Und das bedeutet Kampf. Er kämpft aber nicht allein, sondern mit uns allen.
Marcelino: Er brachte ein scharfes Schwert mit, das ist sein Wort. Und dieses Schwert empfangen wir, indem wir das Evangelium hören.
Ein anderer: Jesus ist gegen den Konformismus, darum sagt er, er wäre nicht gekommen, Frieden zu bringen.
Noch ein anderer: Viele wollen lieber in Frieden leben, keine Probleme haben ...
Der junge Armando: Es gibt zwei Arten von Frieden. Die eine Art bedeutet, einfach alles hinzunehmen, sich um Ungerechtigkeit und Ausbeutung nicht zu kümmern. Die andere Art Frieden erlangen wir erst, wenn die Gerechtigkeit gesiegt hat, wenn die Dinge ins Lot gekommen sind.
Laureano: Ich glaube, Jesus will hier sagen, daß sich die Dinge nicht einfach verändern, nur weil er Jesus ist: Schwupp! schon ist alles verteilt und die Gesellschaft gerecht. Nein, wir selbst müssen versuchen, diesen Frieden zu erreichen.
Und das geht nicht ohne Kampf, nicht wahr? wirft Armando dazwischen.
Laureano fährt fort: Ja, in allen Ländern muß darum gekämpft werden, daß in der ganzen Welt Gerechtigkeit herrscht.
Alejamdro sagt: Ich sehe auch, daß man keinen Frieden haben kann, wenn man seinen Nächsten wirklich liebt. Selbst wenn Frieden in einer Gemeinschaft herrscht, so wie hier in Solentiname, wo das Leben friedlich und einfach ist, weil wir uns alle verstehen, selbst hier spürt man immer diese Unruhe, diese ... Weil man die Ungerechtigkeit klarer erkennt ... Ich glaube, der Grund für diese Unruhe ist die Liebe. Man kann nicht in Frieden leben, wenn man weiß, daß es anderen schlecht geht. Und es wäre auch schlimm, wenn wir hier alle ganz ruhig vor uns hinlebten.
Ein anderer sagt: Da Jesus kam, um die Dinge zu verändern, brachte er nicht den Frieden, sondern die Revolution.
Ernesto Cardenal: Solange es eine unterdrückende und eine unterdrückte Klasse gibt, kann man nicht wollen, daß Frieden zwischen beiden herrscht, weil das die Unterdrükkung bejahen hieße. Wenn wir aber wollen, daß sich die unterdrückte Klasse befreit, damit es keine Unterdrücker mehr gibt, dann wollen wir den Frieden.
Und Oscar: Ah, jetzt verstehe ich. Jesus ist gerade darum der Grund für die Uneinigkeit, weil er der Grund für die Einigkeit ist, die nicht alle wollen.
Als wir Solentiname verließen, als wir Adios sagten, ahnten wir noch nichts von dem, was der Kommune Ernesto Cardenals und den Bauern und Fischern bevorstand. Die politischen Unruhen im Lande nahmen zu. Die Maßnahmen des Diktators Somoza und seiner Soldaten, der Guardia Nacional, wurden immer brutaler. Im Untergrund formierte sich eine Widerstandsbewegung, Guerilleros, die das Volk von dem Tyrannen befreien wollten. Die Verhaftung Cardenals war beschlossen. Er konnte fliehen. Die Bauern von

Solentiname, unter ihnen auch Mitglieder der Kommune von Ernesto Cardenal, griffen zu den Waffen und überfielen die Polizeistation von San Carlos, des kleinen Ortes am Ufer des Großen Sees. Wie sagte Elbis, der Indiojunge aus der Kommune, während der Predigtgespräche: „Alle, die für die Befreiung kämpfen, bringen das Wasser des Lebens in alle Teile der Welt, wie eine Quelle. Die Befreiung ist wie ein Fluß des Lebens für die ganze Menschheit, der schließlich in das ewige Leben mündet." Elbis wurde in den ersten Tagen des Aufstands von den Gewehrsalven der Guardia Nacional niedergestreckt.
Ernesto bekennt sich im Exil zu den Revolutionären. Er reist um die Welt und bittet um Hilfe und Solidarität mit seinem Volk, das ausgeblutet wird durch einen erbarmungslosen Bürgerkrieg.
Sommer 1980. Der Kapitän des Flugzeugs von New Orleans nach Managua: „Stellen Sie die Sitze senkrecht, löschen Sie Ihre Zigaretten. In wenigen Minuten werden wir in Managua, der Hauptstadt von Nicaragua, landen."
Unter uns der See, und am Ufer Managua mit seinen tausend Lichtern. In wenigen Minuten werden wir Ernesto Cardenal wiedersehen, wiedersehen in einem freien Nicaragua. Der Diktator ist mit all seiner Habe und den Geldern aus der Staatskasse nach Paraguay geflohen. Er hinterließ sein Land wie einen Trümmerhaufen.
Ernesto Cardenal kommt uns entgegen mit seinen Blue Jeans und seinem weißen Bauernhemd, mit seinen grauen Haaren und grauem Bart. Er ist jetzt Kulturminister der neuen Regierung. Vor Jahren dichtete er prophetisch: „Die Armen werden ein Festmahl halten. Das neue Volk, das noch geboren wird, unser Volk wird ein großes Fest feiern." Noch ist er Kulturminister, weil die Revolution ihn braucht. Er träumt davon, nach Solentiname zurückzukehren, wieder in der Einsamkeit mit den Bauern zu leben. Solentiname, die kleine Insel im Großen See von Nicaragua, ist für die Nicaraguaner ein Symbol für die Befreiung ihres Landes. Der kleine grauhaarige Mann, der Priester, Dichter und Revolutionär, ist ein Teil dieser Revolution, über die er sagt:
„Revolution ist Liebe, Liebe ist Revolution."

PABLO NERUDA

Der Holzfäller erwache!

Abraham soll kommen, daß
sein alter Gärstoff
die goldene
und grüne Erde
von Illinois auftreibe,
und soll das Beil erheben in seines Volkes Mitte
gegen die neuen Sklavenhalter,
gegen die Peitsche des Sklaven,
gegen das Gift der Druckereien,
gegen das blutige Volk der Schacherer,
das verkaufen will.

Singend und lachend, wir sollen marschieren,
der junge Weiße, der junge Neger
gegen die Wände aus Gold,
gegen den Fabrikanten des Hasses,
gegen die Händler ihres Bluts,
singend, lachend und siegend.

Holzfäller, wach auf!

Friede für die Abenddämmerungen, die
kommen,
Friede für die Brücke, Friede für den Wein,
Friede für die Lettern, die mich suchen
und in meinem Blut aufsteigen,
das alte Lied umwindend mit Erde und Liebe,
Friede für die Stadt am Morgen,
wenn das Brot erwacht, Friede für den Fluß
Mississippi, Strom der Wurzeln,
Friede für meines Bruders Hemd,
Friede im Buche — wie ein Siegel aus Luft,
Friede für das große Kolchos von Kiew,
Friede der Asche dieser Toten
und jener anderen Toten, Friede für das schwarze
Eisen Brooklyns, Friede für den Briefträger,
der von Haus zu Haus geht wie des Tages Licht,
Friede für den Choreographen, der
durch einen Trichter hin zu den Ackerwinden ruft,
Friede für meine rechte Hand,
die nur schreiben will Rosario:
Friede für den Bolivianer, der
verschlossen wie Zinnstein ist, Friede

für alle Sägemühlen am Bio Bio,
Friede für das zerfetzte Herz
des Partisanenspaniens,
Friede für das kleine Museum von Wyoming,
wo das Rührendste
ein Kopfkissen ist mit einem gestickten Herzen,
Friede dem Bäcker und seinen Liebschaften
und Friede für das Mehl: Friede
für alles Getreide, das da wachsen soll,
für alle Liebe, die Laubdickicht sucht,
Friede für alle, die da leben: Friede
der gesamten Erde und den Wassern.

Hier nehme ich Abschied, kehre
zurück in mein Haus, meine Träume,
kehre nach Patagonien heim, wo
der Wind an die Ställe klopft
und der Ozean Eis sprüht.

Ich bin nur ein Dichter: ich liebe euch alle,
umherirrend geh ich durch die Welt, die ich liebe:
in meinem Vaterland kerkern sie die Kumpel ein,
und Soldaten befehlen den Richtern.
Aber ich liebe sogar die Wurzeln
meines kleinen kalten Landes.

Müßte ich tausendmal sterben,
immer dort wollte ich sterben:
würde ich tausendmal geboren,
immer dort wollt ich geboren sein,
nah der wilden Andentanne,
dem Toben des Südwinds nah
und den kürzlich gekauften Glocken.
Niemand denke an mich.
An unsre ganze Erde wollen wir denken,
auf den Tisch voll Liebe hämmernd.
Ich will nicht, daß wieder Blut
das Brot durchtränke, die Bohnen,
die Musik, ich will, daß
der Bergmann, das Kind,
der Anwalt, der Matrose,
der Puppenfabrikant mit mir kommen,
daß wir ins Kino gehen und herauskommen,
Wein zu trinken, den rotesten Wein.

Ich komme nicht, etwas zu lösen.

Ich kam hierher, um zu singen
und auf daß du mit mir singst.

URSULA VOSS

Begegnungen mit einer Frau aus Bolivien

„Bolivien ist das Land Lateinamerikas, das am meisten gelitten hat. Die Minenarbeiter sind die Einwohner Boliviens, die am meisten gelitten haben. Und schlimmer noch als Minenarbeiter zu sein, ist es, eine Frau in den bolivianischen Minen zu sein."
Eduardo Galeano
aus dem Vorwort zu: „Wenn man mir erlaubt zu sprechen . . ."

Kurz vor meiner zweiten Südamerikareise — im November 1978 — weiß ich so gut wie nichts über das Leben der bolivianischen Minenarbeiter, ihrer Frauen und Kinder. Dann entdecke ich ein Buch, das mir schlaflose Nächte bereitet: „Wenn man mir erlaubt zu sprechen . . ." Zeugnis von Domitila, einer Frau aus den Minen Boliviens. Nichts interessiert mich plötzlich mehr als diese Frau, dieser Ort, wo sie lebt, und die Menschen, die in dem Minengebiet „Siglo XX" leben und kämpfen, um zu überleben.

17. Januar 1979. Regenzeit in Bolivien. Es gießt in Strömen, als wir nach zehnstündiger Busfahrt endlich in Llallagua ankommen — zehn Uhr abends. Das einzige Hotel, das für Touristen in Frage kommt, ist ungemütlich kalt, die Decken sind klamm, die Eisenbetten quietschen, Wasser gibt es nicht.
Bei einer Tasse Mate de Coca besprechen wir die Lage, stellen uns die Frage, wie wir Domitila finden und ob sie überhaupt mit uns sprechen wird. Denn aus ihrem Buch wissen wir, daß sie nicht viel von den europäischen Frauen aus der Mittelschicht hält. Beim Frauentribunal in Mexico City, das als Gegenveranstaltung zum offiziellen UNO-Kongreß 1975 im Internationalen Jahr der Frau stattfand, hatte sie nordamerikanische und europäische Feministinnen kennengelernt und sogleich ein vernichtendes Urteil gefällt. „Ihre Interessen, bourgeoise Damen", hatte sie damals gesagt, „sind nicht die Interessen der Frauen aus den unterentwickelten Ländern." In ihrem Buch erinnert sich Domitila an diesen Auftritt. Sie schreibt: „Ich machte ihnen klar, daß sie nicht in unserer Welt lebten; ich machte ihnen klar, daß die Menschenrechte in Bolivien nicht respektiert werden. Und daß dort das herrscht, was wir das Recht des Stärkeren nennen: reichlich für die einen, knapp für die anderen; daß diese Damen, die sich organisieren, um Canasta zu spielen und der Regierung Beifall zu klatschen, deren volle Garantie und Rückendekkung genießen. Aber Frauen wie wir, die wir uns organisieren, um unser Volk vorwärts zu bringen, uns schlägt und verfolgt man. All diese Sachen wußten sie nicht. Sie sahen das Leiden meines Volkes nicht. Sie sahen nicht, daß unsere Männer ihre Lunge Stück für Stück aushusten, in blutigen Fetzen . . . Sie wußten nicht, daß unsere Kinder unterernährt sind. Und klar, daß sie nicht wußten, was es heißt, wenn wir um vier Uhr morgens aufstehen und uns um 11 oder 12 hinlegen, nur, damit die Hausarbeit erledigt wird."

18. Januar 1979. Es regnet noch immer, noch immer ist es empfindlich kalt in 3600 Meter Höhe, und noch immer gibt es kein Wasser. Skeptisch, aber auch neugierig und aufgeregt, machen wir uns auf den Weg nach „Siglo XX", das von der Staatlichen Minengesellschaft „Comibol" errichtete Minenarbeiterlager.
Als die Häuser niedriger werden, Steinbaracken auftauchen und wellblechverkleidete Hütten, sind wir am Ziel. Wo aber finden wir Domitila? Wir fragen nach dem „Sindicato

de Mineros", der Gewerkschaftszentrale, denn dort, so denken wir, müßte man wissen, wo sie wohnt. Leider bekommen wir nur eine vage Handbewegung und mißtrauische Blicke mit auf den Weg und den Rat, doch einmal in der „Pulpería" zu fragen, dem Versorgungszentrum der Arbeitersiedlung.

Es geht über schlammig-steinige Wege bergan — in dieser Höhe eine ziemliche Anstrengung. Die Pulpería ist eine riesige, ungemütliche Lagerhalle, in der bis unter die Decke Konservendosen gestapelt sind. Frauen laufen hin und her, andere warten geduldig in langen Schlangen. Ich gehe mutig auf eine Frau im blauen Arbeitskittel zu und frage nach Domitila. Sie zieht mich ans Fenster und deutet dann auf eine Frau, die draußen „Salteñas" verkauft, eine bolivianische Teigwarenspezialität. Das ist Domitila.

Minuten später sitzen wir in Domitilas Steinbarackenwohnung, in der auf 25 qm zehn Personen leben. Das ist normal in Siglo XX — niemand hat mehr Platz. Im Gegenteil. Oft drängeln sich bis zu 15 Personen in den von der staatlichen Minengesellschaft „Comibol" zur Verfügung gestellten Unterkünften, in denen es keine sanitären Anlagen gibt und Strom nur stundenweise. Vier Betten für sieben Kinder, dazu ein Tisch und zwei Stühle füllen den Wohnraum; im Vorflur, einer Art Windfang, schlafen die Eltern und die jüngste Tochter. Auf der Kante des Ehebettes lassen wir uns nieder — befangen und ein wenig hilflos.

Wir überreichen Domitila die deutsche Übersetzung ihres Buches. Sie freut sich wie ein Kind, blättert ihr Buch durch und nimmt dabei tröstend ihre weinende jüngste Tochter auf den Schoß, die sich beim Spielen weh getan hat. „Ihr Bruder", sagt sie, „ist beim Streik 1976 gestorben."

Das Stichwort Streik ist gefallen. Ich hake nach, will wissen, wie es damals zugegangen ist, wie man sich gewehrt hat gegen die Übermacht des Militärs, was man tut, um neue Übergriffe zu verhindern. Domitila beginnt zu erzählen: von ihrer Tätigkeit als Generalsekretärin des Hausfrauenkomitees von Siglo XX, von Protestaktionen und Gefängnisaufenthalten — einmal starb, unter den Foltertritten eines Soldaten, eines ihrer Kinder —, von Hungerstreiks und Massakern.

„Der Kampf geht weiter", sagt Domitila an diesem Morgen zuversichtlich. „Wir werden es nicht zulassen, daß sie uns wie Tiere im Käfig halten. Wir wollen endlich wie Menschen leben und nicht länger Sklaven von ‚Comibol' sein."

Von der Staatlichen Minengesellschaft „Comibol" sind in Siglo XX rund 10 000 Arbeiterfamilien abhängig. „Comibol" stellt die Wohnungen, „Comibol" betreibt die „Pulpería", die nach einem raffinierten Rationierungssystem funktioniert; „Comibol" bezahlt die Ärzte und Lehrer; sperrt den Strom und dreht das Wasser ab, jagt, wenn der Mann stirbt, die Witwe samt den Kindern nach 90 Tagen aus der Wohnung und läßt die Mineros für knapp 60 Dollar monatlich 10—12 Stunden unter Tage schuften. Nur ein einziges Mal haben die Arbeiter frei — am Zahltag!

„An diesem Tag", sagt Domitila, „bin ich immer besonders wütend, denn sehen Sie her, was bleibt von all der Arbeit? Nichts!" Sie zeigt mir den letzten Lohnstreifen ihres Mannes, und ich überzeuge mich, daß sie recht hat mit ihrer Wut. Nach Abzug aller Kosten: Sozialversicherung und Altersversorgung, Schulgeld, der Abzahlung für den Fernseher und 10 Paar Schuhe, bleiben unter dem Strich ganze 200 Pesos übrig, etwa 20 DM. Und weil die Familie von dem Verdienst des Vaters allein nicht leben kann, verkauft Domitila seit Jahren selbstgebackene „Salteñas" auf der Straße.

„Und trotzdem können wir uns all das nicht leisten, was Sie in der Pulpería sehen", fügt sie aufgebracht hinzu. „Dort stehen die Konserven bis unter die Decke gestapelt, seit sieben Jahren stehen die da herum. Aber niemand kann sie kaufen. Es geht uns hier von Jahr zu Jahr schlechter. Unser Geld reicht gerade für eine Mahlzeit am Tag — für ein wenig Brot, ein wenig Fleisch und manchmal auch etwas Gemüse, denn die Preise für die Waren steigen zehnmal schneller als die Löhne.

Schuld an dieser miserablen Situation sind unsere Auslandsschulden. Die haben sich — im Vergleich zu früher — stark erhöht. Auch aus der Bundesrepublik hat Bolivien große Kredite bekommen. Wo aber ist das Geld geblieben? Die Kapitalisten haben es in den Städten investiert, haben Banken gebaut, große Hotels und riesige Gebäude, und außerdem hat man die privaten Minenbesitzer unterstützt.

Und womit zahlen sie ihre Kredite ab? Mit Zinn. Mit Zinn, den unsere Männer, die nie genug zu essen bekommen, aus der Erde herausschaffen. Unsere Minenarbeiter produzieren den Reichtum des Landes. Aber was haben sie davon? Nichts, absolut nichts. Sie hungern, ihre Kinder sterben, und wenn sie streiken, halten die Militärs ganz einfach die Maschinengewehre in die Massen ...

Aber ich habe schon mal gesagt: wir fürchten uns nicht, unser Kampf geht weiter. Wir wollen in diesem Land die Demokratie, und wir wollen, daß auch Arbeiter in der Regierung sind, denn nur Arbeiter können beurteilen, was uns fehlt."

Ich bin tief beeindruckt von Domitilas Gabe, schwierige politische und ökonomische Zusammenhänge auf einen einfachen, verständlichen Nenner zu bringen; ich bin überrascht von ihrer Unbestechlichkeit, ihrem Mut und ihrer Vitalität, vor allem aber von der Solidarität mit jenen, denen es noch schlechter geht.

„Von denen", sagt sie, „gibt es eine Menge. Den Campesinos — den Kleinbauern und Tagelöhnern — geht es zum Beispiel viel schlechter als uns. Die Lastträger hier in Llallagua, die kommen alle vom Land, um hier ein paar Pesos zu verdienen, und viele Ex-Campesinos werden hier von den ‚Veneristas' ausgebeutet, die auf eigene Rechnung Zinn suchen. Und haben Sie schon die vielen kleinen Kinder gesehen, die ihren Eltern oder ihren Müttern, die Witwen sind, beim Zinnwaschen helfen müssen? Die stehen den ganzen Tag im feuchten Schlamm herum und waschen aus den Abfällen der Aufbereitungsanlage Zinn heraus. Eine scheußliche Arbeit."

Als wir uns verabschieden, wünsche ich ihr alles Gute. Mein Wunsch sollte nicht in Erfüllung gehen.

Im Sommer 1980 treffen wir uns überraschend wieder — in Hamburg, bei einer Großveranstaltung des „Komitees zur Wiederherstellung der Demokratie in Bolivien". Der Anlaß ist traurig, denn am 17. Juli haben in Bolivien — nach einem kurzen demokratischen Zwischenspiel — erneut Generäle die Macht übernommen. Domitila war in Kopenhagen, als sie die Nachricht von dem blutigen Putsch der Militärs erhielt. Sie nahm dort als Gast der UNO an der Weltfrauenkonferenz teil. Über Nacht war sie heimatlos geworden. Denn in Bolivien steht ihr Name auf den schwarzen Listen der neuen Machthaber. Kehrt sie zurück, muß sie mit ihrer Verhaftung rechnen.

„Hat dich der Militärputsch überrascht?" frage ich sie.

Die Antwort: „Ja und nein."

Man habe zwar, sagt sie, ganz fest mit dem Putsch gerechnet, aber nicht vor Anfang August.

Warum sie denn überhaupt nach Kopenhagen gefahren sei unter diesen bedenklichen

Auch die Kinder helfen beim Zinnwaschen. ▷

Umständen, will ich wissen. Wäre es nicht besser gewesen, zu Hause zu bleiben, bei den Kindern und dem Mann?
„Nein", sagt sie mit fester Stimme. „Es gab für mich keine Wahl. Als die Genossen aus der Gewerkschaft mich gebeten haben, nach Kopenhagen zu fahren, um dort die Weltöffentlichkeit auf den drohenden Putsch aufmerksam zu machen und die Solidarität aller Demokraten zu erbitten, da mußte ich diese Aufgabe übernehmen. Das bin ich meinem Volk schuldig."
Domitila hat ihren Auftrag erfüllt, für Rettungsaktionen aber war es leider zu spät. Seither reist sie durch Europa: spricht mit Gewerkschaftsführern, mit Vertretern der großen Hilfsorganisationen und Menschenrechtskommissionen und natürlich immer wieder mit Landsleuten, die ein ähnliches Schicksal haben wie sie, denn um eines geht es ihr besonders: den Aufbau einer gut organisierten Widerstandsorganisation.
Natürlich sehnt sie sich zurück nach Siglo XX, natürlich vermißt sie die Familie, ihre Freunde, die Frauen aus dem Hausfrauenkomitee. „Und ich schäme mich ein wenig", so sagt sie nach der Hamburger Veranstaltung, „daß ich jetzt nicht an der Seite meiner Compañeros kämpfen kann. Aber ich bin auch glücklich", fügt sie hinzu, „daß ich mich nicht vor den Kugeln der Militärs und ihrer Folter fürchten muß und daß ich frei reden kann."
Sie nutzt die Chance, daß sie gehört wird, und beschwört alle, „die die Demokratie lieben", die wirtschaftlichen Beziehungen zu Bolivien abzubrechen und das neue Regime nicht anzuerkennen. Sie weiß, daß ein internationaler Boykott vom Volk teuer bezahlt werden müßte. Es wird hungern müssen, es wird Tote geben. „Das alles nimmt mein Volk auf sich", sagt Domitila, „wenn es weiß, daß es sich damit die Freiheit erkämpft."
Sie selbst hat für diesen Freiheitskampf Opfer gebracht. Zwei ihrer Kinder hat sie — aufgrund ihrer politischen Tätigkeit — verloren. „Früher", sagt Domitila, „habe ich mir deshalb schwere Vorwürfe gemacht, heute weiß ich, daß ich damals nicht schuldig geworden bin. Für mein Unglück und das Unglück meines Volkes sind allein die Faschisten verantwortlich. Und diese Faschisten werden wir eines Tages besiegen."

◁ *Eine der typischen Indiobehausungen.*

VII. *Drum seid barmherzig, wie auch euer Vater barmherzig ist.* *(Luk. 6/36)*

Viele Menschen, in- und außerhalb der Kirche, stellen ihr Leben in den Dienst der Armen und Schwachen.

JOSEF REDING

Mutter Teresa — Hoffnung der Hoffnungslosen

In Kalkutta kümmerte sich niemand um diese Geschöpfe: Säuglinge auf Müllhalden. In Kisten. In Eimern. Ausgesetzt. Zum Sterben verurteilt.
In Kalkutta kümmert sich niemand um diese Geschöpfe: Kinder in den Bettlerfabriken. — Bettlerfabriken? Hier werden von skrupellosen indischen „Unternehmern" Kinder zum Betteln abgerichtet. Diese Kinder wurden für dreißig Rupies an die Herren der Bettlerfabriken verkauft. Diesen Kindern wurde unsagbares Leid zugefügt. Die Kinder wurden geblendet. Ihnen wurden die Beine oder Arme gebrochen, damit sie durch mitleiderregenden Anblick das Almosen der Passanten leichter bekamen. Die erbettelte Summe mußten die Kinder bei den Managern der Bettlerfabriken abliefern. Sie bekamen dann gerade so viel zu essen, daß sie ihren traurigen Gang über die Straße weiter tun konnten.
In Kalkutta kümmerte sich niemand um diese Geschöpfe: Aussätzige. — Gnadenlose Formel: Aussätzige haben in der Gesellschaft nichts mehr zu suchen. Man glaubt sich gesund. Dann sieht man einen hellen Flecken auf der Haut. Man sticht hinein. Es kommt Blut. Aber es kommt kein Schmerz. Der Betreffende weiß: das ist das erste Stadium der Lepra. Er wagt nicht, seinen Angehörigen davon zu erzählen. Nach einem Jahr ist aus dem weißen Fleck eine fausttiefe, eitrige Wunde geworden. Es fault die Hand, das Bein. Spätestens jetzt erkennen die Angehörigen die als unheilbar geltende, als Strafe des Himmels aufgefaßte Krankheit. Der Lepröse wird aus dem Haus, aus der Stadt gejagt. Er baut sich irgendwo auf freiem Feld einen Pferch. Und wartet mit Tausenden von Leidensgenossen auf das Sterben. Aber das Sterben dauert bei der Lepra lange. Zehn, fünfzehn Jahre lang.
In Kalkutta kümmert sich niemand um diese Geschöpfe: Opfer des Hungers. Man findet sie bei Sonnenaufgang in den Rinnsteinen. Die Sterbenden haben nun nicht mehr die Kraft, bis zu den Hauswänden der Straßen und Gassen von Kalkutta zu kriechen. Sie bleiben liegen, wo sie sind. Ihr Sterben wird von den Noch-Lebenden nicht wahrgenommen. Die Lebenden gehen an den Sterbenden vorbei, über sie hinweg. Täglich sterben in Kalkutta dreihundert Männer, Frauen und Kinder am Hunger. Ihr Sterben ist eine alltägliche und kaum beachtete Selbstverständlichkeit.
Dann kümmerte sich einer um diese Geschöpfe. Mutter Teresa. Ich traf sie vor nunmehr zwanzig Jahren im „Haus der Sterbenden". Das war der Anfang ihrer Arbeit in den Slums von Kalkutta: sie hob mit ihren Mitschwestern die Todgeweihten aus dem Rinnstein und brachte sie in ein ehemaliges buddhistisches Pilgerheim, das sie gemietet hatte. Im Haus der Sterbenden gab es zwei große Räume. Lysolgetränkte Betonfußböden. Feldpritschen aus US-Heeresbeständen, War-Surplus. Ein Raum für die Männer. Ein Raum für die Frauen. Es hätte der Trennung nach Geschlechtern nicht bedurft. Die Körper waren in ihrer Ausgezehrtheit wie mumifiziert. Die geschlechtlichen Merkmale waren ausgelöscht. Mutter Teresa und die fünf anderen Schwestern, die damals den Orden der „Missionaries of Charity" gegründet hatten, wuschen die vom Kot des Rinnsteins verkrusteten Körper, betteten sie auf die Klapp-Tragen, deckten die skelettähnlichen Körper mit einem Leinentuch zu. War der Sterbende noch bei Bewußtsein, gab

Mutter Teresa ihm zu essen: eine Handvoll Reis. Die Nahrungsmenge, die der Moribunde sein Leben lang fast täglich und in den letzten Monaten ganz entbehrt hatte.
Nach dem Elend, das ich in Kalkutta und anderen indischen Städten kennengelernt hatte, fürchtete ich, daß Mutter Teresa und ihre Mitstreiterinnen gegen Hunger, Krankheit und Unmenschlichkeit in wenigen Monaten zusammenbrechen müßten. Diese hunderttausendfache Not war mit menschlichen Kräften und nach menschlichem Ermessen nicht zu besiegen.
Ich sprach mit ihr darüber. Sie sagte leise: „Im Menschen stecken mehr als nur menschliche Kräfte." Erst mit diesem Satz wurde mir wieder bewußt, daß Mutter Teresa Ordensfrau war. Der Sari, das Gewand der Frauen Indiens, ließ diese Tatsache manchmal vergessen.
„Ja, es ist nicht selbstverständlich, daß wir den Sari tragen dürfen", sagte Mutter Teresa. Und ihr altersloses, von Güte, tätigem Mitleid und auch Zuversicht geprägtes Gesicht lächelt dabei: „Wir mußten darum kämpfen."
Mutter Teresa mußte nicht nur um den Sari kämpfen, der aus grobem, hellen Leinen gewebt ist. Abends waschen die sechs Nonnen den von Wundsekret, Schmutz und Blutspuren durchtränkten Sari. Er trocknet in der Nacht und wird morgens wieder angezogen.
„Mit dem Sari wollten wir den Menschen hier ein Zeichen geben", sagt Mutter Teresa, die vor der Gründung ihrer „Missionaries of Charity"-Gemeinschaft einem anderen Orden angehörte. Die Schwestern-Kongregationen aus Europa oder den USA versuchten bisher zumeist, in Indien die Ordensregel so zu befolgen, wie sie es daheim in den Klöstern gewohnt waren: Beibehalten der Ordenstracht, ein Klostergebäude, das dem Mutterhaus aus dem Münsterland oder aus Connecticut nachgebaut war, und in diesem Haus dann Nähkurse für junge Inderinnen oder eine Altenstation und einen Kindergarten.
„Ich wollte hinaus, unter die Bevölkerung der Stadt, eine von denen werden, die täglich erfahren, was Not und Hunger und Verlassenheit in den Slums ist. Für diese Arbeit, für dieses Handanlegen sind Ordenskleider mit gestärkten Kragen und Hauben ungeeignet. Mit dem Sari konnten wir zupacken und gleichzeitig kundtun: wir sind wie ihr!"
Die aus Albanien stammende, in Jugoslawien aufgewachsene Mutter Teresa schaffte es bald, von den Einheimischen nicht nur angenommen, sondern gesucht und geliebt zu werden. Zuerst fragte man sich im Heer der Elenden, wie jemand — der anders und geschützter leben könnte — eintaucht in die infernalischen Zustände des grauen Urgrunds von Kalkutta. Ohne daß Mutter Teresa es auf verbale Missionierung anlegte: die Menschen, die mit ihr in Berührung kamen, spürten bald, daß die selbstlose Helferin ihren Kraftzustrom aus ihrem Glauben, aus ihrer Religiosität holte. Und man respektierte es.
Auf dieser Basis des Vertrauens der Menschen konnte Mutter Teresa ihre Aktivitäten noch steigern. Bald schon beschränkte sie ihre Arbeit nicht nur darauf, den Sterbenden in den letzten Lebensstunden einen menschenwürdigen Status zu geben. Sie holte die Säuglinge von den Müllhalden, aus den Eimern. „Bucket", so hieß lange Jahre der erste Junge, den sie rettete. Bucket, der englische Name für Eimer. Bis heute haben Mutter Teresa und ihre — nunmehr mehrere hundert — Mitschwestern über siebentausend ausgesetzte Bucket-Kinder aus dem Müll in Heime geholt. Sie betreuen zwölftausend Aussätzige und haben bei mehr als zwanzigtausend Menschen dafür gesorgt, daß sie gar

Mutter Teresa. ▷

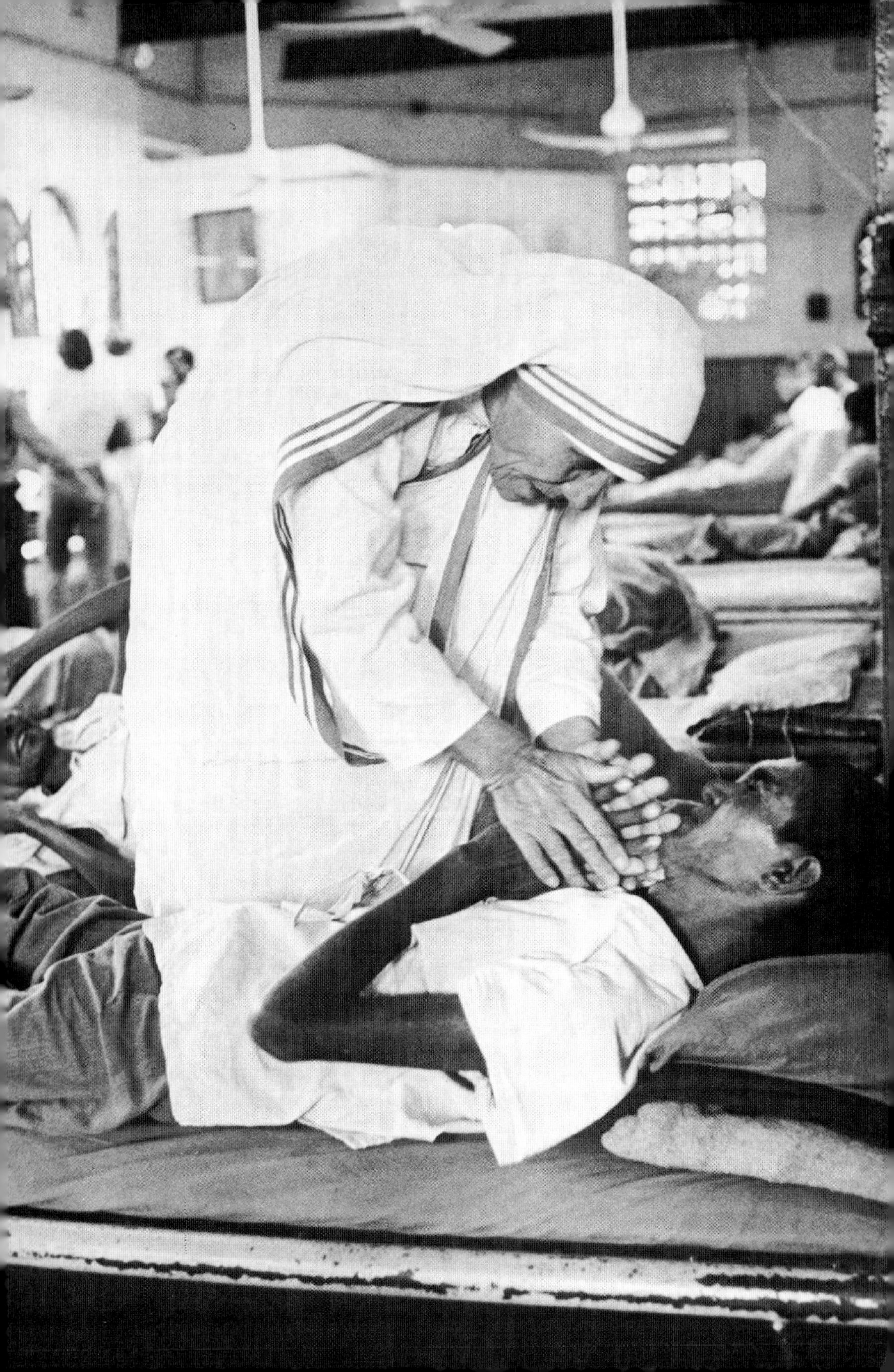

nicht erst zu Aussätzigen wurden. Sie verhinderten, daß Hunderte von Kindern in die Bettlerfabriken verkauft und entstellt wurden.
Mutter Teresa hat mit einem Vierteljahrhundert Arbeit den Hoffnungslosen die Hoffnung gegeben. Sie ist unter ihrer Aufgabe nicht zusammengebrochen, sondern an dieser selbstgewählten Aufgabe gewachsen.
Ich glaube, das Wirken und die Wirkung Mutter Teresas bedeutet Hoffnung auch für uns. Hoffnung in dem Sinne, daß es auf dieser Erde sich lohnt, auch für diejenigen zu arbeiten, die schon aufgegeben wurden, aufgegeben vom Staat, von Institutionen, von den Mitmenschen.
Und zudem ist die Arbeit Mutter Teresas geeignet, uns zu zeigen, daß vieles, was wir hierzulande für große Probleme halten, lediglich die Art und Größe von Wehwehchen hat.
In die Phalanx großer Helferinnen der Menschheit hat sich zu Florence Nightingale, zu Elsa Brändström nun auch Mutter Teresa gereiht.
Das Geld, das der Dynamit-Millionär Nobel mit der Stiftung des Friedens-Nobelpreises so viele Jahre nach seinem Tode Mutter Teresa hat zukommen lassen, wird kaum je sinnvoller verwendet worden sein. Es fließt mit dem Tag der Preisverleihung den Ärmsten der Armen in unserer Familie Mensch zu.

URSULA SCHULZ

Dom Helder Camara

Bischof der Armen

Sein Vater entdeckte den Namen der Stadt Helder auf einer holländischen Landkarte. Der Name gefiel ihm, und so nannte er das zweitjüngste seiner 13 Kinder nach dieser Stadt. Helder — heller, wolkenloser Himmel. Die Mutter war nicht so erbaut davon und rief ihren Sohn immer Josef. Das spricht sich leichter im Portugiesischen. Außerdem hieß so der Pflegevater Jesu. Die Mutter war eine fromme katholische Lehrerin.
Am 7. Februar 1909 wurde Helder Camara in Fortaleza, der Hauptstadt des Bundesstaates Ceará geboren. Ceará liegt im Nordosten des riesigen südamerikanischen Landes Brasilien. Hier bestimmt der natürliche Wechsel zwischen Trockenheit und Regenzeit die Lebensläufe der Menschen. Bleibt der Regen zu lange aus, werden die Menschen gezwungen, abzuwandern, in die großen Städte des Südens, in der Hoffnung, dort Arbeit in den Fabriken zu bekommen und ihre Familien ernähren zu können. So bilden sich um die größeren Städte seit Jahrzehnten immer ausgedehntere Elendsgürtel, in denen die Menschen unter unmenschlichen Bedingungen vegetieren müssen.
Die Familie Helder Camaras war keineswegs wohlhabend. Der Vater ein kleiner Geschäftsmann, die Mutter Lehrerin. „Ich erinnere mich, daß der Verdienst von Vater und Mutter gerade zum Nötigsten reichte. Mehr als einmal rief meine Mutter uns zusammen, um uns zu sagen, daß etwas gestrichen werden müsse. Einmal war es die Butter, ein andermal der Nachtisch."

◁ *Mutter Teresa in der Sterbehalle in Kalkutta.*

Daß der Vater Mitglied der Freimaurerloge und somit der katholischen Kirche gegenüber kritisch eingestellt war, scheint nicht zu Konflikten mit der sehr katholischen Mutter geführt zu haben. Eher machte Helder dadurch die Erfahrung von Toleranz in seiner Kindheit. Er erzählt davon: „Ich sagte Ihnen schon, daß mein Vater nicht gegen die Kirche und nicht gegen die wahren Priester war. Ich weiß nicht mehr, wann ich zum ersten Mal sagte, ich wolle Priester werden. Vielleicht war ich drei oder vier Jahre alt. Aber als ich schon älter war, fragte mein Vater mich eines Tages: ‚Mein Sohn, ich höre immer, daß du Priester werden möchtest. Weißt du denn wirklich, was das bedeutet? Weißt du, daß ein Priester kein Egoist sein darf? Die Priester glauben, daß sie mit der Eucharistie den Christus selbst darreichen. Hast du dir überlegt, wie die Hände beschaffen sein müssen, die so unmittelbar Christus berühren?‘ ... Natürlich war ich von seiner Rede begeistert. Er sagte genau das, was ich, vielleicht unbewußt, in den Tiefen meines Wesens empfand. ‚Vater, genau so ein Priester will ich sein!‘ rief ich. Darauf antwortete er: ‚Nun, mein Sohn, so segne dich Gott ... Du weißt, daß wir nicht viel Geld haben, trotzdem wollen wir überlegen, wie wir dir zum Eintritt ins Seminar verhelfen können.“ Unter diesen Voraussetzungen war eigentlich der Grundstein zu einem gradlinigen einfachen Priesterleben gelegt. Und doch verlief dieses Leben nicht so gradlinig und unkompliziert. Er schreibt heute:

> Es wird dahin kommen, mein Jahrhundert,
> daß der Geist Gottes
> in allen Ländern, Rassen, Religionen und Menschengruppen
> Minderheiten erweckt, die entschlossen sind,
> kein Opfer zu scheuen,
> um eine gerechtere, humanere Welt zu erschaffen,
> in der wir atmen können;
> um die Welt von den immer lastenderen
> und erstickenderen Strukturen zu befreien,
> die fast die gesamte Menschheit erdrückt.

Was er hier sagt, ist Erkenntnis vieler „Bekehrungen“, die er selbst in seinem Leben erfahren hat, Konsequenz der Überwindung von Irrtümern, die ihn viele Jahre seines Lebens zu einem Handlanger der faschistischen Politik in seinem Lande machte.

Als Helder Camara 1931 zum Priester geweiht wurde, trug er unter seiner Sutane das grüne Hemd der Integrationalisten; so nannten sich die Faschisten.

Die Integrationalistische Aktion glaubte an einen starken Staat von straffer Organisation, geleitet von der Furcht vor und dem Kampf gegen den Kommunismus. Diese Furcht war das, was Kirche und Staat miteinander verband. Auch im Priesterseminar wurde über Kommunismus und Kapitalismus gesprochen, aber in sehr einfältiger Weise, wie Camara heute sagt: „Der Kommunismus war das Böse, das Böseste vom Bösen ... Der Kommunismus wurde uns vor allem so dargestellt, als wolle er Tod und Vernichtung der Religion und, was das gleiche war, Tod und Vernichtung des Privateigentums. Diese beiden Dinge erschienen auch uns schrecklich. Denn woher sollte ohne Privateigentum der Ansporn zur Arbeit kommen, und wie könnte es Moralität ohne Religion geben? Außerdem sagte man uns, der Kommunismus predige die freie Liebe. Der Kapitalismus dagegen sei der Verteidiger der christlichen Ordnung. Ich mußte noch mehr erleben und mich weiterentwickeln, um zu entdecken, daß auch ein System wie der Kapitalismus, der den Profit über den Menschen stellt, absolut schlecht ist. Ja, gerade dieses System ist im Innersten böse."

Vor dieser Erkenntnis lag die Zeit der steilen Karriere für den kaum 160 cm kleinen, zarten Priester aus der Provinz. Zunächst war er Berater und Kaplan von Studenten- und Arbeitergruppen in Fortaleza. Anschließend vier Jahre Sekretär der Faschisten im Bundesstaat Ceará. Für den Wahlkampf stellte er eine Liste von Kandidaten auf, gute Katholiken und Faschisten. Er selbst organisierte die Wahlkampagnen und war mit allen seinen Kandidaten erfolgreich. Zur Belohnung wurde er Erziehungssekretär in seiner Heimat, um anschließend als technischer Assistent ins Erziehungsministerium nach Rio de Janeiro berufen zu werden.

Bald wurde er Direktor des Religionsunterrichts in der Erzdiözese Rio und Berater des Nuntius, also des direkten Stellvertreters des Papstes.

Während dieser ganzen Zeit der engen Zusammenarbeit mit politischen Funktionären und der staatstragenden Partei war Helder Camara fest im Glauben, alles für Christus und seine Kirche zu tun. Inmitten all des wirtschaftlichen Elends ging es auch ihm vorrangig darum, die Ordnung aufrechtzuerhalten. Er sagt: „Es hat Zeit gekostet, sogar viel Zeit, bis meine Augen sich geöffnet haben, wenn ich überhaupt davon ausgehen kann, daß sie heute wirklich offen sind. Es ist schrecklich zu sehen, wie inmitten so vieler Leiden die Sorge um die Erhaltung von Autorität und sozialer Ordnung uns daran hinderte, die Ungerechtigkeiten zu entdecken und bloßzustellen. Wir waren da, um Geduld, Gehorsam und Akzeptierung des Leids in Vereinigung mit dem leidenden Christus zu predigen. Fraglos große Tugenden. Aber wir arbeiteten unter diesen Umständen den Herrschenden in die Hände. Ich muß Ihnen sagen, daß wir zweifellos auf der Seite der Mächtigen standen ... Bis zu dem Augenblick, als die Kirche nicht mehr willens war, die bestehenden Ungerechtigkeiten, den inneren Kolonialismus weiterhin zu stützen, als wir die Verpflichtung fühlten, diese Ungerechtigkeiten anzuprangern und die menschliche Entwicklung der Massen zu fördern. Das hat einen großen Skandal gegeben."

Aber vor diesem Skandal wurde Dom Helder nach Rom geschickt, um mit Mgr. Montini, dem Papst Paul VI., über die Gründung einer Brasilianischen Bischofskonferenz zu verhandeln. Zu dieser Konferenz sollten aus allen Teilen des Landes die Bischöfe in regelmäßigen Abständen zusammenkommen, um die Probleme ihrer jeweiligen Region miteinander zu diskutieren. Mgr. Montini hielt diese Gründung für sinnvoll, da er hoffte, damit die Zusammenarbeit zwischen Kirche und Staat erleichtern und festigen zu können.

Zweifellos arbeitete die Kirche damals mit dem Staat Hand in Hand. Heute weiß Camara, daß die Kirche damals die bestehende Ordnung nicht nur anerkannte, sondern ihr auch zustimmte. Damit war es ihr unmöglich, zur Überwindung der bestehenden Ungerechtigkeiten aufzurufen.

Die Aufgabe der Kirche, auf seiten der Entrechteten, der Bedürftigen zu stehen, für die einzutreten, die keine Stimme hatten, diese Aufgabe nahm die Kirche in diesen Jahren nicht wahr. Sie sah sie nicht einmal.

Die Bischofskonferenz wurde 1952 gegründet, und Helder Camara wurde zum Weihbischof ernannt.

In den fünfziger Jahren begann man über die Kluft nachzudenken, die zwischen den Industrienationen und der übrigen Welt bestand. Es wurde von entwickelten und

unterentwickelten Ländern gesprochen. Die sogenannte 3. Welt wurde entdeckt. Dazu gehörte auch Brasilien.
Dom Helder benutzte seinen Einfluß und sein Organisationstalent, um in Brasilien in Zusammenarbeit mit dem Staat eine Entwicklung in Gang zu setzen, die den Armen half, ihre Lebenssituation zu verbessern. Er glaubte, daß durch Reformen, vor allem in der Landwirtschaft, die Macht- und Ausbeutungsstrukturen verändert werden könnten. Sein Ziel war es, daß der Reichtum gleichmäßiger auf alle Menschen verteilt würde. Zu spät erkannte auch er, wie viele andere, daß die „Entwicklung" an den Armen des Landes vorbeiging. Daß die Reichen immer reicher, aber die Massen immer ärmer wurden.
1955 wurde das Jahr der Wende im Leben Dom Helders. Er hatte die schwierige und ehrenvolle Aufgabe, in Rio einen internationalen eucharistischen Kongreß zu organisieren. Die katholischen Würdenträger der Welt sollten sich hier versammeln. Die Einheit und Macht der Kirche sollte vor aller Welt zum Preise Gottes demonstriert werden. Der Kongreß, an dem neben den Kirchenfürsten auch Politiker teilnahmen, wurde zu einem triumphalen Erfolg. Dom Helder hatte sogar erreicht, daß ein Teil der Bucht von Rio mit Erde aufgeschüttet und dort ein großer Altar errichtet wurde, der wie ein Schiff ins Wasser reichte.
Als Dank für die brillante Organisation des Kongresses wurde Dom Helder vom Papst die Würde des Erzbischofs verliehen. Am Ende dieses Kongresses kam es aber zu einer entscheidenden Begegnung. Ein Kardinal aus Frankreich, der eng mit den französischen Arbeiterpriestern zusammenarbeitete, Pierre Gerlier, sprach bei Dom Helder vor. Er lobte zunächst sein ungeheures Organisationstalent, dann sagte er: „Erlauben Sie mir, wie ein Bruder zu Ihnen zu sprechen, ein Bruder durch Taufe, Priester- und Bischofsamt, ein Bruder in Christus: Weshalb, mein Bruder, setzen Sie Ihr Ihnen vom Herrn verliehenes Organisationstalent nicht im Dienst für die Armen ein? Sie müssen wissen, daß Rio de Janeiro zwar eine der schönsten Städte der Welt ist, aber auch eine der grauenvollsten, denn die in diesem herrlichen Rahmen existierenden Favelas (Elendshütten) sind eine Beleidigung für den Schöpfer . . ." Dom Helder sagt dazu: „Ich wurde vom Pferd geschleudert wie Saul auf dem Weg nach Damaskus. Ich küßte dem Kardinal beide Hände: ‚Dies ist ein Wendepunkt in meinem Leben! Sie werden sehen, ich weihe mich den Armen.'"
Und Dom Helder ging mit einigen Helfern direkt an die Arbeit. Er gründete die Volksbildungsbewegung. Wie in allen unterentwickelten Ländern ist in Brasilien der Anteil der Menschen, die nicht lesen und schreiben können, sehr hoch. Um die Menschen über ihre Situation aufzuklären und in ihnen politisches Bewußtsein zu wecken, mußte er sie zuerst aus ihrer Unwissenheit befreien. Er mußte sie lesen und schreiben lehren und sie begreifen lassen, daß ihr Elend nicht von Gott gewollt war, daß sie nicht auf dieser Welt lebten, um ihr Elend zu erdulden, wie es lange Jahre von den Kirchen gepredigt wurde. Erst wenn die Betroffenen selbst anfingen, die Zusammenhänge zu begreifen, die es zulassen, daß Millionen von Menschen ausgebeutet werden, wenn diese Menschen anfingen, ihre Lage in Worte kleiden zu können, so war das der erste Schritt auf dem Wege der Befreiung. Denn die Macht der Mächtigen und Ausbeuter beruht in der Unwissenheit der Massen.
Schon bald nach ihrer Gründung arbeitete die Volksbildungsbewegung in mehr als der Hälfte des Landes. Die Texte des ABC-Buches griffen Themen des Alltags auf, Themen also, mit denen jeder der Angesprochenen täglich konfrontiert wurde. Es war von

Käthe Kollwitz (1867—1945). ▷
Eine hervorragende Künstlerin und eine engagierte Kämpferin für den Frieden.

Ausbeutung, von den ungerecht verteilten Gütern die Rede, von Überlegungen, wie man das Volk von der Not, dem Hunger befreien könne. Sofort wurde die Volksbildungsbewegung von Regierungssprechern und ihren Presseorganen verdächtigt, kommunistisch unterwandert zu sein. Dom Helder geriet in das Schußfeld übler Verleumdungen. Die Bischofskonferenz spaltete sich in zwei Lager, für und gegen die neue Bewegung. Der Kardinal von Rio, ein konservativer Mann und Vorgesetzter Dom Helders, erklärte öffentlich, er habe mit der Volksbildungsbewegung nichts zu schaffen. Dom Helder erzählt über die Reaktionen der Mächtigen, die Angst bekamen, ihre Vorrechte zu verlieren:

„Sobald wir beginnen, die menschliche Entfaltung zu unterstützen, das kritische Bewußtsein des Volkes zu wecken, werden wir sofort als umstürzlerisch und kommunistisch denunziert ... Eines Tages stellte ich einem General die Frage: ‚Herr General, warum nennen Sie mich Kommunist? Warum verfolgen Sie, die Militärs, nicht nur Dom Helder als subversiv und kommunistisch, sondern alle diejenigen, die für die menschliche Entfaltung arbeiten und sich schlagen?' ‚Das ist sehr einfach zu erklären. Die Augen des Volkes kann man leichter und schneller öffnen, als Reformen machen, wissen Sie das? Wenn Sie dies aber wissen und trotzdem fortfahren, die Augen des Volkes zu öffnen und ihm die Idee von Reformen einzuflößen, die nicht sofort realisiert werden können, sind Sie notgedrungen ein Agitator und Subversiver. Der Kommunismus wird von diesem Erwachen des kritischen Bewußtseins profitieren. Sie arbeiten also dem Kommunismus in die Hände.'"

Und Dom Helder sagt weiter: „In Wirklichkeit wissen sie sehr gut, daß wir keine Kommunisten sind und dem Kommunismus nicht in die Hände arbeiten. Dem Kommunismus wird von all denen in die Hände gearbeitet, die nur an der Entwicklung der privilegierten Gruppen und der Verelendung der Massen mitwirken. Und von solchen, die jede echte Verteidigung der Menschenrechte kommunistisch nennen."

Zwischen dem Kardinal und Dom Helder wurde die Zusammenarbeit immer schwieriger. Auf Bitten des Kardinals wird er 1964 versetzt. Als Erzbischof kehrt er in seine engere Heimat zurück, in den Nordosten Brasiliens, nach Recife/Olinda.

In diesen Jahren besuchte er viele Länder der Erde, als Botschafter für die Armen, als Kämpfer für ein neues Bewußtsein, als Streiter für mehr Gerechtigkeit. Er weiß, nur wenn sich auf der ganzen Welt ein neues Bewußtsein entwickelt über die ungerecht verteilten Güter, nur dann kann sich auch für die Menschen in seiner Region, in Brasilien, etwas zum Besseren ändern.

In Brasilien entsteht die Aktion „Gerechtigkeit und Frieden". Ohne wirtschaftliche Gerechtigkeit wird es auf der Welt keinen Frieden geben. Er ruft zu einer gewaltlosen Revolution auf. Die Hetzkampagnen gegen Camara werden immer stärker. Auch in den Reihen seiner Kirche erregt er Unruhe, er wird von vielen bekämpft und abgelehnt. Als er sich 1970 gegen die Folterungen in seinem Lande ausspricht, werden ihm alle Auslandsreisen untersagt. Im eigenen Land darf er nicht mehr öffentlich auftreten. Ein brutaleres Vorgehen gegen ihn wagen die Militärs allerdings nicht. Dazu ist er international inzwischen viel zu bekannt, und auch bei seinem Volk hat er einen zu großen Rückhalt.

Er sagt: „Es wurde mir strikt untersagt, die geringste Berichtigung, die geringste Verteidigung erscheinen zu lassen, weder in einer Zeitung, noch in einer Revue, oder in einem Radio- oder Fernsehsender. Dann fand man, es sei noch zu viel, ein Opfer aus mir

◁ *Unterricht in einem palästinensischen Flüchtlingslager in Ostjordanien.*

zu machen. Deshalb wurde sogar die Erwähnung meines Namens verboten. Ich war und bin zum bürgerlichen Tod verurteilt. Ich existiere nicht. Aber ich akzeptiere es."
In ganz Lateinamerika wächst der Argwohn der Herrschenden gegen die Kirche, gegen die Anhänger der „Theologie der Befreiung". Viele Geistliche in Brasilien und in anderen Ländern des südamerikanischen Kontinents werden verfolgt, gefoltert, ermordet.
Mehrfach wurde Dom Helder Camara in den siebziger Jahren für den Friedensnobelpreis vorgeschlagen, erhalten hat er ihn bisher nicht. Es gab eine internationale Aktion, die für Dom Helder den „Friedensvolkspreis" schuf. In ganz Europa wurde Geld gesammelt, und es kam ein Betrag zusammen, der zwölfmal höher war als der des Friedensnobelpreises. Von dem Geld, das er stellvertretend für die Armen entgegengenommen hatte, wurde Land gekauft und eine Landwirtschaftsgenossenschaft gegründet. In der Genossenschaft wird das Volk geschult, selbst die Leitung der Produktion und der Verwaltung zu übernehmen.
Auf der Konferenz von Puebla, an der auch Papst Johannes Paul II. teilnahm, feierte Dom Helder Camara seinen 70. Geburtstag. Die Mehrzahl der Bischöfe erklärte, daß es in Zukunft verstärkt darum gehe, sich für die Interessen der Unterdrückten einzusetzen.
Unter den Bischöfen war der kleine, bescheidene Bischof von Recife/Olinda, der Bischof der Armen, der in seiner Meditation für dieses Jahrhundert geschrieben hat:

> Hilf Deinen Dienern, die ein
> geistliches Amt tragen und beauftragt
> sind, die heiligsten Handlungen
> zu vollziehen. Wir Priester
> dürfen keinen Abstand schaffen
> zwischen Dir und Deinem Volk. Seien
> wir echte Pontifices, das heißt
> Brückenbauer. Die Brücken, die wir
> bauen, müssen breit und begehbar
> sein, damit jeder hin und her
> zu Dir gelangen kann.

MANFRED VON CONTA

Tod eines Hirten

Ob er nicht Angst um sein Leben habe, fragten wir den Erzbischof von San Salvador vor knapp einem Jahr. „In diesem Land", antwortete er uns mit leiser Stimme und einem fast scheuen Lächeln, „ist kein Mensch seines Lebens sicher."
Oscar Arnulfo Romero, den ein Berufskiller am Montag vergangener Woche vom Altar wegschoß, war keiner jener glanzvollen Kirchenfürsten, wie die Mächtigen dieser Welt sie als Statisten ihrer Staatsfeiern lieben.
Dafür liebten ihn die einfachen Leute um so mehr: Während die reiche Oberschicht Salvadors seinen Sonntagspredigten seit langem fernblieb, war die Kathedrale stets von

„einfachem Volk“ überfüllt. Nur hier noch konnte es die Wahrheit über den eigenen, von Arbeitslosigkeit, Verfolgung und Terror geprägten Alltag hören und aus dieser Wahrheit den Trost schöpfen, daß da jemand war, der sich seines Leidens annahm. Im Gespräch mit dem Erzbischof Salvadors konnten seine Bescheidenheit, sein ruhiges Zuhören und die vorsichtige Bedachtsamkeit seiner Antwort als Ängstlichkeit mißdeutet werden — in der Kathedrale, wenn es um die Sache der Armen und Verfolgten ging, war dieser Mann unbeugsam, furchtlos: „Mögen sie mich umbringen — die Stimme der Wahrheit werden sie damit nicht zum Schweigen bringen. Heute verlangt das Volk von seiner Kirche sehr viel entschiedener als früher, auf seinem Leidensweg nicht allein gelassen zu werden.“

Die geistlichen und weltlichen Autoritäten, die nun aus allen Himmelsrichtungen Empörung oder Bestürzung über diesen Mord äußern, hatten Romero in seinem Kampf um Gerechtigkeit in El Salvador allein gelassen. Sie hörten einfach nicht zu, wenn der Erzbischof von Ausbeutung, Mord und Folter in seinem Land sprach. Vom Vatikan war er öfters aufgefordert worden, sich „aus der Politik“ herauszuhalten. Vor einem Jahr, auf dem Rückweg von Rom, erklärte Romero deshalb Reportern in Madrid: „Ich bin besorgt über die parteiische Information, die der Papst erhält. Ich spüre da in Rom eine große Leere.“

Diese Leere ist das Unvermögen, zu begreifen, was einem Mann wie Romero im lateinamerikanischen Alltag zur selbstverständlichen Wahrheit geworden ist: daß nämlich die Gewalttätigkeit von unten nur die Antwort der Bevölkerung ist auf eine Gewalttätigkeit, die von oben kommt — von der reichen allmächtigen Oberschicht.

Nicht nur in El Salvador. Auch in den anderen lateinamerikanischen Diktaturen sind es oft die Priester, die als einzige noch auf die brutalen Methoden hinweisen, mit denen die Herrschenden ihren Besitz vergrößern.

Seit Anfang der 60er Jahre einheimische Großgrundbesitzer mit Hilfe ausländischer Kapitalgruppen El Salvadors Landwirtschaft zu modernisieren begannen und Baumwolle oder Kaffee für den Export anpflanzten, mußten immer mehr indianische Kleinbauern ihre Mais- und Maniok-Äcker räumen. Arbeit fanden sie, wenn überhaupt, dann nur noch gelegentlich für einen Tagelohn von zwei Mark auf den großen Pflanzungen. Viele wanderten in die Slums der Städte ab, wo sie das Heer der Arbeitslosen vergrößerten. 1960 waren nur elf Prozent der Landbevölkerung besitzlose Tagelöhner. Heute sind es über 40 Prozent.

Der Widerstand der Bevölkerung gegen Vertreibung, wachsende Verelendung und zunehmenden Hunger ist von der seit 1932 (nach einem Aufstand der Kaffeepflücker) regierenden Armee immer wieder gebrochen worden: durch Massaker an Kleinbauern und städtischen Slumbewohnern, durch Entführungen, Folter und politischen Mord. Diese Gewalt von oben ist in den letzten Jahren um so stärker geworden, je weiter das Elend und die Bereitschaft zum Widerstand unten wuchsen; vor allem unter der Jugend.

Als Erzbischof Romero 1977 sein Amt antrat, war er unpolitisch. Liberalen und Linken galt er gar als „reaktionär“. Die El Salvador beherrschende Oberschicht jedenfalls war mit der Auswahl des Vatikans zufrieden. Romero stammte zwar selbst aus ärmlichen Verhältnissen, hatte aber einen im Urteil der Reichen makellosen Lebenslauf: Die einzige einem armen Kind offenstehende Möglichkeit zum Studium — das von der Kirche gewährte Stipendium in einem Seminar — hatte er genutzt und war als einer der Besten sogar nach Rom an die Gregorianische Universität geschickt worden. 1944 zum Priester geweiht, tat er 26 Jahre lang Dienst in ländlichen Pfarreien, ohne mit der gewünscht-konservativen Auslegung des Evangeliums aufzufallen.

1970 wurde er Bischof der abgelegenen Diözese von Santiago de Maria. Den Zöglingen des dortigen Seminars, die ihre Kirche „reichen Ausbeutern" verschließen wollten, brachte Romero noch energisch Respekt nicht nur vor der kirchlichen, sondern auch der weltlichen Hierarchie bei.

Erst nach seiner Ernennung zum Erzbischof und Seelenhirten der Landeshauptstadt wurden diesem stillen, so in sich gekehrten Kirchenmann die Augen für die ringsum herrschende soziale Brutalität gewaltsam geöffnet. Wenige Wochen nach seinem Amtsantritt wurde einer seiner besten Freunde, Pater Rutilio Grande, auf dem Weg zur Messe von Mitgliedern der Terrororganisation „Orden" (Ordnung) ermordet. Diese Truppe hält im Auftrag von Großgrundbesitzern und Armee die Landbevölkerung durch Mord und Totschlag „unter Kontrolle". Pater Grande hatte in seiner Pfarrei gegen die Vertreibung der Kleinbauern von ihren Feldern protestiert und sie aufgefordert, sich zur Selbsthilfe zu organisieren.

Der Erzbischof verlangte von der Regierung Bestrafung der Schuldigen — vergebens; ebenso vergebens seine Forderung nach Aufklärung von fünf weiteren Morden an Priestern und an Dutzenden ihrer Pfarrhelfer, nach Aufklärung des Schicksals von 122 verschwundenen politischen Häftlingen. Bis zu seinem Tode ist Romero deshalb zu keinem Staatsakt mehr erschienen.

Dafür aber wurde seine Stimme während der sonntäglichen Messe in der Kathedrale immer energischer, wenn er den Gottesdienst regelmäßig mit einer lückenlosen Aufzählung der während der letzten sieben Tage im Lande begangenen Gewalttaten schloß: meist solchen, die Armee, Polizei, Sicherheitsdienste und rechte Terrorbanden begangen hatten.

Die erste Kritik gegen den seit Juni 1977 in El Salvador regierenden General Carlos Humberto Romero — nicht mit ihm verwandt — formulierte der Erzbischof am Tag vor dessen Amtseinführung. Er warf ihm vor, durch krassen Wahlschwindel an die Macht gekommen zu sein.

Der General wurde im Oktober vorigen Jahres von einer Gruppe junger Obristen gestürzt, die im reaktionären Offizierskorps der Armee zwar Außenseiter sind, den Putsch aber wagen konnten, weil Washington sie unterstützt. Denn gleichsam „fünf vor zwölf" sollten nun soziale Maßnahmen — vor allem eine Landreform — die seit dem Sieg der sandinistischen Revolution im benachbarten Nicaragua rasch wachsenden Unruhe der Bevölkerung dämpfen. Die USA stellten 50 Millionen Dollar für dieses Programm und weitere zehn Millionen Dollar zur Stärkung der Armee gegen die lawinenartig anschwellenden Guerilla-Bewegungen zur Verfügung. Aber der Erzbischof konnte bald auch der neuen Militärregierung keinen Beifall spenden: Er konnte die Augen nicht davor schließen, daß auch jetzt das Morden, Entführen und Foltern politisch Verdächtiger weiterging — stärker noch als früher.

Solange die Armeeführung und die mit ihr verbündete reaktionäre Oberschicht davon ausgehen, sie wüßten besser als Washington, was „Kommunismus" sei, sabotieren sie auch diese Landreform. Der Erzbischof aber forderte, den Versprechungen müßten nun Taten folgen.

Bei seiner letzten Sonntagspredigt, einen Tag vor seiner Ermordung, zog Romero von

Erzbischof Dom Helder Camara. ▷

der Kanzel herab die blutigste Bilanz der letzten Jahre: Innerhalb von sieben Tagen hatte es 111 politische Terrormorde gegeben. In einem persönlichen Brief richtete der Erzbischof an Carter die Bitte, die USA sollten dieses Regime nicht länger moralisch und finanziell unterstützen. Jeder Dollar Militärhilfe verstärke nur die blutige Unterdrückung der Bevölkerung.
Daß der Kirchensender, der Romeros Predigten ausstrahlte, in die Luft gesprengt wurde, war wohl die letzte Warnung der Mächtigen. Romero mißachtete sie — obwohl ihm klar war, daß auch der moralische Schutz durch einige liberale Kreise im Westen nicht ausreichen würde. Britische Unterhaus-Abgeordnete hatten ihn als Kandidaten für den Friedensnobelpreis vorgeschlagen, die amerikanische Georgetown University hatte ihm den Ehrendoktor verliehen.
In seiner letzten Predigt appellierte er an die Soldaten El Salvadors, nicht mehr auf Bauern und Studenten zu schießen. „Im Namen Gottes", hatte er gesagt, „fordere ich euch auf, bitte ich euch, befehle ich euch: Macht dieser Unterdrückung ein Ende!" Von der Armeeführung wurden diese Worte als „verbrecherische Aufforderung zur Befehlsverweigerung" bezeichnet.
Nur einen Tag später vollstreckte dann ein bezahlter Killer das in diesem Satz verborgene Urteil. Ein Signal für den Beginn der „Vernichtung all jener kommunistischen Schlangen und Skorpione", so ein Unternehmer, die an die Alleinherrschaft einer Handvoll reicher Familien zu rühren wagen?

HILDEGARD LÜNING

„Im Gefängnis war die Bibel verboten"

Christen aus dem gewaltgeschüttelten Lateinamerika scheinen zur Zeit auf internationale Friedenspreise abonniert zu sein. Am Sonntag, den 12. Oktober 1980, war dem Dichter, Priester, Revolutionär und heutigen Kulturminister von Nicaragua, Ernesto Cardenal, der begehrte Friedenspreis des Deutschen Buchhandels verliehen worden. Zwei Tage später wurde bekannt, daß der 49jährige Argentinier Adolfo Perez Esquivel den diesjährigen Friedensnobelpreis bekommen soll.
Beide Preisträger streiten aus gleicher Überzeugung für das gleiche Ziel. Unterschiedlich sind ihre Wege.
Ernesto Cardenal steht für eine Bewegung von Christen in Lateinamerika, die bereit sind, notfalls auch mit der Waffe um Gerechtigkeit und Frieden zu kämpfen. Der deutsche Bundeskanzler irrte sich, als er ihn in seinem Glückwunschtelegramm als „Künder einer bedingungslosen Gewaltlosigkeit" pries. Cardenal hat den Guerillakampf der Sandinistischen Befreiungsfront biblisch gerechtfertigt und sehr persönlich unterstützt. Mit dem Beharren auf christlicher Gewaltlosigkeit wäre das unterdrückerische Somoza-Regime nicht beseitigt worden, und es gäbe bis heute in diesem mittelamerikanischen Staat keine hoffnungsvolle Grundlage für den Aufbau einer menschlichen, gerechten, demokratischen und friedlichen Gesellschaft.

◁ *Erzbischof Oscar Arnulfo Romero.*

Der Friedensnobelpreisträger 1980, Adolfo Perez Esquivel, steht dagegen für eine Bewegung von Christen in Lateinamerika, die Gerechtigkeit und Frieden nur mit gewaltfreien Mitteln erkämpfen will. Sie heißt „Servicio Justicia y Paz". Ihr Aufbau wurde vom Internationalen Versöhnungsbund angeregt, der in Wien sein Zentralbüro hat, und dessen rührige, lateinamerikaerfahrene Generalsekretäre Hildegard und Jean Goss-Mayr 1974 eine „Konferenz über gewaltfreie Strategien zur lateinamerikanischen Befreiung" in Medellin, Kolumbien, zustande brachten. Dort trafen sich Bischöfe und Vertreter von kirchlichen Basisgemeinden, Gewerkschaftler und Intellektuelle, Sprecher von Bauern — und Arbeiterorganisationen aus fünfzehn lateinamerikanischen Staaten. Sie beschlossen, ihren vereinzelten Kampf um Menschenrechte zu koordinieren, gründeten den „Dienst für Gerechtigkeit und Frieden in Lateinamerika" und beriefen Adolfo Perez Esquivel zum Generalsekretär. Die Einigung auf diesen Christen, der als sein Vorbild einen Hindu, den indischen Freiheitskämpfer Mahatma Gandhi angibt, war leicht gefallen. Perez Esquivel hatte keinerlei politische Vergangenheit, die die junge Christenbewegung sofort hätte kompromittieren können. Er war bis dahin nur als Künstler hervorgetreten, als argentinischer Nationalpreisträger für Bildhauerei und Professor an der Fakultät für Architektur an der Nationaluniversität von La Plata. Die Friedensarbeit, die Perez Esquivel bis dahin geleistet hatte, fand auch das Einverständnis der politischen Machthaber in seiner argentinischen Heimat. Die mußten sich nicht betroffen fühlen. Perez Esquivel hatte Ausstellungen gestaltet über den gewaltfreien Kampf in aller Welt, war als Mitstreiter gegen Atomrüstung und die damaligen französischen Atombombenversuche im Pazifik 1973 werbend durch Amerika und Europa gereist und hatte im Jahr davor an einem öffentlichen Fasten aus Protest gegen die Gewalt in seinem Land, in Argentinien, teilgenommen. Das Protestfasten galt beiden Seiten. Es richtete sich gegen die Gewalt, mit der die Herrschenden in Wirtschaft und Politik ihre Interessen gegen die berechtigten Ansprüche der armen Massen des Volkes verteidigten, und war zugleich ein öffentliches Nein zum bewaffneten Befreiungskampf der heimischen Guerillaverbände. Adolfo Perez Esquivel hatte nichts zu fürchten, als er hauptberuflich einstieg in die gewaltfreie Christenbewegung für Gerechtigkeit und Frieden in Lateinamerika.

Das änderte sich rasch. 1975 und 1976 begann sich der Koordinator des lateinamerikanischen „Servicio Justicia y Paz" bei den Militärregierungen unbeliebt zu machen, weil er seinen Auftrag erfüllte. Sein Büro in Buenos Aires sammelte, erstellte und veröffentlichte Berichte über Unrecht und Machtmißbrauch. Es schaffte Kontakte zwischen den gewaltfreien Widerstandsbewegungen in Lateinamerika. Adolfo Perez Esquivel und seine Mitarbeiter reisten zu Schulungen von Arbeitern und Bauern, von Priestern und Ordensfrauen quer durch den Kontinent. Sie halfen Arbeitern, Streiks zu organisieren und durchzuhalten.

Sie lehrten Vertretern bäuerlicher Genossenschaften, den ausbeuterischen Zwischenhandel zu umgehen und ihre Produkte selbst auf den Markt zu bringen. Sie übten mit Anwälten und Bischöfen Strategien der Selbstverteidigung von Indios und Indianern, die von ihrem angestammten Land vertrieben werden sollen, um dort internationalen Unternehmen die Ausbeutung von Bodenschätzen oder exportträchtige Viehwirtschaft zu ermöglichen. Sie warben um internationale Solidarität und initiierten internationale Aktionen zur Unterstützung des gewaltfreien Kampfes um die Menschenrechte in Lateinamerika. Schließlich gründete Adolfo Perez Esquivel in seiner militärdiktatorisch

regierten argentinischen Heimat eine „Ständige Versammlung für die Menschenrechte“ (Asambles Permanente per los Derechos Humanos).
Damit hatte der Koordinator des christlichen „Dienstes für Gerechtigkeit und Frieden“ in Lateinamerika den Geduldsbogen der Gewaltherrscher überspannt. Am 4. April 1977 warteten Amanda Perez Esquivel und ihre drei Kinder vergeblich auf die Heimkehr von Mann und Vater. Er war nur gegangen, um seinen Paß verlängern zu lassen. Einen Monat später durfte ihn die Familie im Gefängnis Nummer 9 der Stadt La Plata besuchen.
Vierzehn Monate blieb Adolfo Perez Esquivel in Haft. Seine internationale Bekanntheit und eine sofort in Gang gebrachte internationale Solidaritätsbewegung ersparten ihm ein Schicksal, wie es rund 15 000 seiner Landsleute erlitten hatten, die nach Angaben von amnesty international in Argentinien seit dem Militärputsch von 1976 verschwunden sind und ihre Festnahme oder Entführung wahrscheinlich nicht überlebt haben. Der Friedensnobelpreisträger von 1980 ist nicht mißhandelt und gefoltert worden. Es wurde auch keine Anklage erhoben. Adolfo Perez Esquivel ist am 22. Juni 1978 in eine „überwachte Freiheit“ entlassen worden. Er bekam Reiseverbot, wurde verpflichtet, sich jeden dritten Tag im Polizeipräsidium zu melden, erhielt unter Androhung neuer Haft die Auflage, an keinen Versammlungen teilzunehmen und keine Erklärungen abzugeben. In Briefen an seine Freunde vom internationalen Versöhnungsbund berichtete Perez Esquivel, was für ihn die schwerste Hafterfahrung war: „Im Gefängnis war die Bibel verboten. Wir mußten in uns selbst das geistige Rüstzeug finden, das uns hilft, in allen unseren Menschenbrüdern Jesus Christus zu erkennen. Das ist uns gelungen und hat uns geholfen, eine Lage zu bewältigen, die darauf abzielt, Menschen als Personen auszulöschen, sie in Nummern zu verwandeln, ihre geistige, moralische und körperliche Identität zu vernichten. Glaube und Hoffnung haben uns befähigt, in jener geistigen Freiheit zu leben, die in kein Gefängnis eingesperrt und von keinem Regime unterdrückt werden kann.“
Wen Adolfo Perez Esquivel hier in diese Aussage „wir“ mit einbezog, weiß ich nicht. Er war in Einzelhaft. Doch die Haltung, die er ausdrückt, ist allen Aktiven in der gewaltfreien christlichen Bewegung für Gerechtigkeit und Frieden in Lateinamerika gemeinsam. Sie haben noch immer mehr Gewalt erlitten, als Gewalt besiegt. Sie wollen lieber selber Opfer sein, als andere töten.
Freilich: Töten will auch keiner der Christen in Lateinamerika, die sich nicht der „bedingungslosen Gewaltlosigkeit“ verschrieben haben im Kampf um Menschenrechte, Gerechtigkeit und Frieden. Der diesjährige Friedenspreisträger des Deutschen Buchhandels, ein Exponent dieser Bewegung, hat in seiner Dankesrede in der Frankfurter Paulskirche solche weltweit heftig diskutierten Mißverständnisse zurechtgerückt. Kompromißlose christliche Pazifisten, sagte Ernesto Cardenal, hätten seine Parteinahme für den Kampf der Sandinistischen Befreiungsfront verurteilt. Deren Argument: „Kein noch so hehres Ziel, kein noch so hohes Prinzip wiegt soviel wie das Leben eines einzigen Kindes.“ Damit, sagte der Dichter, Priester, Revolutionär und heutige Kulturminister von Nicaragua, sei er „vollkommen einverstanden. Denn die Sandinisten kämpften für das Leben von Tausenden von Männer und Frauen, Alten und Kindern, die Tag für Tag ermordet wurden, und kein noch so hohes Prinzip, nicht einmal das des kompromißlosen christlichen Pazifismus, wiegt soviel wie das Leben eines einzigen dieser Kinder.“
Der diesjährige Friedensnobelpreisträger Adolfo Perez Esquivel wird seinem lateinamerikanischen Christenbruder Cardenal entgegenhalten: „Jesus hat keine gewalttätigen Mittel

zur Veränderung von ungerechten Situationen verfochten." Aber er wird hinzufügen: „Noch weniger hat Jesus Gewaltmittel zur Aufrechterhaltung und Verteidigung von Ungerechtigkeit vertreten."

Die Friedensbewegung, die Adolfo Perez Esquivel leitet, setzt auf die Wandlungsfähigkeit der Mächtigen, auf die „Bekehrung der Herzen", auf die friedliche Umformung von gewalttätigen Strukturen in Wirtschaft und Politik. Der Friedensnobelpreis wird ihr Auftrieb geben. Doch es wäre zu schön, um wahr zu sein, und — Gott sei's geklagt — leider auch gegen alle geschichtlichen Erfahrungen, wenn der Friedensnobelpreis von 1980 in Argentinien Besseres bewirken würde, als der Friedensnobelpreis von 1977 in Nordirland bewirkt hat. Wie man hört, haben die preisgekrönten nordirischen Friedensfrauen Adolfo Perez Esquivel vorgeschlagen und mit Hilfe von britischen Quäkern auf die Kandidatenliste gebracht.

RÜDIGER SIEBERT

Subversiv

In den Straßen Manilas wären mir Clarita und Luczel kaum aufgefallen. Es gibt so viele hübsche Mädchen in der philippinischen Hauptstadt; und es gibt viele, die klein sind — wenn man sie mit europäischer Elle mißt. So klein und zierlich wie Clarita und Luczel. Ich mußte mich erst einmal an den Gedanken gewöhnen, daß die beiden bereits promovierte Ärztinnen waren und keine Medizinstudentinnen mehr. Das gehörte ebenso zu den Besonderheiten unserer Begegnung wie die Tatsache, daß ich Clarita und Luczel nicht in Manila kennenlernte, sondern 400 Kilometer weiter nördlich in der Provinzstadt Hagan. Und dort fielen mir die beiden auf. „Die Behörden haben uns als subversiv abgestempelt", sagte Clarita. Sie sagte es gelassen. Das Attribut klang aus ihrem Munde wie eine Auszeichnung. Clarita lächelte mit der Sicherheit eines Menschen, der weiß, was er will.

Die beiden jungen Frauen waren von entlegenen Dörfern ins Schwesternhaus der Stadt zurückgekehrt. Zu Fuß auf Feldwegen, mit Motorfähren über Flüsse, dann im Omnibus. Ferien für ein paar Tage. Verschnaufpause von einem Dienst, der ihnen schon viel Mißtrauen eingebracht hat. Die eigenen Eltern konnten nicht verstehen, daß sich die studierten Töchter dem ländlichen Entwicklungsdienst der „Rural Missionaries" angeschlossen hatten und in die Dörfer gingen, anstatt dem städtischen Karriereweg übers Krankenhaus zur eigenen Praxis zu folgen. Luczel berichtete davon, während sie den auf den Philippinen üblichen Nescafé zubereitete: „Mit Milch?" Ich nickte.

„In der Studienzeit hatten wir ein Landpraktikum zu absolvieren", erinnerte sich Clarita, „ich wurde total frustriert." — „Warum denn?" — „Ganz einfach: Die Patienten kamen nach scheinbar erfolgreicher Behandlung immer wieder mit denselben Leiden zur Krankenstation zurück. Das machte mir klar, daß da etwas nicht in Ordnung sein kann." Luczel stimmte zu: „Wir kurierten die Symptome, aber nicht die Ursachen der Krankheiten."

Erzbischof Oscar Arnulfo Romero. ▷

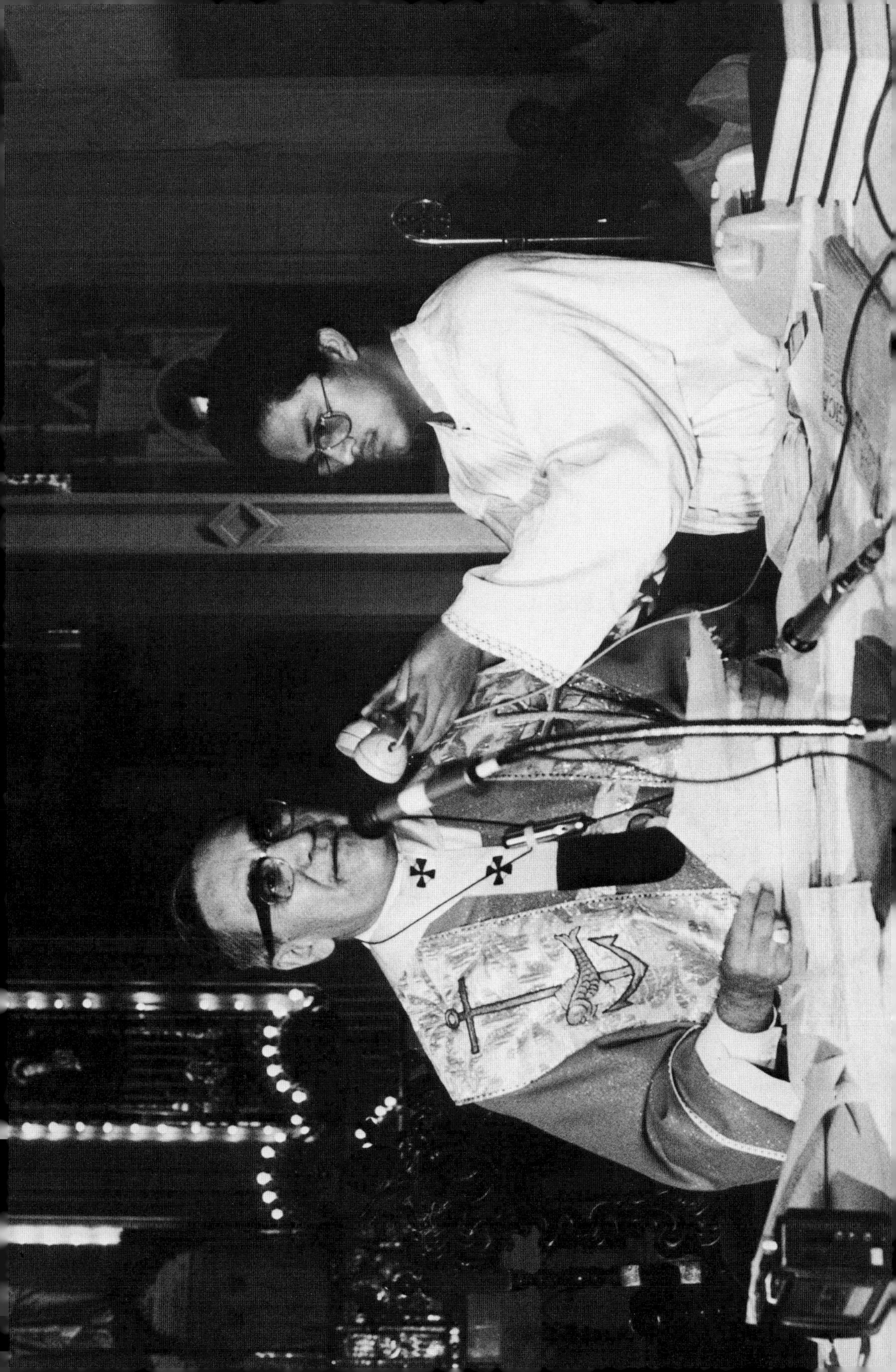

GRABADORA
ASEO ES BIENESTAR
PUDIA ASESINATO
MONSEÑOR
CRUZ VERDE SALVADOREÑA

Es blieb nicht bei solchen Einsichten. Clarita und Luczel traten in den Dienst der „Rural Missionaries“, jener katholischen Selbsthilfeorganisation, die Ende der sechziger Jahre von philippinischen Schwestern der verschiedensten Orden gegründet worden war. In ihren Leitlinien wird die Verteidigung der Menschenrechte als eine Form von Glaubensverkündung bezeichnet. Die Mitglieder gehen dorthin, wo noch immer die meisten Stiefkinder des Fortschritts leben: in die Dörfer, die Barrios. Dort schlug den beiden Ärztinnen aus Manila die zweite Welle des Mißtrauens entgegen. „Zuerst waren die Leute in den Barrios überrascht, einen Doktor zu sehen, der das tut und so lebt wie sie selbst. Sie waren scheu“, erzählte Luczel temperamentvoll. „Landleute sehen in den Städtern Leute, die sie übers Ohr hauen wollen.“ — „Kann man denen nicht verdenken bei ihrer Erfahrung“, warf Clarita ein. Die Ärztinnen und die Schwestern blieben in den Dörfern. Es braucht Zeit, um Vertrauen zu gewinnen. In die Gesundheitsaufklärung werden Hinweise auf Krankheitsursachen verpackt: Hygiene, Ernährung, Arbeitsbedingungen, Besitzverhältnisse.

Spätestens wenn den Dorfleuten dabei manches aufgeht, werden auch die Landbesitzer, die Behördenchefs und Militärs hellhörig — all jene, die etwas zu verlieren haben. Clarita wiederholte: „In ihren Augen gelten wir als subversiv.“ Es passiert, daß Dorfhelfer unter Hausarrest gestellt werden. Die Reichen streuen Gerüchte aus und spinnen Intrigen, um den Ruf der „Rural Missionaries“ zu schädigen.

Ich traf Clarita und Luczel, nachdem sie fünf Monate Dorfleben hinter sich hatten. Was sie bei den Landleuten verändern halfen, läßt sich nicht messen. Daß sich aber in ihren eigenen Köpfen etwas wandelt, war den beiden jungen Ärztinnen längst klargeworden. „Die Bauern unseres Dorfes sahen schließlich ein, daß wir ihnen helfen wollen“, sagte Clarita und fügte doppelsinnig hinzu: „Sie gaben uns eine Chance.“

◁ *Erzbischof Oscar Arnulfo Romero vor der Kathedrale in El Salvador.*

WOLF BIERMANN

Ermutigung

Du, laß dich nicht verhärten in dieser harten Zeit.
Die allzu hart sind brechen,
Die allzu spitz sind stechen
und brechen ab sogleich, und brechen ab sogleich.

Du, laß dich nicht verbittern in dieser bittren Zeit.
Die Herrschenden erzittern
— sitzt du erst hinter Gittern —
doch nicht vor deinem Leid.

Du, laß dich nicht verbrauchen, gebrauche deine Zeit.
Du kannst nicht untertauchen.
Du brauchst uns,
und wir brauchen
grad deine Heiterkeit.

Wir wolln es nicht verschweigen in dieser Schweigezeit.
Das Grün bricht aus den Zweigen,
wir wolln das allen zeigen,
dann wissen sie Bescheid.

QUELLENVERZEICHNIS

KAPITEL I

Zu dieser Stunde, an diesem Ort, Heinz Albers
Aus: Heinz Albers: „Zu dieser Stunde, an diesem Ort", erschienen in der ‚Signal-Bücherei' im Signal-Verlag Hans Frevert, Baden-Baden.

8. November 1943, Anne Frank
Aus: „Das Tagebuch der Anne Frank", 12. Juni 1942—1. August 1944. Heidelberg: Verlag Lambert Schneider, 11. Auflage 1979.

Satori in Alutgama?, Wolfgang Körner
Originalbeitrag

Pablo Neruda, Curt Meyer-Clason
Aus: Pablo Neruda: „Ich bekenne, ich habe gelebt", Memoiren, erschienen im Hermann Luchterhand Verlag GmbH & Co. KG, Darmstadt und Neuwied, 1974. Der Beitrag wurde gekürzt.

KAPITEL II

Fragebogen, Josianne Maas
Aus: „Schrauben haben Rechtsgewinde" — Ein Lesebuch fragender Arbeiter für Arbeitnehmer und Arbeitgeber sowie deren Kinder, zusammengestellt von Thomas Rother, mit einer Gebrauchsanweisung von Günter Wallraff. Texte aus den Literatur-Werkstätten des Ruhrgebietes, erschienen im L. Schwann Verlag, Düsseldorf, 1. Auflage 1971.

Die jährlichen Rüstungsausgaben
Quelle: Willy Brandt in der Einleitung zum Bericht der Nord-Süd-Kommission.

Wohin wird der Weg des Menschen führen?, Hilde Barisch
Originalbeitrag

Das Krokodil, Klaus Schäfer
Originalbeitrag

Erinnerung aus Hiroshima, Shigeko Hirata
Aus: „Kindererinnerungen aus Hiroshima", herausgegeben von Prof. Dr. Osada, Dokumentationsstätte zu Kriegsgeschehen und über Friedensarbeit Lehrte, Sievershausen, 1962, 1979.

Steht noch dahin, Marie Luise Kaschnitz
Quelle: ai-Informationen

KAPITEL III

Die noch kämpfen konnten, Gudrun R.
Aus: Maxie Wander: „Guten Morgen, du Schöne", Frauen in der DDR. Protokolle. Mit einem Vorwort von Christa Wolf, erschienen im Hermann Luchterhand Verlag GmbH & Co. KG, Darmstadt und Neuwied, 1978.

Rein äußerlich, Detlef Marwig
Aus: „Schrauben haben Rechtsgewinde". Ein Lesebuch fragender Arbeiter für Arbeitnehmer und Arbeitgeber sowie deren Kinder, zusammengestellt von Thomas Rother, mit einer Gebrauchsanweisung von Günter Wallraff. Texte aus den Literatur-Werkstätten des Ruhrgebietes, erschienen im L. Schwann Verlag, Düsseldorf, 1. Auflage 1971.

Ein Briefwechsel, Ursula Krebs
Originalbeitrag

William Moores Protestmarsch nach Süden, Jack Mendelsohn
Aus: Jack Mendelsohn, Die hungern und dürsten nach Gerechtigkeit, Chr. Kaiser Verlag, München.

Ballade für Bill Moore, Don West
Aus: Protestlieder aus aller Welt, Fischer-Bücherei 830, 1967.

Die Ballade von dem Briefträger William L. Moore aus Baltimore, Wolf Biermann
Aus: Wolf Biermann, Die Drahtharfe, Klaus Wagenbach Verlag, Berlin, 1965.

KAPITEL IV

Die Autowächter von Douala, Burkhart Vietzke
Originalbeitrag

Nachtfahrt, Gerhard Pfeiffer
Originalbeitrag

Reines Wasser für die Harijans, Hans-Georg Noack
Aus: „Streiter — Erben — Hüter" — Vom Kampf um die Menschenrechte — von Hans-Georg Noack; erschienen im Signal-Verlag Hans Frevert, Baden-Baden, 1964.

Feigen, Bhabani Bhattatscharya
Aus: „Weltmacht Hunger", Erzählungen — Berichte — Dokumente, herausgegeben von Hans Frevert unter Mitarbeit von Fritz Baade, Hans Eich und Josef Reding; erschienen im Signal-Verlag Hans Frevert, Baden-Baden, 1966.

Die kleine Blume, Rüdiger Siebert
Aus: Neue Zürcher Zeitung, 24. November 1979.

Der Regenschauer, Sun-Uoun Huang
Aus: „Erzähler der Welt", erschienen im Horst Erdmann Verlag, Tübingen und Basel, 1969.

Die Drahtschere, Dieter Osmers
Originalbeitrag

Nur der Regen kam nicht pünktlich, Kurt-Dietrich Mrossko
Originalbeitrag

Die Hoffnung lebt . . ., Hamilton Pereiro Silva
Quelle: ai-Informationen

Caracas ohne Wasser, Gabriel Carcía Márquez
Aus: „Unsere Freunde, die Diktatoren". Lateinamerikanische Schriftsteller heute — Prosa, Essays, Poesie — herausgegeben von Curt Meyer-Clason, erschienen im Verlag AutorenEdition, 1980. Der Abdruck der Erzählung erfolgt mit freundlicher Genehmigung der Agencia Literaria Carmen Balcells, Barcelona.

Der Flüchtling, Pablo Neruda
Aus: Neruda: „Dichtungen", erschienen im Hermann Luchterhand Verlag GmbH & Co. KG, Darmstadt und Neuwied, 1967, 1977.

KAPITEL V

Mahatma Gandhi, Peter Coulmas
Aus: „Signal — Das Buch für junge Menschen", 6. Folge, herausgegeben von Hans Frevert; erschienen im Signal-Verlag Hans Frevert, Baden-Baden, 1970.

Was würden Sie tun, wenn . . .?, Joan Baez
Aus: Joan Baez: „Tagesanbruch", erschienen bei Zweitausendeins, 1978. Das wichtigste Buch von Joan Baez.

Die „Rache" des Sandinistenführers
Quelle: ai-Informationen 5/80

Der Bischof der Arbeiter, Hildegard Lüning
Originalbeitrag

Warum hast Du mich verlassen?, Ernesto Cardenal
Aus: „Das Buch von der Liebe“ — Lateinamerikanische Psalmen —, von Ernesto Cardenal, erschienen im Peter Hammer Verlag GmbH, Wuppertal, 1971; „Das Buch von der Liebe“ — Lateinamerikanische Psalmen (original unter dem Titel „Zerschneide den Stacheldraht“ erschienen), Jugenddienst-Verlag, Wuppertal, 1967; 5. Auflage Taschenbuch, Gütersloher Verlagshaus G. Mohn, 1977.

KAPITEL VI

Die Botschaft von Emmaus, Hans A. Fischer-Barnicol
Originalbeitrag

Die vier archimedischen Punkte, Erich Kästner
Aus: Erich Kästner: Gesammelte Schriften für Erwachsene. Vermischte Beiträge II, Band 7; erschienen in der Droemerschen Verlagsanstalt Th. Knaur Nachf., München/Zürich, 1969.

„Postkarte an junge Menschen“, Walter Bauer
Aus: „Gedichte gegen den Krieg“. Eine Anthologie, herausgegeben von Kurt Fassmann, erschienen im Kindler Verlag GmbH, München, 1961.

Ein kleiner Bruder, Hans A. Fischer-Barnicol
Originalbeitrag

Höre meine gerechte Sache, Ernesto Cardenal
Aus: „Das Buch von der Liebe“ — Lateinamerikanische Psalmen —, von Ernesto Cardenal, erschienen im Peter Hammer Verlag GmbH, Wuppertal, 1971; „Das Buch von der Liebe“ — Lateinamerikanische Psalmen (original unter dem Titel „Zerschneide den Stacheldraht“ erschienen), Jugenddienst-Verlag, Wuppertal, 1967; 5. Auflage Taschenbuch, Gütersloher Verlagshaus G. Mohn, 1977.

Ernesto Cardenal, Ursula Schulz
Originalbeitrag

Der Holzfäller erwache!, Pablo Neruda
Aus: Neruda: „Dichtungen“, erschienen im Hermann Luchterhand Verlag GmbH & Co. KG, Darmstadt und Neuwied, 1967, 1977.

Begegnungen mit einer Frau aus Bolivien, Ursula Voß
Originalbeitrag

KAPITEL VII

Mutter Teresa — Hoffnung der Hoffnungslosen, Josef Reding
Quelle: Der falke-Kreis, Heft Nr. 90, Dezember 1979

Dom Helder Camara, Ursula Schulz
Originalbeitrag

Tod eines Hirten, Manfred von Conta
Aus: Stern Nr. 15/1980

„Im Gefängnis war die Bibel verboten“, Hildegard Lüning
Aus: Deutsches Allgemeines Sonntagsblatt, Oktober 1980

Subversiv, Rüdiger Siebert
Aus: Neue Zürcher Zeitung, 13. Januar 1979

Ermutigung, Wolf Biermann
Aus: Wolf Biermann: Mit Marx- und Engelszungen. Verlag Klaus Wagenbach, Berlin 1968.

BILDERVERZEICHNIS